# 신문기업의 디지털화에 따른

# 공급사슬체계 전환에
## 관한 연구

김경호 지음

# 신문기업의 디지털화에 따른

# 공급사슬체계 전환에

# 관한 연구

KSI 한국학술정보㈜

이 저서는 2006년 정부(교육인적자원부)의 재원으로 한국학술진흥재단의 지원을 받아 수행된 연구임 (KRF-2006-814-B00029)

This work was supported by the Korea Research Foundation Grant funded by the Korean Government(Ministry of Education & Human Resources Development) (KRF-2006-814-B00029)

# 머리말

　우여곡절 끝에 방송통신융합위원회가 출범하면서 한국 미디어 시장이 본격적인 지각변동을 예고하고 있다. 디지털화에 따른 디지털융합은 급기야 올드미디어인 신문과 방송, 인터넷의 고유영역을 무너뜨리고 있다.

　방송통신융합위원회 출범과 동시에 쟁점화된 통신의 방송시장 참여와 신문방송 겸영 허용, MBC와 KBS2-TV의 민영화를 포함한 방송구조 개편 등 그동안 누적된 미디어현안들이 한꺼번에 봇물 터지듯 터져나오고 있다.

　따지고 보면 1990년대 후반부터 미국 등에서 본격화되었던 디지털융합을 둘러싼 담론들이 우리사회에서는 이제서야 핵심쟁점으로 부상하고 있는 것이다. 디지털이라는 기술적인 변화는 이미 미디어융합시대를 활짝 열어놓고 있다. 디지털패러다임은 우리 삶을 결정짓는 메가트렌드다. 디지털기술이 우리 사회 전반을 결정짓는 하부구조가 되고 있음을 우리는 매일 실감하고 있다.

　디지털패러다임을 논하는 이 시점에서 방송이니 신문이니, 인터넷이니 하는 매체를 구분짓는 발상 자체가 어쩌면 우매한 일이 아닐까. 그럼에도 우리 주변에서는 여전히 매체중심적 사고에서 벗어나지 못하고, 기존의 매체적 관점에 함몰된 채 매우 추상적이고 소모적인 논쟁을 되풀이 하고 있는 것을 보면 안타까움을 금할 길 없다. 한마디로 갈 길은 먼데 발을 떼지 못하는 나그네 심정이라고나 할까.

특히 신문과 방송의 교차소유 내지 겸영허용 여부는 방통위 뿐만 아니라 그야말로 전체 언론계의 '뜨거운 감자'다. 디지털기술의 진보 속도를 볼 때 신문 방송 겸영 허용여부를 둘러싼 논쟁 자체가 무의미하지 않을까.

오히려 겸영허용을 둘러싼 찬반의 이분법적 논의보다는 기술의 진보를 어떻게 규제할 것인가와 이를 통해 방송의 공익성과 독립성, 보편적 서비스, 로컬리즘, 사상의 자유시장 보장 등에 대한 원초적인 고민이 우리에겐 더욱 필요한 시점이 아닌가 한다.

그런 고민 끝에 신문과 방송, 나아가 인터넷에 대한 고정관념들에 의문을 던지고 싶었다. 그러던 중 2년 전 세상에 나왔던 논문을 꺼내들어 차근차근 읽어보다 어쩌면 이 논문이 그런 의문을 던져줄 수 있을 것이란 생각이 들었다. 2년이 지난 지금 보니 먼지를 뒤집어쓴 고서 같은 느낌도 들었지만 지금 막 시작된 방통융합의 토론의 장에서 작은 소재라도 던질 수 있지 않을까, 그것이 이 논문의 의미를 되살리는 것이 아닌가 생각했다.

우리사회에 존재하는 전통적 사고방식, '무엇은 되고 무엇은 절대 안 된다'는 극한 대립이 아니라 '무엇이 문제이니 어떻게 해보자'는 긍정적이고 합리적인 대안을 찾고자 하는 뜻에서 졸저의 부끄러움을 무릅쓰기로 했다.

이 책은 전통적인 아날로그 산업이었던 신문이 영상미디어로 진화해가는 과정과 이를 관통하는 디지털미디어의 진화의 법칙을 파악하고자 했다. 진화의 법칙을 제대로 끄집어낼 수만 있다면 앞으로 신문의 진화의 방향, 나아가 신문과 방송의 접점을 예측해볼 수 있을 것이라는 다소 엉뚱한 생각에서다.

학위논문인 탓에 '신문기업의 디지털화에 따른 공급사슬체계 전환에 관한 연구'라는 거창한 제목을 달고 있지만 사실 주제는 '디지털기술이 추동하는 미디어융합의 프로세스'라고 보아도 큰 무리는 없을 듯 하다. 다시 말해 미디어융합의 프로세스를 파악하기 위해아날로그 신문사를 case study한 것으로 보면 될 것 같다.

디지털융합시대에서 이미 신문이나 방송이나 인터넷이나 모든 뉴스콘텐츠 생산방식과 내적 작업공정은 대동소이하다. 다만 콘텐츠를 실어 나르는 도구가 종이인가 전파인가 케이블인가에 따라 그동안 매체 간 영역구분이 되었을 뿐이다.

따라서 이 책은 신문업계 종사자에게는 내부 콘텐츠 생산프로세스의 변화와 그 메커니즘을 꿰뚫어보는 시각을 줄 수 있고, 방송업계 종사자에게는 영상미디어로 진화하는 신문사의 역동적 메커니즘을 이해하는 단초를 제공할 것이다. 아울러 새로운 미디어 주역으로 급부상하는 통신업계에는 디지털기반에서 미디어융합이 일어나는 생생한 미디어현장의 정보를 전달해줄 것이라 믿는다.

앞서 언급한대로 이 책은 서강대 대학원 신문방송학과의 박사학위 논문이다. 일반 독자들이 읽기에는 부담감이 들 정도로 학술적인 서술방식이어서 내용이 매우 딱딱한데다, 데이터 역시 2~3년 전 것이 대부분이어서 업데이트를 할까 생각도 해보았다.

신문과 방송시장의 지각변동을 제대로 담아내야하지 않는가 하는 생각이 앞섰지만 저자의 게으름으로 업데이트하지는 못했다.

하지만 2008년 미디어현장은 지금 이 순간에도 변화하고 있을 뿐 아니라 오히려 지난 10년간 한국사회 내에서 미디어진화의 역동적인 프로세스에 대한 함의를 줄 수 있다는 점에 원자료를 그대로 남겨두는 것도 괜찮겠다는 생각을 해보았다.

지난 2006년 겨울 졸업식장에서 '언젠가 논문을 완벽하게 업데이트해서 미디어융합시대에 의미를 던져줄 책으로 출간하겠다'고 마음먹었던 나의 다짐은 많이 퇴색한듯 하지만 미디어융합을 둘러싼 맹목적인 논의보다 정연한 논리의 단서가 될 것이라는 생각으로 애써 위안을 삼고자 한다.

난해한 문장과 딱딱한 내용임에도 방통융합시대에 시의적절한 내용이라면서 흔쾌히 출간을 허락해주신 한국학술정보(주)의 채종준 사장님, 그리고 기획부터 출간 마지막까지 궂은일을 도맡아해주신 출판사업부의 권성용 씨에게 진심으로 감사의 말씀을 드린다.

2008년 3월
김경호

차 례

# 제 1 장

# 서 론

## 1. 문제제기

디지털기술은 신문방송 등 전통적인 미디어 영역에 급속한 변화를 가져오고 있다. 디지털환경 변화로 우리 사회도 다매체 다채널 시대를 맞고 있으며[1] 미디어가 독립적으로 존재하기보다는 디지털 넷으

---

1) 특정시점의 '주도적 미디어'(leading media)는 미디어시장의 변화를 구분하는 기준으로 사용되고 있다. 보통 디지털화와 미디어시장의 다양성을 기준으로 아날로그미디어시대(~1998년), 순수 온라인 미디어시대로서 인터넷 전문미디어시대(1999~2002년), 포털미디어시대(2003~2004년), 미디어네트워크시대(2005년~)로 구분되고 있다. 이 구분은 인터넷의 성장과 미디어시장의 변화를 기준으로 했지만 이미 네트워크 사회로 진화했다는 사실을 보여주는 것이다. 수용자들은 특정한 단일 미디어에 의존하지도 않으며 소수가 점하던 정보도 더 이상 독점할 수 없는 거대한 미디어네트워크가 구축되었음을 의미한다. 노컷뉴스 주최 지역 언론사 제

로 상호간 엮이는 이른바 '네트워크 사회'로 진화하고 있다.

디지털화는 미디어융합(media convergence) 현상을 가속화시켜 미디어 조직구조는 물론 뉴스콘텐츠와 생산체계를 급속히 변화시키고 있다. 특히 디지털화에 따른 영역파괴는 미디어의 디지털 생산체계 구축과 새로운 미디어의 출현을 앞당기고 있다. 이에 따라 디지털미디어는 아날로그시대와 달리 미디어 간 뉴스콘텐츠의 다양한 교차흐름이 가능하게 만들었다.[2] 이는 바로 디지털의 속성에서 기인한 기술적 변화의 결과이다.

네그로폰테(Nicholas Negroponte, 1995)는 현시대가 아톰시대에서 비트시대로 가고 있으며 디지털화는 비트의 발생원을 완전히 새롭게 조립함으로써 새로운 내용의 창작물이 만들어질 수 있는 가능성을 창조하는 것이라고 지적하였다. 즉 아날로그시대와 달리 0과 1의 전자적 조합으로 구성된 새로운 디지털세계를 맞았다는 것이다.[3] 이러한 디지털의 기술적 속성은 텍스트와 음성, 그리고 영상정보가 비트의 형태를 통해서 상호교환 혹은 복제가 가능하게 된다는 것을 의미한

휴방안 세미나에서 다음(DAUM)의 석종훈 본부장이 발표한 '포털미디어 시대 지방언론사들의 생존전략'(2004.11.5)을 참고.

2) 음성과 문자, 영상 등의 콘텐츠가 디지털화되어 0과 1의 조합으로 전환되면서 디지털콘텐츠의 생산 가공 저장 유통에 커다란 변화가 불가피해졌다. 디지털콘텐츠의 특징은 0과 1의 집합으로 표현되는 내적 동질성이다. 본질적으로 왜곡이 없고 완벽하고 무한히 복제될 수 있으며 즉각적으로 전달될 수 있다, 쉽게 변환이 가능하며 성질상 편집이 가능하고 다양한 형태의 프로세싱에 쉽게 친화적이며 다른 형태의 디지털콘텐츠와 항상 호환이 가능하다. 또 아날로그콘텐츠와 달리 거의 정확성의 손실 없이 쉽게 압축되는 특성을 갖는다. 디지털화의 이러한 특성으로 오디오 비디오 데이터의 혼합이 곧 멀티미디어로 나타났으며, 이 같은 현상으로 미디어환경은 완전히 변해 가고 있다. 최창섭·송민정(2002), '디지털미디어의 비전과 콘텐츠 산업의 발전방향', 「한국문화콘텐츠학보」 창간호, pp.29~30.

3) Nicholas Negroponte(1995), Being Digital, NY: Knopf. 백욱인 역(1995). <u>디지털이다</u>. 커뮤니케이션북스, pp.18~21.

다.4) 이 같은 디지털융합은 매체 간 구분을 흐려놓고 있고 디지털뉴
스는 이미 매체 간 영역을 넘나들고 있다.

디지털제작기술을 도입한 신문기업들도 디지털기술이 추동하는 융
합적 속성에 따라 제작체계는 물론 아날로그 당시 분리되었던 조직
들이 상호 연관체계로 통합되어 가고 있다.

이에 따라 지상파 방송과 함께 전통적 매체였던 신문도 디지털환
경에 따라 종이신문 중심의 매체속성에서 점차 멀티미디어화하고 있
다. 미디어융합 환경에서 신문기업은 더 이상 종이신문만이 아니라
다양한 디지털콘텐츠를 생산하는 주체로 전환되고 있는 것이다.

신문기업들이 디지털융합 환경에 적합한 생산 및 조직체계를 구축
하고 적응해 나갈 것인가, 그리고 어떤 진화과정을 밟아갈 것인가
하는 것은 신문기업은 물론 미디어업계의 관심사로 부상하고 있다.
스톤(Stone. M, 2001)은 인터넷과 컴퓨터 혁명은 정보관련 수익성을
좋게 만들면서 뉴스산업의 환경을 급변시켰으며, 1990년대 중반 이후
이 같은 시장요인은 새로운 매체와의 경쟁을 심화시키는 동시에 신
문기업으로 하여금 기술의 통합은 물론 구조조정을 불가피하게 만들
었다고 지적했다.5)

이 같은 디지털화 추세에 따라 미디어 내적 구조의 변화 필요성이
강력히 대두되면서 신문기업의 뉴스정보 생산체계와 조직구조에도
변화의 움직임이 가시화되고 있다. 즉 디지털혁신시대에서 신문기업
도 경영과 조직, 구성원의 역량강화 등을 통해 디지털환경에 적응해

---

4) Ingo Vogelsang · Benjamin M.Compaine(2000),The Internet Upheval: Rai-
   sing Questions, Seeking Answers in Communication Policy. 현경보 · 이승
   선 · 조영신 역(2003), 인터넷대격변, 한울아카데미, pp.241~245.
5) Stone. M (2001), 'Convergence, Fact or Fiction?', Paris: World Association
   of Newspaper.

야 한다는 과제를 안게 되었다.

이와 관련해 인터넷이 상용화되던 1990년대 후반부터 한국사회에서도 디지털시대 도래에 따라 신문기업 조직의 변화필요성이 제기되어 왔다. 신문기업들이 기존에 구축한 위계적 생산체계는 종이신문 중심의 아날로그 상품생산에 적합성을 갖지만 디지털시대 경영환경에는 부적합한 것으로 인식되고 있다. 특히 일제 강점기에 구축된 신문기업의 전통적인 뉴스생산체계는 디지털사회의 급속한 변화를 더 이상 담아내지 못한다는 비판이 비등하면서 신문기업들마다 디지털환경에 적합한 조직변화를 최고의 혁신과제로 꼽고 있다.

더구나 경기불황에 따른 신문광고 시장의 위축과 쌍방향의 인터넷, 뉴스포털 등 경쟁관계의 뉴미디어의 출현 이후 뉴스정보 유통 및 접근창구가 다양화되면서 대안 미디어들이 급부상해 신문독자 수는 해마다 급감하는 추세를 보이고 있다.

이에 따라 신문기업들은 디지털제작기술을 도입하고 '원소스 멀티 유즈'(one source multi use)의 개념 아래 기존의 신문의 뉴스생산체계를 종이신문 외에 인터넷과 모바일, DMB 등 다른 뉴미디어 생산체계로 전환하는 시도를 하고 있다. 제한된 지면에 뉴스정보를 압축해 넣어야 하는 종이신문과 달리 디지털환경 변화에 적합한 새로운 뉴스생산체계 구축은 물론 디지털뉴스라는 개념이 갈수록 더욱 강조되고 있다. 뉴스포맷도 고전적인 뉴스정보 전달방식인 6하 원칙이 아니라 스토리텔링(談話: storytelling)으로 전환되어야 한다는 지적이 나오고 있다.[6]

---

6) 노라 폴(Nora Paul) 미네소타대 뉴미디어연구소장은 지난 2004년 7월 7일 한국언론재단에서 가진 '디지털시대 storytelling의 미래: 온라인 저널리즘을 위한 전략적 사고'라는 강연을 통해 디지털시대의 뉴스의 형태를 설명하였다. 디지털스토리텔링은 5가지 접근으로 기존의 뉴스전달방식을

그럼에도 신문기업들은 지난 10여 년간 혁신을 시도했지만 이렇다 할 가시적인 조직체계변화를 이끌어내지 못하고 있다. 디지털환경에 적합한 탄력적인 생산조직체계의 구축과 함께 원소스 멀티유즈의 개념의 내재화가 필요하지만 대부분의 신문기업들은 여전히 낡은 전통을 고수하고 있다. 독자이탈과 광고시장 축소라는 외재적 위기상황에서 신문기업들은 종이신문 중심의 조직과 관행을 답습하여 이미 신문위기론이 제기되고 있는 상황이다.[7]

위기의식을 느낀 신문기업들은 과거의 아날로그 뉴스생산체계를 디지털체계로 전환하기 위한 갖가지 조직개편에 주력해 왔지만 그다지 성공하지 못하고 있다. 오히려 신문기업의 조직변화의 시도는 번번이 좌절되거나 겉돌기 일쑤였고, 오히려 내부반발 등 부작용이 표출되어 과거 생산조직체계로 환원해 버리는 회귀현상도 발생하고 있다.

이는 아날로그에서 디지털기술로 전환한 일반기업들이 조직혁신을 거쳐 디지털환경에 적합한 조직체계 모델을 구축하여 유연하고 탄력적인 생산메커니즘을 작동시키고 있는 것과 비교하면 대조적인 현상

---

혁신적으로 새롭게 변모시킬 것이라고 주장했다. 첫째는 설명하기에서 경험하기로, 둘째 정보전달에서 의견수렴으로, 셋째 1회성 보도에서 깊이 있는 보도로, 넷째, 뉴스 읽기에서 뉴스 듣기로, 인쇄신문 레이아웃에서 창조적 내비게이션(navigation)으로 변화하는 것이다. 노라 폴은 신문 등 기존의 미디어가 온라인뉴스매체와 경쟁하려면 전례 없는 변화와 혁신이 필요하다고 지적했다. 이 같은 뉴스의 변화는 디지털융합 시대에 미디어의 콘텐츠로서 뉴스포맷의 변화의 방향을 제시해 주었다.

7) 신문과 방송은 후발자인 인터넷미디어의 활약에 비례하여 뉴스생산방식의 개혁을 절실히 요구받고 있다. 이미 인터넷미디어는 신문과 방송의 뉴스를 모방하는 단계를 넘어서 오히려 뉴스의 정보량 등에서 압도하며 신문시장을 위협하고 있다. 다매체 다채널 시대에 신문의 뉴스생산방식의 변혁은 불가피하고 그러한 뉴스생산방식의 변화는 신문사들마다 공통적인 해결과제다. 박재영, '기자의 탄력적 재배치, 뉴스의 선택과 집중', 「신문과 방송」 2005년 1월호, pp.38~42.

이 아닐 수 없다.

과연 아날로그 생산체계였던 신문기업이 디지털환경에서 어떤 변화를 하고 있으며 그 전환과정은 무엇일까. 신문기업이 디지털기반의 생산체계로 전환되고 있음에도 신문기업의 디지털화에 따른 전반적인 체계변화에 대한 연구는 그다지 많이 이루어지지 않았다. 신문기업에 대한 기존의 연구들은 대부분 아날로그 상품인 종이신문 생산체계를 중심으로 조직과 취재방식의 관행과 신문 소비시장 내 경쟁 메커니즘 등을 중심으로 이루어져 왔다.[8]

종이신문이라는 아날로그 상품 중심으로 설계된 신문기업의 생산체계는 디지털기술 기반으로 전환되고 있지만 기존의 논의는 온라인 저널리즘 차원의 논의가 주류를 이루고 있다. 물론 객관적 보도와 여론형성의 주체로서 신문은 저널리즘이란 가치 측면에서 매우 비중을 갖고 있다. 오프라인으로서 종이신문의 신뢰도는 온라인에 매우 중요한 영향력을 미친다는 점에서 '오프라인 신뢰도'(off-line credibility)는 간과할 수 없는 신문기업의 가치의 원천이다.

따라서 디지털기술 기반의 신문기업의 변화는 종이신문의 뉴스정보

---

8) 신문사 뉴스취재조직과 관련된 기존의 연구들은 다음과 같은 4가지 주제로 구분할 수 있다.
   **<신문사 조직 및 구조>** 박용규(1996), '한국신문취재보도체계 개선방안'(1996)
   **<매체경제학·산업조직론>** 장용호(1995), '한국신문산업의 구조변동: 매체경제학적 접근'. 장용호(1996) '신문산업의 굴절수요곡선과 지배기업 비용인상 선도모형'(1996). 장용호(2002) '한국신문산업의 구조와 전망—확장된 지배체계 모형'. 김동규(2004), '발표저널리즘 관행 연구'
   **<뉴스룸 구조와 취재관행>** 이재경(2003), '한국저널리즘 연구'. 장호순·오수정(2001), '한국신문의 취재원과 취재경로 분석'. 박동숙(2001), '취재원과 기자의 역학관계에 대한 질적 연구'. 김관규·송의호(2004), '국내 주요출입처 기자실 유형에 관한 탐색적 연구'
   **<정보화사회와 신문조직>** 한태열(2002), '정보사회의 신문매체구조의 변화방향'

를 원천으로 디지털환경에 맞추는 생산방식의 전환이라고 말할 수 있
다. 종이신문의 영향력이 신뢰성에서 나온다면 디지털뉴스는 신속성
과 파급력에서 상대적인 우위가 있다는 점에서 상호보완적 관계가 있
을 것이다. 신문의 뉴스정보 생산기능이 저널리즘 가치를 갖고 있는 만
큼 디지털화라는 새로운 생산체계의 변화 역시 매우 중요한 의미를
갖고 있다.

그런 점에서 신문기업의 디지털화에 따른 내적 변화에 대한 연구
는 미디어융합 환경에서 새로운 함의를 가져다줄 것이다. 그동안 디
지털기술이란 개념이 신문기업에 도입된 후 구성원의 노동량과 작업
환경 변화 등에 대한 논의는 디지털제작 시스템인 CTS기술이나 인
터넷신문에 국한하여 부분적으로 이루어져 왔다.[9]

여기서 볼 수 있듯이 디지털기술 도입 후 신문기업의 생산양식 변
화에 대한 통합적 연관체계에 대한 연구는 활발히 이루어지지 못했다.
디지털미디어 연구는 매스미디어 학제 간 교차 내지 협업연구가 많
이 이뤄져 공학적 실용적 측면의 논의가 많은 반면 디지털기술의 변
화에 따른 신문기업 조직체계 변화와 구조혁신에 대한 연구는 매우
부족한 현실이다.

특히 디지털환경 도래에 따른 미디어조직의 변화와 이러한 과정 속
에서 위기상황을 맞으며 변화를 모색하는 신문기업의 조직, 경영, 제
작, 유통 등에 대한 연구는 중요성을 갖는다.

그럼에도 폐쇄성이 강한 신문기업에 대한 접근이 용이하지 않아 신
문기업의 심층구조 변화에 대한 분석은 활발히 이루어지지 않고 있

---

9) 강상현(1996), '신문기업의 신기술 도입과 노동과정의 변화', 「한국언론학
   보」 제39호. 이 논문은 CTS기술이 도입된 후 제작공정의 변화, 그리고
   이에 따른 인력감축 등을 부산일보 현장사례를 중심으로 논의하고 있다.

다. 이는 접근이 비교적 용이한 방송사 뉴스생산조직에 대한 연구가 디지털기술과 또는 전환비용을 개념 축으로 이루어지고 있는 것과 대조를 이룬다.[10]

국내와 달리 미국 등 외국에서는 미디어 간 인수 합병을 통해 자사의 뉴스콘텐츠 유통시장을 확대하고 수익성과 영향력을 확대하려는 언론사들의 변화양상이 가시화되어 이미 실증적 연구도 시도되고 있다.[11] 개별 미디어를 위해서 뉴스가 존재하던 아날로그시대는 지나고 하나의 뉴스정보를 다양한 미디어 플랫폼에 맞추어 유통시키는 멀티플 저널리즘의 시대가 오면서 미국과 영국 등을 중심으로 활발한 수직·수평적 인수합병과 전략적 제휴가 이뤄지고 있다.[12] 미국에서는 혁신적인 기술진보와 이에 따른 시장통합, 정부당국의 탈규제 정책과 맞물려 미디어시장은 거대한 통합 네트워크화되는 추세를 보이고 있고 이에 대한 연구분석도 다양하게 이뤄지고 있다.

따라서 디지털환경에서 신문기업의 조직체계에 대한 연구는 기술과 경영, 생산체계에 대한 연관체계 차원에서, 그리고 보다 거시적 시각에서 이루어질 필요성이 있다. 신문기업의 연관 생산체계와 변화에 대한 조망은 종이신문 외에 디지털콘텐츠라는 새로운 상품을 생산하는 주체를 명확히 파악하는 새로운 분석틀을 제시할 수가 있다. 이러한 시각에서 해외 언론사의 생산체계를 기존의 국내 뉴스룸 체

---

10) 방송기술의 디지털화에 따른 방송사 뉴스제작 및 프로그램 생산구조의 변화를 다룬 대표적인 연구로서 다음과 같은 논문이 있다. 안동수(1997), 21세기 디지털방송 환경 변화와 인터넷방송, 서강대 언론대학원 석사학위논문. 문찬영(2004), HDTV 프러덕션 프로세스의 비선형적(non-linear) 특성에 관한 연구, 서강대 언론대학원 석사학위논문.
11) 김세은(2004), <u>신문산업의 경쟁과 변화</u>, 미디어연구소. 황용석(2003), <u>뉴스의 다매체전략과 통합뉴스룸</u>, 한국언론재단.
12) Strategy Reports, Vol.4, The World Association of Newspaper(WAN) 주최 2005년 서울총회 주제발표문 참고.

계에 이식하려는 국내 신문기업들의 시도에 대한 적합성 여부와 조직
전환의 메커니즘도 연구대상이다.

## 2. 이론적 논의

이 논문은 디지털환경에서 신문기업을 뉴스정보를 수집하고 가공 유
통하는 기업조직으로 전제하고 디지털조직화와 전환비용, 진화이론을
이론적 근거로 하고 있다.

첫째, 디지털조직화는 아날로그조직체계를 디지털조직체계로 전환
하는 조직혁신(organizational innovation)을 필요로 한다. 조직혁신은 현
재의 상태에서 보다 나은 상태로 변화 또는 변동하는 것을 의미하는
것으로 새로운 환경에 적응하고 동태적 체계 속에서 생존하기 위해
새로운 아이디어를 창출하고 스스로 변화를 모색함으로써 조직의 건
재함을 추구하는 과정이다.[13]

여기서 기술은 매스미디어의 조직의 성패를 좌우하는 요인으로서 조
직의 운영이나 구성에 큰 영향을 미친다.[14] 디지털기술이 추동하는

---

13) 조직혁신은 바람직한 미래상황을 추구하는 일정한 목적을 갖고 의도적이
며 계획적 변화에 대한 적응성을 갖는다. 조직혁신은 동태적이며 행동지
향성을 가지며 목표를 수행하기 위해 하나의 전략을 수립하고 구체적인
전술을 갖게 된다. 또 새로운 사회에 대한 접근이므로 개혁적 성향을 가
져 기존 보수세력으로부터 저항을 받는다. 조직혁신은 조직의 구조적·기
술적·형태적 측면의 혁신에 중점을 두며 혁신의 대상은 업무·인간·구
조·기술이다. 우영제(2001), 조직과 사회, 백산출판사, pp.142~147.
14) 한국언론정보학회(2003), 현대사회와 매스커뮤니케이션, 한울, p.88.

디지털조직화는 조직혁신과 연관성을 갖고 있다. 그런 점에서 조직 혁신은 동태론적 경영이론이며[15] 기술혁신에 따른 탄력적인 조직화 의 과정이다.[16]

기존의 산업조직론이 정태적 균형을 기반으로 하고 있는 반면 기 술혁신은 균형이 변화되는 과정에서 나타난다.[17] 일반적으로 기술혁신 을 달성한 기업은 새로운 공정이나 제품을 시장에 선보여 신상품이 성공하면 다른 기업의 추종현상이 나타나는데 여기서 모방(imitation) 과정이 시작되어 기술혁신의 마지막 단계인 기술의 확산(diffusion)과 정이 연속적으로 이뤄진다.[18]

---

15) 디지털패러다임으로의 이행은 사회체계를 구성하는 하위조직들의 구조 적 변화를 필요로 한다. 따라서 조직의 슬림화, 리스트럭처링(restructuring), 비즈니스 프로세스 리엔지니어링(business process reengineering), 프로세 스 개선(process improvement), 프로세스 혁신(process innovation)의 과제 들이 추진되어 왔다. 대부분 경영학을 중심으로 팀제 도입 등을 통한 수평적 구조와 고객중심의 시장주의, 조직구성원의 능동성과 자율성을 제고하는 방향으로 모이고 있다.

16) Joseph A. Schumpeter(1942), Capitalism, Socialism and Democracy, NY: Harper & Brother, p.84 김인수 외(1997), p.58과 p.158에서 재인용. 기 술혁신을 가장 포괄적으로 설명하고 논의한 슘페터(Schumpeter)는 '창 조적 파괴'(The creative destruction)라는 개념으로 기술혁신 과정을 설 명하고 있다.

17) 기술혁신은 여러 단계를 거쳐 이루어지므로 각 단계별 개념의 정립이 필요하다. 기술혁신은 기초연구 → 발명 → 개발 → 혁신 → 모방 → 확산의 6단계를 거쳐 이뤄진다. 기초연구(basic research)는 지식의 탐구를 위한 순수한 학문적 연구과정에 해당된다. 둘째 발명(invention)은 특정한 지 식이나 공정 및 도구의 새로운 창안에 해당된다. 또 기초연구나 응용연 구의 결과로서 이루어지고 발명의 결과는 특허제도를 통해 보호받게 된다. 세 번째 단계는 개발과정으로 발명의 결과를 상품화하는 과정으 로 기술혁신 과정으로 가장 중요한 단계이다. 일반적으로 말하는 'R&D' 과정의 가장 핵심적인 과정에 속한다. 네 번째 단계는 혁신(innovation) 과정이다. 개발과정이 성공적으로 달성되면 새로운 생산함수가 등장하 고 흔히 말하는 기술혁신이 시작된다. 정갑영(2004), 산업조직론, 박영 사, pp.327~329를 참고.

따라서 미디어 조직구조도 이러한 기술혁신의 단계를 추종하는 동 태적 현상으로 나타난다.[19) 조직구조(organizational structure)는 조직 의 목표를 달성하는 데 필요한 일과 부서, 직위 등을 배열해 놓은 틀 또는 뼈대를 의미한다.[20) 외부 환경 변화와 조직구조 간의 관계 는 필연적으로 상호 인과적 관련성을 갖게 되어 어느 사회체계 내 조직이든 현상 유지하거나 성장을 하려면 환경 변화에 최소한 적응하 지 않을 수가 없다.

여기서 환경 변화는 미래에 대한 불확실성을 내포하며 이 같은 불 확실성에 능동적으로 적응하기 위해 조직구조의 전환을 시도하게 마 련이다. 불확실성이 높을수록 급속한 환경 변화에 적응하기 위하여

---

18) 경제사학자인 이니스(Innis)는 커뮤니케이션 기술의 혁신은 사회변동의 원 인인 동시에 기술은 인간능력의 확장이라고 주장했다. 맥루한(Marshall McLuhan)도 저서 「미디어의 법칙」(Laws of Media)에서 모든 기술은 이용 자의 기관(organ) 혹은 능력(faculty)을 확장시키거나 강화시킨다고 보았다. Innis,H.(1951), The Bias of Communication, Toronto: University of Toronto Press. 이강수(1999), 현대 매스커뮤니케이션 이론, 나남, p.440. McLuhan. M(1964), Understanding Media: The Extension of Man, NY: Mcgraw-Hill. 박정규 역(1997), 미디어의 이해, 커뮤니케이션북스, pp.5~13.

19) 맥루한은 저서 미디어의 법칙에서 확장(extension)이 기술에 의해 추동된다 고 보았다. 맥루한은 '하나의 미디어의 콘텐츠는 언제나 또 다른 미디어 다'(The content of any medium is always another medium)라고 보았다. 이 는 서로 다른 매체가 서로 각각의 콘텐츠를 빌려온다는 것으로 이는 라디 오, 텔레비전, 영화, 출판 등 올드미디어뿐만 아니라 인터넷 등 새로운 정 보전달 시스템에도 적용된다는 것이다. 현대원 역(2003), pp.337~358.

20) 조직구조는 복잡성(complexity), 공식화(formalization), 집권화(centralization) 의 3가지의 요소로 구성된다. 복잡성은 '조직 내 업무가 분화된 정도'를 의미하는데 수평적 분화(horizontal differentiation)와 수직적 분화(vertical differentiation)로 나뉜다. 공식화는 '조직 내의 직무가 표준화되어 있는 정도'로서 일반적으로 단순 반복적인 직무일수록 공식화의 정도는 높으 며 고도로 전문화된 직무일수록 공식화 수준은 낮다. 집권화는 '조직의 계층 내에 의사결정권 및 통제권이 어디에 집중되어 있느냐의 정도를 의미한다. 곽의영(2003), 신조직행동론, 청목출판사, pp.173~186.

조직구조를 탄력적으로 재구성할 필요가 있다.

그런 점에서 조직구조의 혁신을 위해서는 하부로부터의 다양한 의견이 전달되는 하의상달의 구조와 구성원의 자율성, 그리고 효율적인 의사소통과 의사결정이 신속하게 이뤄지도록 하는 조직슬림화를 통한 수평적 조직 구축이 중요한 선행과제로 지적되고 있다.

디지털환경은 가변성이 매우 높아 사전예측이 매우 어려운 동태적인 특징을 갖는다. 그런 점에서 미디어조직도 이제 디지털환경에 적합한 소위 '디지털조직화'의 커다란 흐름에서 벗어날 수 없다.[21] 디지털정보와 지식이 인터넷이라는 쌍방향 커뮤니케이션 네트워크에 의해 대량으로 신속히 전달됨으로써 조직의 구조와 사고방식, 조직문화 역시 아날로그에서 디지털 양식으로 바뀌고 있다.

이제 어떤 조직체든 디지털혁신에 적응하지 못하면 생존하기 불가능한 시대가 되었다. <표1-1>에 나온 디지털조직과 아날로그조직의 차이에서 보듯이 아날로그조직에서 디지털조직으로의 전환은 미디어조직의 생존을 위한 필수조건이다. 특히 인터넷 보급으로 전통적인 아날로그 사회구조가 디지털구조로 전환해 이미 네트워크 사회로 진입하였다. 이러한 네트워크 사회는 노드(nod)로 링크된 망, 즉 네트워크라는 복잡계로 연결되고 있다.[22]

---

21) 미디어기업이 급변하는 디지털환경 변화에 능동적으로 대응하려면 개방적이고 탄력적인 수평적 조직으로 개편하는 구조적 틀의 변화가 필요하다. 구성원 간의 가치의 다원성이 보장되고 횡적 협력체제가 가능하도록 부(部)중심의 영역경계를 허무는 수평적 구조로의 개편과 동시에 새로운 틀에 맞는 종사자들의 의식변화가 주요변수가 된다.

22) 네트워크 사회는 네트워크와 링크를 따라 전개되는 동역학적 성질에 관심을 가져야 한다. 즉 네트워크는 복잡성의 골격, 즉 우리 세상의 이곳저곳에 들리는 여러 가지 현상을 이해할 수 있는 고속도로와 같다. 따라서 사회현상을 이해하기 위해서는 신진대사 네트워크의 링크에 따라 일어나는 화학반응에 좀더 관심을 가져야 한다. 네트워크의 진화는

〈표 1-1〉 디지털조직과 아날로그조직[23]

| 디지털조직 | 아날로그조직 |
| --- | --- |
| 동 태 | 정 태 |
| 유 연 | 경 직 |
| 다 양 | 단 순 |
| 창 의 | 계층, 서열 |
| 전문성 | 명 령 |
| 인터넷 | 일사불란한 조직 |
| 네트워크 조직 | 테이프 조직 |

출처: 양창삼(2001), p.290.

이러한 디지털시대는 복잡성으로 인해 그만큼 불확실성이 증폭되는 특징을 갖고 있다. 즉 정보에 대한 도달성과 윤택성, 사용가능성과

---

미묘하면서도 가차 없는 선호적 연결의 법칙에 의해 지배되고 있으며 이러한 원칙에 따라 우리는 무의식적으로 이미 많은 링크를 받고 있는 노드들을 또다시 링크하고 있다. 그런 점에서 노드들의 상호 링크로 수많은 조합이 이뤄지고 있는 네트워크 사회는 복잡계(複雜界·complexity)라는 개념으로 이해된다. 강병남·김기훈 역(1998), 링크, 21세기를 지배하는 네트워크 과학, 동아시아, pp.23~48. 이 외에 네트워크 개념의 구성요소를 기술적 측면에서 정리할 때 인터넷 컴퓨터망을 중심으로 LAN과 포털사이트, ISP, ISDN, 이동통신을 주요 구성요인으로 꼽기도 한다. 양창삼(2005), e조직이론, 박영사. pp.90~94를 참고.

23) 디지털조직과 아날로그조직은 사회조직의 전반적인 패러다임의 변화를 보여준다. 아날로그조직은 위계질서와 권위의식, 관습이 지배하고 수직적 명령하달체계를 유지하는 조직이다. 또 연공서열과 상명하복의 조직문화가 구성원의 가치와 행동을 지배하는 특성을 맞는다. 이러한 아날로그조직은 집단문화를 중시하며 계서적인 조직문화는 기존조직의 관행을 재생산하고 조직구조의 틀 안에 개인을 함몰시켜 가치와 행동, 생산체계의 표준화를 가속화시킨다. 반면에 디지털조직은 토론과 논쟁, 창조적인 파괴를 필요로 하며 수평적 체계로 구성된다. 따라서 디지털조직은 구성원들이 거미줄처럼 수평적으로 연결되어 다양한 의사가 교환되고 지식의 공유와 창의성을 중시한다. 구체적인 내용은 양창삼(2001), e조직이론, 박영사. pp.290~316을 참고.

신뢰성 등이 동시에 추구될 수 있는 네트워크 시대에 있어서는 경영
환경의 미래를 예측한다는 것 자체가 용이하지 않다.[24]

이러한 점에서 전통조직을 이러한 디지털환경에 적합하게 디지털
조직으로 전환시키는 것은 시기의 문제일 뿐 불가피한 생존을 위한
선택이다. 일반 기업들은 디지털환경에 맞는 구성원에 대한 임파워
먼트(empowerment)와 자기 동기화(self-motivation)를 통해 조직의 민
첩성(corporate agility), 창의성 및 지식창조 능력을 강화함으로써 차별
적인 핵심역량의 강화와 창출, 불확실한 경영환경에 대한 신속한 대
응, 개별화된 고객에 대한 차별적인 가치제공을 추구하는 조직으로 변
화하고 있다.[25]

따라서 디지털조직의 핵심요소는 크게 조직민첩성의 확보, 창의성
및 지식창출의 추구, 구성원에 대한 임파워먼트[26]로 구성된다. 이는

---

24) 불확실성을 회피하는 의사결정을 내리려면 위험을 최대한 회피하는 장
    치가 필요하다. 즉 생산조직을 어떻게 재구성하고 이를 실행에 옮겼을
    경우 어떤 긍정적 또는 부정적 결과물이 산출될 것이라는 사전예측이
    절대 필요한데 그것은 기업이라는 생산주체가 정확한 시장예측과 수요
    기반 등에 대한 시뮬레이션을 해야 한다. 이같이 미래의 불완전 시장의
    불확실성과 불안정성을 예측하고 의사결정의 위험을 회피하는 투자비
    용이 발생한다.
25) 미디어조직이 디지털환경에 적합한 '원소스 멀티유즈'의 뉴스정보를 제
    공하는 생산구조를 구축하려면 변화를 수용하고 적용하는 조직의 민첩
    성(corporate agility)과 창의성(creativity), 구성원의 역량함양(self-empo-
    werment)이 동시에 이뤄져야 한다. 자세한 내용은 신원무·이주인·허진
    (2000. 5), "디지털시대의 조직운영", LG경제연구원 보고서를 참고.
26) 임파워먼트(empowerment)란 1980년대 경영학과 행정학, 지리심리학 등
    사회과학 분야 연구에서 제기된 이후 1980년대 중반부터 경영학 분야
    에서 정립된 개념이다. 조직연구에서 조직구성원들에게 동기를 부여하
    고 개인의 가치, 잠재력을 향상시키는 개념으로 주로 사용되고 있다.
    기업 내 만연되던 무력감을 해소하고 구성원으로 하여금 더욱 일에 몰
    입하고 변화와 성과를 추구하게 하여 기업의 혁신과 도약을 도모하는
    수단이다. 따라서 구성원들의 자율적인 업무수행을 위한 능력배양, 동

불확실한 디지털환경에서 시장의 신호를 신속하게 감지하여 고객가
치 창출에 의미 있는 정보와 지식을 창조하고 이를 활용하여 다양한
시장 요구에 신속하고 유연하게 대응해 나가는 것을 의미한다. 보웬
과 롤러(Bowen & Lawler, 1992)는 서비스 부문에 있어서 임파워먼
트는 다음과 같은 4가지 근본적인 요소들의 복합적인 조합으로 정의
했다. 첫째, 조직의 성과에 관한 증가된 정보의 활용, 둘째, 조직의
성과에 근거한 보상, 셋째, 구성원으로 하여금 성과에 더 많은 공헌
을 할 수 있게 만드는 지식, 넷째, 성과에 영향을 주는 의사결정을
할 수 있는 권한이다.[27]

　하지만 구성원의 임파워먼트를 막는 요인의 하나로 조직문화를 들 수
있다. 디지털조직 변화의 주요 변인에는 조직문화(organizational culture)[28]
가 포함된다. 조직문화는 특정 조직의 축적된 경험의 집합체로서 조
직을 이끄는 기본이 되는 동시에 구성원들의 행동의 틀을 재생산한

---

　　기부여, 권한과 책임의 위임은 임파워먼트의 핵심개념이다. 연구영역에
　　따라 정치적, 사회적, 환경적, 교육적 차원으로 구분할 수 있다. 양창삼
　　(2001), pp.336~351과 조영춘(2002), 팀제와 임파워먼트가 IT프로세스
　　향상에 미치는 영향에 관한 연구, 서강대 대학원 석사학위논문, pp.1
　　4~18을 참고.
27) Bowen, D. E, and Lawler, E(1992), The Empowerment of Service
　　Workers: What, Why, How, and When, *Sloan Management Review 33.*
　　*Spring,* pp.31~39. 조영춘(2002), p.16에서 재인용.
28) 행정학과 경영에서 조직문화(organization culture)는 '조직마다 제각기
　　독특하게 갖고 있는 보편화된 생활양식'으로 개념화되고 있다. 즉 한
　　조직 내의 구성원들 대다수가 공통적으로 갖고 있는 신념, 가치관, 인
　　지(認知), 행위규범, 행동양식 등을 통틀어 말한다. 조직문화는 그 조직
　　이 대외적 환경에 적응하고 내부적으로 통합화하는 과정에서 생기는
　　여러 가지 문제점들을 극복하기 위하여 모색되고 개발되어 형성된 것
　　이다. 조직구성원들의 공통된 경험을 바탕으로 이뤄진 것으로 조직이
　　라는 하나의 공동체를 결속시켜주고 구성원들로 하여금 일체의식과 조
　　직에 대한 충성심을 갖게 한다. 한호섭(1999), 행정학용어사전. 새정보
　　미디어, p.646.

다. 문화란 포괄적이고 추상적인 개념으로 특정시점에 구성원들이 공통으로 갖는 가치관과 신념, 관습 등을 포괄하는 개념이다.

조직이론 시각에서 조직문화는 조직구성원들이 공유하고 구성원들의 행동과 전체조직에 기본전제로 작용하는 조직체 고유의 가치관과 신념, 규범과 관습, 관리행동과 행동패턴 등 지식과 기술 및 이미지를 포함한 복합적인 개념이다.[29] 따라서 조직이 지향해야 할 문화는 수동적인 업무수행이 아니라 독립적인 업무수행이며 통제가 중시되는 문화가 아니라 지속적인 학습과 창의를 중시하는 문화가 되어야 한다.[30] 따라서 신문기업의 생산조직은 디지털환경에 적합한 뉴스룸을 갖춘 뉴스조직 체계로의 변화가 불가피하며 이 같은 조직의 변화는 과거 조직문화의 취약점을 혁신한 새로운 리모델링을 의미한다. 미디어 혁신의 요소는 미디어기업의 새로운 디지털기술의 도입이나 효율적인 경영기법 적용, 또는 급변하는 미디어환경 적응과정 등을 의미한다.

신문기업의 핵심생산조직인 뉴스조직은 <표 1-2>와 같이 아날로그에서 디지털환경에 맞도록 혁신적 전환을 하게 된다.[31] 이 같은 뉴스조직의 변화는 아날로그에서 디지털조직으로의 전환을 의미하며

---

29) 전정임(2004), 조직문화와 구성원들의 임파워먼트에 대한 연구, 순천대 경영행정대학원 석사논문, pp.5~7.

30) 행정학과 경영학에서 다루는 조직이론과 커뮤니케이션은 상호연관성이 매우 깊다. 조직이론은 커뮤니케이션에 초점을 두든 아니든 조직의 효율성에 최대 관심을 두고 있다. 그런 점에서 조직커뮤니케이션 이론에서 추구하는 것과 최종의 목표를 같이하고 있으면 조직이론과 조직 내 커뮤니케이션의 문제와는 불가분의 관계가 있다. 오두범(1995), 조직커뮤니케이션 원론, 서울대 출판부, pp.49~53.

31) Mammond, Scott C., Daniel Thompson, Print(2000), Broadcast and Convergence in the Newsroom, *Journalism and Mass Communication Education, summer.* 황용석(2003), pp.40~41에서 재인용.

디지털조직 변화는 조직구조는 물론 공정과 구성원인 기자들의 취재
편집기술과 조직문화의 변화를 추동하게 된다.

〈표 1-2〉 뉴스조직의 변화

| 구 분 | 경쟁적 → | 협력적 | → 융합적 |
|---|---|---|---|
| 과 정 | 일렬적(monophonic) | → | 다열적(polychronic) |
| 저널리스트 기술 | 구별적(differentiated) | → | 통합적(integrated) |
| 뉴스룸 문화 | 위계적(hierarchy) | → | 자기조직적(self-organizing) |

출처: 황용석(2003) p.41.

두 번째 핵심개념은 전환비용(switching cost)이다. 전환비용은 미
디어 조직체계가 다른 조직체계로 전환하는 과정에서 발생하는 총비
용(total cost)이다.[32] 전환비용 개념은 전환의 대상과 목적에 따라 다
소 차이가 있다. 경영학 부문에서 활발히 논의된 전환비용은 주로
마케팅과 산업적 측면에서 구매자와 판매자의 관계, 서비스제공자와
고객, 그리고 유통경로의 이론적 모형에서 발전적으로 구체화되었다.
이와 같은 전환비용은 상품의 속성, 소비자의 특징, 기업의 전략 등
여러 가지 요인에 의해 발생하며, 수치로 계량화되는 객관적인 경제
적 비용뿐만 아니라 심리적, 관계적 비용을 모두 포함한다. 즉 경제
적, 심리적, 관계적 등 다차원적 측면(multidimensional aspects)을 갖고 있
으며 이것은 연속성의 비용과 학습비용, 그리고 매몰비용(sunk cost) 등
으로 나뉜다.(Guiltinan,1989; Klemperer,1987)

여기서 연속성의 비용은 전환 시 손실되는 혜택과 특전, 실현가능

---

32) 서비스 측면에서 전환비용은 서비스제공자로부터 다른 제공자로 변경하
   는 데 드는 비용(Porter,1980; Lee and Feick, 2001)이거나, 관계를 유지
   하는 데 기여하는 비용(Morgan and Hunt, 1994)이다. 전환비용은 상품보
   다 오히려 서비스 전환에서 더욱 높아지는 경향이 있다(Klemperer, 1987).

성과 리스크 등을 포함한다. 학습비용은 정보획득과 교환, 평가를 위해 사용되는 시간과 노력을 의미하며 학습비용은 새로운 변화에 적응하기 위해 탐색, 평가, 습득, 적응하는 비용이다. 매몰비용은 경제적 측면 외에도 심리적 측면에서 교류관계에 있어 지각하는 비용이다. 실례로서 서비스와 관련하여 존스(Jones et al, 2002)는 <표 1-3>와 같이 6가지 전환비용의 차원을 제시하였다.

〈표 1-3〉 전환비용의 차원

| 요 인 | 변 인 설 명 |
|---|---|
| 성과손실 | 전환 시 손해를 입게 되는 특혜와 기존거래자로부터 받아온 특전 |
| 불확실성 비용 | 전환 시 사전기대 충족가능성 |
| 전환 전 탐색과 평가비용 | 전환에 앞서 정보를 탐색하고 수집하여 평가하는 데 드는 시간과 노력 |
| 전환 후 행동과 인지적 비용 | 전환에 따라 새로운 서비스를 학습하는 데 드는 시간과 노력 |
| 셋업비용 | 전환함으로써 새 서비스제공업체에 대한 정보와 필요한 사항을 재정비하는 데 드는 시간, 노력, 지출비용 |
| 매몰비용 | 새로운 관계를 형성하고 유지하는 데 사용된 노력과 비용 |

출처: Jones et al.(2002) 고상덕(2002), p.13에서 재인용.

이같이 소비자의 상품과 서비스 선택전환 행위를 중심으로 한 전환비용의 구성요인은 다차원이지만 전환비용을 측정하는 고정적인 기준은 없다. 전환비용 발생의 대상과 목적에 따라서 차원이 달라지는데다 일률적인 측정기준의 틀을 제시하기가 어렵다. 경영학 분야에서 소비상품의 구매를 둘러싼 서비스변화와 관련된 전환비용에 관한 이

론적 연구는 다양한 전환비용의 변수를 갖고 실증적인 측정시도로
부분적으로 이뤄지고 있다.[33]

　이와 같은 시각에서 전환비용 개념은 신문기업 분석에 유용한 분
석틀을 제공하고 있다. 신문기업을 정보재라는 최종상품을 공급하는
서비스주체로 볼 경우 전환비용은 생산조직체계 전반의 변화를 가늠
케 하는 변수로 작용한다. 다차원의 전환비용은 복합적으로 신문기
업 생산체계 전반에 영향을 주고 있다.

　신문기업의 전환비용은 주로 구독시장과 충성도 분석이 주류를 이
루고 있다. 신문구독자 시장은 충성도가 높은 시장과 전환이 용이한
시장이 있다.[34] 충성도가 높은 독자의 소비기술은 수요를 비탄력적

---

33) 높은 전환비용은 고객의 충성도를 높이는 요인이 되며 이 전환비용은
　　객관적으로 측정 가능한 금전적인 비용뿐만 아니라 새로운 서비스 공
　　급자와 거래 시 가져오는 불확실성에 대한 심리적 비용도 포함된다. 기
　　존의 전환비용의 이론적 선행연구로는 Porter(1980)가 제품디자인이나
　　물류시스템 등 산업부문에서 진입장벽으로서의 전환비용을 연구했으며,
　　Jackson(1985)도 역시 산업부문에서 전환비용을 투자비용과 리스크비용
　　으로 구분하고 높은 전환비용은 강력한 산업관계를 형성한다는 사실을
　　밝혀냈다. 이 외에 Klemperer(1987;1995)는 거래비용과 학습비용, 계약
　　비용 등의 게임이론 모형으로 소비자부문에서 전환비용이 존재하는 시
　　장에서 높은 가격과 수익과의 관계를 규명했으며, Guitinam(1989)은 전
　　환으로 인한 계약상 비용, 셋업비용, 심리적 몰입비용과 연속성 비용의
　　개념정립 등 다양한 전환비용의 개념을 정립했다. 고상덕(2002), 전환비
　　용의 결정요인에 관한 연구, 경희대 박사학위논문, pp.8~15을 참고.
34) 신문구독자 충성도(loyalty)는 관성(inertia) 기반의 충성도와 전환비용 기
　　반의 충성도로 대별할 수 있다. 관성기반의 충성도는 자기가 구독하고
　　있는 것을 습관적으로 계속 유지하려고 드는 소비 형태이다. 이러한 소
　　비 형태는 상품의 질적 우수성이 나름대로 인정된 상태에서는 연속되
　　지만 외부에서 물리적 힘을 작용했을 경우 전환할 가능성이 있다. 관성
　　적 충성도는 특정상품에 대한 효용이 간시간적 의존성(inter-temporal
　　positive complement)을 갖지 않는다. 반면 전환비용 기반 충성도는 습
　　관적 소비로 익혀진 상품의 효용성과 가치를 인지하고 이를 다른 상품
　　으로 전환했을 때 드는 시간적 경제적 탐색적 학습비용의 지출을 두려

으로 만들어버림으로써 구독에 별다른 영향을 받지 않는다. 따라서 충성도가 높은 독자는 전환이 어렵다.

중첩세대모형(overlapping generation model)[35]은 습관적 소비형태가 구독자의 소비기술로 전이되는 것을 보여준다. 반면 충성도가 낮은 구독자 시장은 전환비용이 상대적으로 낮아진다. 따라서 신문기업들이 조직전환이 이뤄지려면 생존기반인 독자와 충성도 시장에서 전환비용이 없거나 전환비용 최소의 법칙이 적용되어야 할 것이다.

세 번째는 진화이론(evolution theory)이다. 진화는 유전적 변화와 무관한 사회적 변화를 의미한다.[36] 고전적인 다윈의 진화이론은 생태계 내의 변화과정으로 변이의 원칙, 유전의 원칙, 자연도태의 원칙, 생존

---

위한 나머지 한 신문을 지속적으로 구독하고자 하는 경향이 있다. 장용호(2004), "신문구독자의 전환비용의 역동적 메커니즘", 매체산업과 미디어기술, 나남. pp.265~282. 이상우(2004), 구독자 충성도와 신문판매 시장 변동에 관한 연구, 서강대 언론대학원 석사학위논문, pp.32~38.

35) 중첩세대모형(overlapping generation model)이란 신문구독 가구 내에서 부모세대와 자식세대가 동시에 한 가지 신문을 구독하는 집단적 소비 형태를 말한다. 신문은 보통 가구당 1부를 보는 것이 일반화되어 있다. 따라서 신문의 논조나 이념 특성에 따라 세대 간의 선호도가 다르지만 구독신문 결정권이 보통 가장에게 있어 자식세대에서도 특정신문을 동시에 구독해서 가구 내 독자세대가 중첩되는 독자층을 의미한다.

36) 진화는 원래 유기체의 유전적 변화를 지칭하는 생물학적 개념이다. 구조기능주의나 행태주의 시각에서 진화는 사회체계의 변화과정을 설명하는 개념이다. 커뮤니케이션에서는 미디어 또는 미디어산업의 변화과정을 설명하는 용어로 사용되고 있다. 디플로어와 볼 로케취(DeFleur and Ball-Rokeach, 1972)는 진화를 생물학적 진화와 사회 선택적 적응으로 설명했다. 생물학적 진화란 사회가 태아처럼 성장하면서 시간이 지남에 따라 복잡성과 차별성이 점증한다는 이론이다. 사회 선택적 적응은 사회와 커뮤니케이션 산업 내에서 변화의 기초라고 전제하고 있다. 커뮤니케이션학문에서는 후자를 진화의 모델로 보는 시각이 지배적이다. John W.Dimmick(2003), Media Competition and Coexistence, New Jersey: Lawrence Eribaum, 권상희 역(2005) 미디어의 경쟁과 공존, 커뮤니케이션북스, pp.1~7.

경쟁의 원칙의 4가지 원칙을 토대로 하고 있다. 여기서 조직을 생태계 내 유기체와 같은 존재로서 전제할 때 사회환경 내에서 조직 역시 변이, 유전, 자연도태, 생존경쟁을 하는 개체로서 보게 된다. 이에 따라 조직생태학적 관점은 조직이 실제로 어떻게 진화하는가를 이해하고 생태계로서 사회환경에 적응하는 과정에 관심을 두게 된다.[37]

그런 점에서 사회문화적 변화(sociocultural evolutionary change)는 사회환경과 상호작용을 통해 발생하는 사회기관 특성의 '거시적 진화'(macro evolutionary change)와 연관이 있다. 캠벨(Campbell, 1969)은 사회문화적 변화는 '차이와 선택적 유지'라는 두 과정을 거친다고 보았다. 그는 이 두 과정이 문화변화, 학습과 사고, 그리고 과학적 발견 등과 같은 분야에서 어떻게 작동하는지 연구해 왔다. 사회문화적 진화는 주어진 환경 안에서 개체 간 상호간 적응력을 키우며 진화하는 과정을 의미한다.

미디어체계 내에서 개체로서 신문기업 역시 생존을 위해 새로운 환경에 적응하려 하고 이러한 적응의 과정은 조직체계의 진화과정을 추종하게 된다.

피들러(Fidler.R, 2003)는 미디어모포시스(미디어변형, Mediamorphosis)라는 개념을 통해 미디어의 진화과정을 설명했다.[38] 즉 미디어세계가 공진화(coevolution), 융합(convergence), 복합체(complexity)라는 3C원

---

37) 진화론적 관점에서 조직의 문제를 다루는 것이 모집단생태학(population ecology)이론이다. 이 이론은 조직이 의사결정과정에서 왜 환경제약이나 환경조건의 체계에 주의를 기울이지 않으면 안 되는가를 보여준다. 이 모형은 조직을 자연의 일원으로 인식한다는 점에서 새로운 면을 보여주고 있으며 조직이 처한 환경에 초점을 두고 있다. 양창삼(1995), 거시조직이론, 박영사, pp.118~145.

38) Fidler.R(1997), Mediamorphosis - Understanding new media, Pine Forge Press, p.29. 조용철 역(1998), 미디어모포시스-뉴미디어의 이해, 커뮤니케이션북스, p.59.

리에 따라 변화한다는 것이다. 피들러는 종(種)이 변화하는 환경 속에서 보다 더 나은 생존을 위해 진화하듯이 커뮤니케이션 형태와 기존의 미디어기업도 진화를 하며 이 과정에서 미디어변형이 필수적이라고 보았다. 또 미디어융합도 미디어의 본질 및 미디어기술, 미디어조직 등의 제 요소가 새로운 단일체로 합쳐짐과 동시에 각 요소들 자체도 변화하는 것을 의미한다고 보았다.

진화관점에서 디믹(Dimmick, 2003)이 제기한 적소이론(謫所理論, The theory of Niche)도 경쟁과 공존에 관한 일련의 개념인 동시에 명제로서 생물학적인 이론이 아니라 인간 사이에서의 경쟁과 공존을 기술하고 설명하기 위해 형성된 이론이다.[39] 생물학에서 적소라는 용어는 어느 생물이 살아남기 위해 다른 생물들의 생존방식을 따르지 않고 독자적인 생존방식을 취하는 것을 의미한다.

생물학 개념을 미디어산업에 적용한 적소이론은 미디어의 발달에 따라 새롭게 등장한 미디어인 인쇄신문과 라디오, 텔레비전, 케이블, 인터넷, 디지털미디어들은 각 시기마다 역사적이고 치열한 경쟁 환경에서 어떻게 독자적인 미디어시장의 틈새를 찾고 새로운 미디어산업영역을 구축해 왔는지에 대한 과정을 설명해 주고 있다.

본 연구는 이 같은 진화론적 틀 안에서 전통적 매체인 신문기업이 디지털환경이라는 새로운 생태계에 적응하기 위해 디지털조직화를 추진하고 어떠한 프러덕트 기술(product technology)과 프로세스 기술 (process technology)의 전환을 통해 공급사슬체계를 변화시키는가를

---

39) 본래 적소(niche)의 의미는 어떤 조각상이나 다른 물건을 지탱하기 위해 벽에 있는 틈이나 우묵한 곳을 뜻하는 라틴어 nidus나 nest에서 유래한 건축학적 의미였다. 디믹은 적소개념이 생태학적 이론에 기초하고 있으며 생태학자들은 그 용어를 40년 이상 연구하고 정제해 왔다. 권상희 역(2005), 역자서문과 p.52를 참고.

중심으로 역동적 전환의 메커니즘을 논의하였다.

## 3. 연구문제와 연구방법

### 1) 연구문제

앞서 말한 대로 본 연구는 인터넷 등 뉴미디어의 출현과 기존 매체간 무한경쟁 체제로 들어간 국내 신문기업의 콘텐츠 공급사슬체계의 전환 메커니즘을 파악하고자 하였다. 따라서 디지털환경 아래에서 신문기업의 경영체계, 뉴스룸 내 제작체계, 디지털유통 전환이 주요 분석대상이다.

이에 따라 본 연구는 신문기업의 디지털화 이후 종이신문 중심의 공급체계의 전환에 관한 연구를 대주제로 하여 다음과 같은 4개 소주제를 연구주제로 설정하였다. 첫째, 디지털융합이 가져온 미디어시장의 변화 속에서 신문기업들의 조직체계의 통합 변화를 살펴보고 둘째, 디지털화에 대비한 신문기업의 경영차원의 대응체계 전환과 메커니즘을 알아보았다. 셋째로 디지털기술의 변화가 뉴스룸의 제작체계와 기존 관행에 미친 영향과 변화, 조직체계 전환의 결정요인 및 전환비용을 파악하며, 넷째로 디지털환경에서 종이신문 중심의 유통체계가 디지털화 이후 어떻게 변화했는가를 알아보았다. 연구문제는 다음과 같다.

연구문제 1. 신문기업의 디지털기술 도입이 조직체계 통합을 강화시켰는가.

      1-1 디지털기술은 신문기업의 공급조직체계를 통합시켰는가.

      1-2 디지털기술은 신문기업의 가치사슬체계를 전환시켰는가.

      1-3 온-오프 기술통합은 신문기업의 생산체계를 변화시켰는가.

디지털기술은 신문기업 내 뉴스정보를 수집 가공 유통하는 일련의 제작공정의 디지털화를 추동하는 요인이다. 아날로그기술을 대체한 디지털제작기술이 도입됨에 따라 오프라인 중심의 뉴스조직 체계는 인터넷기반의 제작체계와 기술적 통합을 하여 새로운 뉴스정보 공급체계를 구축하게 되었다. 디지털기술 기반의 제작공정은 아날로그와 달리 다양한 뉴스정보의 변형 및 가공을 가능케 함으로써 새로운 가치창출을 가능하게 하였다. 이 가치창출은 뉴스정보의 디지털콘텐츠화를 통한 새로운 공급가치사슬체계를 구축하게 된다.

연구문제 2. 신문기업의 디지털화는 경영조직의 가치체계를 전환시켰는가.

      2-1 경영조직은 디지털화에 따라 경영선택을 변화시켰는가.

      2-2 경영선택은 뉴스룸 조직체계의 변화를 가져왔는가.

디지털기술을 도입한 신문기업들은 종이신문 중심에서 디지털화된 뉴스정보를 중심으로 새로운 가치창출을 위한 경영체계로 전환하고 있다. 구독률의 하락과 광고시장의 축소로 신문기업들은 종이신문 시장 중심의 가치체계를 디지털콘텐츠 시장으로 전환하려 시도할 것이다. 이는 종이신문에만 의존해 온 경영조직은 디지털제작기술이 구축된 생산체계를 기반으로 새로운 뉴스콘텐츠를 파생상품화하여 새로운 수익원을 확보하려는 전략적 전환을 선택할 수밖에 없다. 이러한 경영조직의 가치체계 변화는 핵심생산조직인 뉴스룸의 혁신과 구성원의 능동성을 전제로 한다. 따라서 조직전환과 함께 구성원들이 디지털환경에 적응하도록 하는 학습과 교육, 인센티브 등 다양한 전환비용을 투입해서라도 효율적인 뉴스룸 조직체계를 구축하려는 시도를 지속하게 된다.

연구문제 3. 디지털제작기술은 뉴스룸의 조직체계를 전환시켰는가.
  3-1 디지털제작기술은 뉴스룸 제작공정을 변화시켰는가.
  3-2 뉴스룸 조직의 전환비용 결정요인들은 무엇인가.
  3-3 전환비용은 뉴스룸 조직변화와 상관관계가 있는가.

CTS 중심의 신문기업 제작체계가 디지털화된 후 인터넷 웹 기술과 연관시스템을 구축하여 뉴스룸의 제작공정은 디지털기반으로 전환되었다. 이러한 디지털기술 기반의 제작공정은 아날로그와 달리 공정의 단축과 인력운용의 효율화, 비선형 제작 등의 변화를 가져오게 된다.
  이러한 디지털제작공정화는 기술적 차원의 변화만이 아니라 뉴스룸 조직의 변화를 추동하는 요인으로 작용한다. 여기서 종이신문 기반의 뉴스룸은 점차 다플랫폼으로 전환 필요성을 증대시키게 된다. 종이신문에만 사용되었던 뉴스정보는 디지털콘텐츠로서 다플랫폼에 맞도록 변형 가공된다. 따라서 뉴스룸 조직은 수용자변화와 소비시장의 변화를 실시간 능동적으로 수용하고, 뉴스룸 조직을 온-오프라인 통합기반의 멀티플렉스 전환이 이루어져 가고 있다.
  여기서 전환비용은 뉴스룸 조직변화의 최대 결정변인이 된다. 뉴스룸 조직변화는 전환비용의 방향과 강도에 의해 결정된다. 따라서 전환비용에 따른 변인들 간에는 전환용이성에서 차이가 발생하게 된다.

연구문제 4. 신문기업의 디지털화는 뉴스콘텐츠 유통체계를 변화시켰는가.
    4-1 디지털화로 신문기업의 콘텐츠 유통체계는 변화하였는가.
    4-2 뉴스콘텐츠 유통창구는 신문기업별로 어떠한 차이가 있는가.
    4-3 신문기업의 뉴스콘텐츠 거래방식은 변화하였는가.

신문기업의 디지털화는 종이신문용 뉴스콘텐츠를 디지털콘텐츠로 전환시켰다. 따라서 종이신문과 달리 디지털콘텐츠는 신문용지 비용은 물론 인쇄와 수송, 배달, 판매 등에서 추가비용이 더 이상 소요되지 않는 특징을 갖게 된다. 신문기업은 뉴스정보를 디지털화할 경우 거래비용이 거의 없기 때문에 미디어시장에 자사 콘텐츠를 유통하는 '디지털창구 효과'를 발생시키게 된다.

이에 따라 신문기업들은 기존의 종이신문 자산을 기반으로 다양한 디지털유통체계를 구축하고 파생상품으로서 디지털뉴스를 유통시킬 수 있게 되었다.

## 2) 연구방법

### (1) 분석단위와 연구대상

본 연구는 디지털환경에서 신문기업의 조직체계 진화를 역동적인 변화과정으로 파악하였다. 따라서 분석단위(unit of analysis)는 신문기업의 내적 조직체계이다. 이에 따라 신문기업 내 경영과 기술, 제작, 유통의 4개 하위조직을 분석대상에 포함시켰다.

관찰단위로 중앙에서 발행되는 조·석간 종합 일간지 10개 신문기업으로 한정하고 조선 중앙 동아 등 세칭 메이저신문과 경향 한국 한겨레 국민 세계 문화 서울 등 마이너신문 7개 사를 모두 포함시켰다. 신문기업 내 4개 하위조직 중 핵심정보 생산주체로 뉴스룸인 편집국(編輯局·editorial division) 조직[40]을 중심으로 분석하였다.

신문기업은 복수의 부서가 상호 연관 통합생산체계를 구축하고 있는 만큼 뉴스정보를 생산하는 핵심부서인 편집국과 이와 연관된 신문기업의 경영전략을 중심으로 통합생산체계의 변화를 분석하였다. 신문기업 통합체계 진화는 디지털기술 도입시점과 정부의 디지털정책, 대안 미디어의 출현, 이에 따른 신문기업의 경영전략 변화 등의 다양한 변인들이 복합적으로 작용한 결과물이다.

신문기업의 공급조직체계 변화를 파악하기 위해 시기구분은 이와 같은 변인들을 기준으로 하는 것이 바람직하지만 디지털기술을 중심

[40] 뉴스를 취재하고 데스킹하고 편집 전송하는 신문사의 물리적 뉴스제작 공간이 편집국이다. 편집국이란 조판이 이뤄지던 아날로그시대 대장(臺帳)에 머리기사 등을 배치하여 편집(editing)하는 개념의 연장에서 편집국이란 용어를 사용하고 있으며 외국 신문사의 뉴스룸(newsroom)과 동일한 개념으로 원용되고 있다. 국내에서는 'editorial division'이란 명칭을 범용하고 있으나 유럽과 미주지역에서는 'editorial office' 'editorial board' 'editorial department' 또는 'news office'라는 용어를 사용하기도 한다.

으로 한 시기구분 기준은 명확하게 설정된 것이 없다. 따라서 디지털미디어기술 진화에 따른 미디어시장의 변화가 시기구분에 유용한 기준이 될 수 있다.

따라서 디지털기술을 도입한 신문기업의 변화의 기준점은 인터넷미디어를 중심으로 설정하여 볼 필요가 있다. 전술한 대로 인터넷미디어 등 뉴미디어에서는 디지털미디어의 진화시기를 아날로그미디어시대(~1998년), 인터넷전문미디어시대(1999~2002년), 포털미디어시대(2003~2004년), 미디어네트워크 시대(2005년 이후)로 구분하는 것도 이러한 이유이다. 인터넷미디어를 중심으로 한 시기구분을 신문기업의 디지털변화의 기준점으로 삼는 데는 한계점이 있으나 신생미디어의 출현이 디지털기술을 대변해 주는 간접지표로 볼 수 있다는 점에서 많은 유용성을 내포하고 있다.

이 같은 관점에서 이 논문은 시기별로 미디어시장 및 신문기업의 조직체계의 변화를 비교하고[41] 디지털기술의 신문기업 내 도입 및 적용, 변화를 파악하기 위해 인터넷 등 디지털미디어의 시기구분을 준용하였다. 이에 따라 본 연구는 디지털화가 본격화된 1995년부터 2005년까지 약 10년간을 제1시기(T1: 1995~1998), 제2시기(T2: 1999~2002), 제3시기(T3: 2003~2005)로 구분하였다.[42] 이러한 시기구분은 디지털

---

41) 지상파 방송은 미주와 유럽 지상파 방송의 디지털화에 따라 뉴스시스템을 아날로그단계, 아날로그＋디지털단계, 디지털네트워크단계, 디지털＋네트워크＋아카이브단계로 구분한다. 윤호진(2003), '디지털뉴스룸의 개념과 가치운영 평가', 「디지털뉴스룸과 방송저널리즘」, 한국방송진흥원 연구보고서를 참고.

42) 신문사 디지털기술의 변화를 3단계로 구분한 것은 정부의 디지털정책 기조와 방향, 독자시장의 인터넷 보급, 각 신문사의 디지털기술 수용의 시점 등을 감안한 것이다. 각 시기별로 신문기업의 기술변화를 중심으로 특징을 살펴보면 다음과 같다.
    T1은 1994년 동아일보의 납조판제가 완전 종료된 후 모든 신문기업들이

환경과 신문기업의 뉴스제작기술의 변화, 대안 미디어의 시장 신규진입 등 미디어시장의 변화, 정부의 디지털정책 변화를 종합 감안한 것이다.

## (2) 분석자료 특성 및 통계분석

연구문제를 해결하기 위해 본 연구는 다음과 같은 분석자료와 연구방법을 활용하였다. 연구문제1과 연구문제2를 해결하기 위하여 문헌조사를 실시하고 신문기업의 조직구조와 디지털기술, 뉴미디어를 다룬 정기간행물 등 2차 자료를 분석하였다. 분석자료는「신문과 방송」「미디어오늘」「한국기자협회보」「관훈저널」「기자통신」, 그리고 부정기적으로 발간되는 각 신문사 사보와 노조 소식지 등이다. 분석자료는 <표 1 - 4>와 같다.

---

CTS시스템으로 전환한 1995년부터 IMF 외환위기로 신문사들이 모든 신기술 도입과 신규투자가 중단된 1998년까지로 설정하였다. 1995년은 조선 중앙 동아를 비롯한 모든 신문기업들이 CTS와 인터넷의 보급으로 뉴미디어사업에 경쟁적으로 뛰어들었으나, 뉴미디어사업을 중심으로 한 디지털 사업은 1998년에 대부분 중단되었다.

T2는 김대중 정부가 출범한 이듬해인 1999년부터 2002년 대선까지 4년간이다. 이 시기는 김대중 정부가 IT산업을 정부의 성장동력으로 삼고 디지털정책을 추진하였다. 이때부터 주류언론에 대응하는 인터넷을 중심으로 한 대안언론들이 미디어시장에 뛰어들었고 오마이뉴스 등 신생매체의 파워가 노무현 정권의 출범에 변수가 될 정도로 미디어시장이 분화되었다. 이 시기에는 신문기업들이 인터넷매체와 무한경쟁을 선언하고 디지털기술 기반을 확대하고 투자를 다시 늘리는 시기였다.

T3은 2003년 이후 디지털미디어시장이 확대되고 퍼스널미디어 보급이 확산되어 인터넷뉴스포털과 DMB, IPTV 등 신생 미디어가 출현하고 종이신문의 영향력이 감소되었으며, 미디어네트워크의 확산 속에 신문기업의 '원소스 멀티유즈' 생산체계가 구축되기 시작한 기간이었다.

〈표 1-4〉 연구 분석자료

| 분석자료 | 분석기간 | 발간형태 | 분량(호수) |
|---|---|---|---|
| 신문과 방송 | 1995년 1월호-2005년 8월호 | 월　간 | 289-416호 |
| 미디어오늘 | 1995년 1월호-2005년 8월호 | 주　간 | 1호-510호 |
| 한국기자협회보 | 1995년 1월-2005년 8월 | 주　간 | 805-1294호 |
| 관훈저널<br>(舊 신문연구) | 1999년 1월호-2005년 8월호<br>1995년 1월호-1998년 12월호 | 계　간 | 59-94호 |
| 기자통신 | 1999년 1월(창간호)-2004년 1월호(종간호) | 월　간 | 1-61호 |
| 사보 및 노보 | 각 신문사 노보 및 사보 등 | 부정기 | |

　연구문제3에서 뉴스룸의 조직에 대한 심층구조를 파악하기 위해 심층인터뷰와 설문조사를 병행하였다. 먼저 중앙에서 발행되는 종합 일간지에 재직 중인 일반기자와 데스크, 국·실장급 등 총 15명을 상대로 2005년 4월 11일~4월 23일까지 13일간 심층면접(depth interview)을 실시하였다.

　이는 문헌연구나 2차 자료에서 밝히기 어려운 조직내부 메커니즘을 신문기업 조직 내 구성원들의 답변을 통해 파악할 수 있는 장점이 있기 때문이다. 심층면접은 1 대 1 면접을 원칙으로 솔직한 답변 유도를 위해 익명성이 보장된 사적 공간에서 자유로운 인터뷰방식을 사용하였다.[43]

---

43) 심층면접은 구조화되지 않은 직접법에 속하는 질적 연구방법으로 특정 주제에 대한 응답자의 드러나지 않은 의도와 신념, 태도, 느낌 등을 조사하는 개별면접(personal interview)방법이다. 따라서 인터뷰 대상자가 연구자의 의도나 방향을 의심하지 않도록 비구조화된 질문을 던지는 1 대 1-2인의 면접법으로 1인당 평균 2시간씩 자연스런 대화를 통해 얻은 데이터 중 연구목적에 맞는 부분을 분석대상으로 선정했다. 신문사 특유의 폐쇄성을 극복하기 위해 솔직한 자기의중을 드러낼 만한 대상자와 장소를 선정하고 조직과 관행에 초점을 둔 초점화인터뷰(focused

〈표 1-5〉심층면접 대상자 명단

| 직 급 | 인 원 | 분 류 | 부 서 | 직 위 | 재직연수 |
|---|---|---|---|---|---|
| 국·실장급 | 3명 | A | 자회사 | 대 표 | 23년 |
| | | B | 온라인 | 본부장 | 25년 |
| | | C | 논설실 | 논설위원 | 20년 |
| 부·차장 | 4명 | D | 사회부 | 부 장 | 19년 |
| | | E | 사회부 | 차 장 | 18년 |
| | | F | 사회부 | 차장대우 | 18년 |
| | | G | 경제부 | 차 장 | 18년 |
| 편 집 | 3명 | H | 편집부 | 차 장 | 19년 |
| | | I | 편집부 | 차 장 | 18년 |
| | | J | 편집부 | 차장대우 | 15년 |
| 취 재 | 5명 | K | 정치부 | 기 자 | 12년 |
| | | L | 정치부 | 기 자 | 11년 |
| | | M | 사회부 | 기 자 | 9년 |
| | | N | 사회부 | 기 자 | 9년 |
| | | O | 사회부 | 기 자 | 8년 |

연구문제3에서 뉴스룸의 전환의 결정요인과 전환비용을 파악하기 위하여 신문사에 재직 중인 취재기자와 부·차장, 국·실장 간부 등 208명을 상대로 2005년 10월 25일부터 10월 30일까지 6일간 설문조사를 실시하였다.[44] 서울에 본사를 둔 10개 종합일간지를 대상으로

interview)기법을 사용했다. 종합일간지 10개 사 중 조선일보 중앙일보 동아일보 등 메이저신문사는 시장점유율이 70%에 달하는 지배기업이라는 점에서 모두 인터뷰 대상에 포함시켰다. 나머지 7개 사는 메이저신문을 추종하는 한계기업이어서 5개 사를 임의 선정 후 심층면접 대상자를 선정했다. 인터뷰 대상자는 경영진 데스크, 취재기자, 편집기자 등으로 구분했고 편집국 핵심부서인 정치부 경제부 사회부 등 취재부서와 편집부를 조사 대상으로 한정했다.

44) 설문지는 디지털기술 도입 후 편집국의 변화, 편집국 조직 특성, 소비시장과 소비자, 경영정책, 디지털미디어에 대한 평가 등 총 5개 항목으로 구성되었다. 설문지는 연구자가 직접 방문하여 편집국에서 배포하고 수거하였다. 주요 기자실을 방문하여 취재 중인 중앙지 기자 전원을 대

본사와 출입처 등에 배포한 설문조사지 중 수거된 208부(10대 종합
일간지 204부, 기타 종합일간지 등 4부)를 최종 통계 처리하였다. 표
본추출은 각 사별로 설문대상자 수를 할당하는 비확률적 할당표집방
법을 이용하였다. 총 208명(남 171명: 82.2%, 여 37명: 17.8%)의 설
문대상자의 인구통계학적 속성은 다음과 같다.[45]

〈표 1-6〉 인구통계학적 특성

① 신문사와 부서

| 신문사 | 빈 도 | % | 소속부서 | 빈 도 | % |
|---|---|---|---|---|---|
| 경향신문 | 22 | 10.6 | 편 집 | 14 | 6.7 |
| 국민일보 | 22 | 10.6 | 정 치 | 33 | 15.9 |
| 동아일보 | 25 | 12.0 | 경 제 | 38 | 18.3 |
| 문화일보 | 18 | 8.7 | 사 회 | 69 | 33.2 |
| 서울신문 | 28 | 13.5 | 문 화 | 9 | 4.3 |
| 세계일보 | 16 | 7.7 | 스포츠 | 7 | 3.4 |
| 조선일보 | 22 | 10.6 | 기획탐사 | 4 | 1.9 |
| 중앙일보 | 20 | 9.6 | 논 설 | 1 | 0.5 |
| 한국일보 | 16 | 7.7 | 인터넷 | 1 | 0.5 |
| 한겨레신문 | 15 | 7.2 | 정보통신 | 4 | 1.9 |
| 기 타 | 4 | 1.4 | 기 타 | 28 | 13.5 |
| 전 체 | 204 | 100.0 | 전 체 | 208 | 100 |

상으로 하였다. 출입처는 국회기자실과 국무총리실, 교육부, 통일부, 외
교통상부, 문화관광부, 건설교통부, 재정경제부, 정보통신부, 대검찰청,
서울중앙지검, 서울지방경찰청과 산하 4개 경찰서, 스포츠레저 관련 단
체 등이 포함되었다.
45) 한국언론재단이 2005년 한국리서치에 의뢰하여 실시한 「한국의 언론인
2005」 설문조사에서 오프라인 기자의 경우 남성은 87.8%, 여성 12.2%
였고 연령별로는 20대 14.8%, 30대 49.5%, 40대 31.4%, 50대 4.3%였
다. 직위별 분포에서는 평기자 63.0% 차장급 21.0% 부장급 10.4% 국
장급 5.6%로 나타났다. 오프라인 기자는 신문방송통신사 종사자를 포
함하였다. pp.15~18을 참고.

② 직위와 재직기간

| 직  위 | 빈도(%) | 재직기간 | 빈도(%) |
|---|---|---|---|
| 취재기자 | 168(80.8) | 5년 미만 | 59(28.5) |
| 부차장(대우포함) | 37(17.8) | 5-10년 | 57(27.5) |
| 부국장 이상( 〃 ) | 3(1.4) | 10-15년 | 61(29.5) |
| 전  체 | 208(100) | 15-20년 | 30(14.5) |
|  |  | 전  체 | 207(100) |

설문조사 항목은 심층면접 결과를 분석하여 유목별로 정리한 자료를 토대로 작성되었다. 심층면접 참여자들이 언급한 핵심적 내용을 중심으로 디지털화와 경영, 제작체계, 조직 및 취재관행, 유통 등 총 5개 항목으로 구분하고 5점 리커트척도(Likert scale)를 사용하였다. 수집된 자료는 t-검증과 교차분석($x^2$), 요인분석(factor analysis), 경로분석 (path analysis)의 통계방법으로 처리하였으며 SPSS 10.0을 이용하였다.

연구문제4는 미디어관련 주간지와 사보 등을 대상으로 문헌조사를 실시하고 필요시 해당 신문기업을 방문해 담당자 인터뷰를 실시하였다.

## 4. 연구모형과 논문구성

### 1) 연구모형

<그림 1-1>은 이 논문의 주된 내용을 중심으로 연구체계를 간단한 모형으로 제시한 것이다. 디지털기술, 디지털제작, 경영조직 등 독

립변인(X)은 신문사 조직체계의 변화(Y)에 영향을 미치게 된다. 전환
비용을 결정하는 조건변인 C는 신문기업의 규모와 독자 충성도, 조직
체계, 조직문화, 생산기술 등 다차원의 변인들로 구성되었다. 여기서
수요 및 소비시장은 본 논의에서 제외하였다.

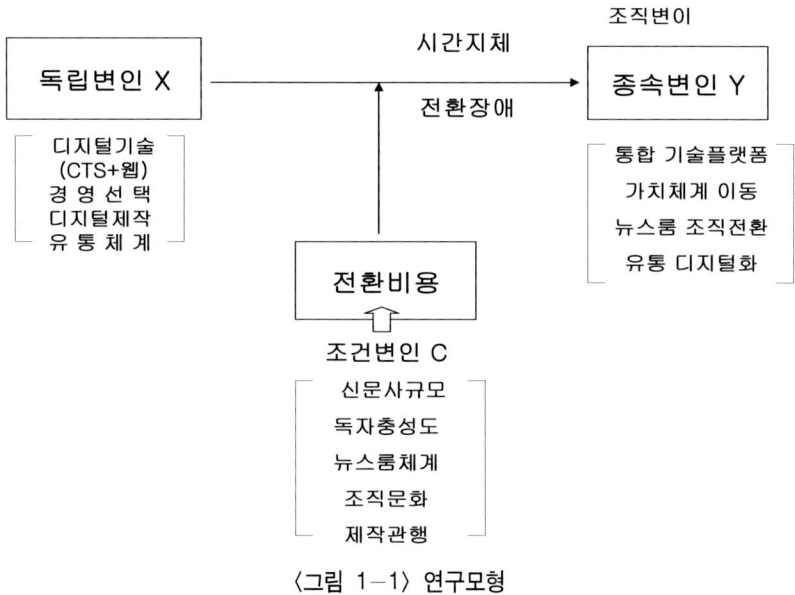

〈그림 1-1〉 연구모형

신문기업의 디지털화와 제작기술, 경영전략 등은 독립변인 X로서
온-오프라인 기술플랫폼 체계와 뉴스룸 조직체계, 디지털유통체계,
경영가치체계 등의 종속변인 Y를 변화시켰다. 조건변인 C는 신문기
업의 규모와 독자충성도, 조직구조, 문화, 인력, 생산기술 등의 다차원
의 변인으로 구성되어 뉴스룸 조직전환 시 전환비용으로 작용하였다.
독립변인이 조건변인의 개입 없이 종속변인에 미칠 경우 신문기업
은 시간 지체 없이 디지털화에 따른 신문기업 조직체계 전반에서 효

과적인 전환이 발생하게 된다. 하지만 전환비용의 강도와 방향성이 매우 높게 조건변인으로 작동할 경우 조직변이가 발생하게 된다. 이는 종이신문 중심인 신문기업의 전통적인 조직구조에 변이를 가져와 신문기업별로 독특한 형태의 디지털조직체계를 구축하게 되었다.

## 2) 논문의 구성

논문은 총 6장으로 구성되었다. 제1장은 논문주제와 관련된 연구목적을 문제제기로써 설명하였다. 이론적 배경에서 주제에 접근하는 관점을 논의하고 연구문제와 연구방법을 구체적으로 제시하였다.

제2장에서는 디지털융합에 따라 변화하는 미디어시장의 통합과 이러한 환경 변화가 추동하는 신문기업의 생산조직체계 변화를 통합적 관점에서 살펴보았다. 디지털기술이 추동하는 신문기업의 생산기술적 통합체계의 특성과 이에 따른 생산조직체계의 변화를 환경 변화와 조직 내 구성요소와의 연관체계 구축 차원에서 설명하였다.

제3장에서는 신문기업이 디지털화에 따른 시장변화에 대응하는 경영조직의 전략변화를 분석하였다. 종이신문 위주의 경영선택이 디지털화에 따라 변화하는 전략선택과정, 이에 따른 경영조직의 혁신적 변화의 시도와 성과를 제시하였다. 이어 디지털화에 따른 조직유형과 이에 따른 구성원의 임파워먼트 등 경영차원의 다양한 혁신을 논의하였다.

제4장에서 디지털제작기술이 도입된 뉴스룸 조직과 관행의 변화, 이에 따른 전환비용의 역동적 메커니즘을 검증하였다. 심층인터뷰를 통해 디지털체계로 전환하기 위한 뉴스룸의 변화와 조직개편, 구성원

마인드 등의 심층구조를 파악하였다. 통계분석을 이용해 조직전환의 결정요인과 전환비용, 전환의 메커니즘을 설명하였다.

제5장은 종이신문 중심의 신문기업의 유통 및 거래방식이 디지털 환경에서 어떻게 변화하였가를 논의하였다. 배송-지국 중심의 종이 신문 유통체계가 디지털화에서 변화되는 과정과 이에 따른 생산 및 유통 조직의 변이적 진화과정을 설명하였다.

제6장은 결론으로 앞서 논의한 핵심적 연구내용을 정리하고 연구의 총체적 함의를 논의하였다. 디지털화라는 커다란 변화 속에서 전통적인 아날로그기업인 신문기업의 진화의 함의와 향후 미디어시장에서의 신문기업의 위상 등에 대한 관점을 연관체계 분석틀 안에서 종합적으로 제시하였다.

# 제2장

## 디지털 복합공급체계
## 전환과 통합아키텍처

## 1. 디지털콘텐츠 공급체계 전환

### 1) 미디어시장통합과 공급가치체계

디지털제작기술의 도입으로 신문기업들도 뉴스정보를 중심으로 한 디지털콘텐츠[1]를 어느 미디어라도 유통시킬 수 있는 다플랫폼의 뉴

---

[1] 디지털화된 모든 정보를 가리키는 디지털콘텐츠라는 용어는 문자, 소리, 화상, 영상 등 인간이 이용 가능한 모든 의사소통의 형태로 이루어진 정보의 내용물을 지칭한다. 콘텐츠라는 범주에는 출판, 영화, 방송, 사진 등의 시각적 미디어와 음악, 라디오 등의 청각적 미디어, 또 최근에 등장한 게임, DB 등 인터랙티브한 형태를 취하고 있는 콘텐츠까지 광범위한 분야가 포함된다. 디지털콘텐츠는 아날로그로 존재하는 상기 콘텐츠를 0과 1로 이루어진 디지털 부호로 리코딩하여 제작, 유통, 소비하는

스생산체계를 구축하였다. 이는 신문과 여타 미디어 간 차별성이 디지털화로 사라지면서 종이신문 위주의 최종상품 역시 '디지털정보콘텐츠'라는 개념으로 전환된 데 따른 변화이다. 디지털기술 도입은 신문기업의 생산체계를 방송과 인터넷 등 개별 미디어의 독특한 영역과 점차 통합하는 추동요인으로 작용하였다. 그런 점에서 신문기업 역시 디지털화에 따른 방송과 통신의 융합이라는 미디어융합의 한 영역을 차지해 가고 있다.

　이같이 디지털융합은 모든 디지털기기의 융합, 즉 유·무선 통합네트워크를 통해 유비쿼터스 미디어환경을 더욱 가속화시키면서 신문기업을 미디어산업구조 전반에 편입시키고 있다.[2] 디지털화는 신문기업을 디지털콘텐츠를 생산하는 디지털미디어 생산체계로 변화시켰다.

---

산업을 모두 포괄한다. 디지털콘텐츠를 정의함에 있어 대전제는 기존의 콘텐츠를 디지털화하거나, 처음부터 콘텐츠를 디지털 형태로 제작하는 것 모두를 디지털콘텐츠에 포함시켜야 한다는 것이다. 이러한 디지털콘텐츠를 정보통신망 (PC통신망 및 인터넷망 포함), 디지털방송망, 그리고 정보미디어(디스켓, DVD, CD-ROM 등)를 통해 유통시키는 산업군까지 포괄적으로 디지털콘텐츠 산업에 포함된다. 한국정보통신기술협회, '디지털콘텐츠 기술동향 및 발전전망'(2004.12.10).

2) 무선이동통신과 데이터통신 기술의 발전은 유무선 네트워크 통합을 가져와 4세대 네트워크망은 NGcN(Next Generation Convergence Network)이다. NGcN은 다양한 유무선 통신망 및 음성 데이터 통신망을 통합해 음성 데이터 멀티미디어 등 다양한 서비스를 통합적으로 제공할 수 있는 차세대 망을 말한다. 유무선 통합네트워크에서는 모든 사람, 사물, 기기가 인터넷상에 위치해 있어 유선인터넷기기와 무선인터넷기기가 서로 동기화(Remote Sync)되고 사용자마다 특성에 맞는 개인화(personalization)가 가능하며 언제 어디서나 인터넷 접속이 가능하고(reachability) 특정시점에서 사용자의 현 위치가 어디인지(localization) 분명하게 알 수 있다.

〈표 2-1〉 방송통신 융합 단계별 추진계획

| 구 분 | 1단계(~2004) | 2단계(2005~2006) | 3단계(2007~) |
|---|---|---|---|
| 기본방향 | SO, 위성방송과 제휴를 통해 방송번들 제공 | 초고속망을 통한 방송 번들 제공 | 유·무선망을 통한 유비쿼터스한 방송번들 제공 |
| 서비스 | 단순번들형 TPS 응용서비스: VOD 영상전화 | 광대역 망에 기초한 TPS 응용서비스: 홈네트워크 | 유비쿼터스 QPS제공 응용서비스: 텔레매틱스, DMB |
| 기 술 | 방송: 아날로그 / 디지털 인터넷: IP 전화: IP / PSTN | 방송 인터넷 전화 모두 IP기반 | 유·무선 모두 IP기반 |

출처: 하나로텔레콤 통·방융합 추진방향 계획서 문건(2004)

디지털융합에 따른 미디어 경계의 소멸은 곧 신문기업의 최종 상품 시장영역을 디지털미디어 콘텐츠 시장으로 확장시켰다. 이것은 그동안 개별 미디어 영역별로 획정되어 세분화되어 있던 미디어 상품시장의 영역이 디지털융합에 따라 점차 단일시장 영역으로 통합되고 있다는 사실을 의미한다.

디지털미디어 시장통합은 디지털콘텐츠의 생산과 유통, 거래, 소비가 통합되는 새로운 영역의 디지털콘텐츠 상품시장의 융합이다. 그런 점에서 디지털콘텐츠를 생산하는 신문기업 역시 종이신문 상품영역을 넘어서 인터넷, 방송 등 모든 미디어 영역으로 상품 소비영역을 확장시켜 가고 있다.

이에 따라 개별 미디어의 영역에서 최종상품을 소비하던 신문독자들은 이제 미디어통합시장에서 종이신문 외에 다양한 뉴스정보를 다양한 플랫폼을 통해 실시간 소비하게 되었고 신문기업의 뉴스정보의 질을 평가하는 소비기술(consumption skill)을 향상시키게 되었다.

이러한 디지털미디어시장 변화의 가속화로 종이신문을 주 상품으로 생산하던 신문기업들은 역시 디지털콘텐츠를 생산하는 조직체계로의 변화가 불가피해졌다. 종이신문 생산 중심의 단일생산체계가 멀티미디어 콘텐츠 중심의 생산체계로 전환되고 있는 것이다. 즉 신문기업이 이제는 종이신문만이 아니라 다양한 디지털콘텐츠 생산이 가능한 디지털미디어체계로 전환되었고 디지털미디어로서의 매체적 특성을 갖게 되었다는 사실을 말해 준다.

신문기업의 디지털생산체계 전환은 새로운 뉴스콘텐츠 공급체계를 구축하게 되어 디지털콘텐츠 공급체계는 새로운 가치사슬체계를 형성하게 되는 멀티미디어화를 가져왔다. 신문기업의 멀티미디어화는 디지털콘텐츠의 생성에 따른 새로운 가치창출을 가능하게 하는 요인이다. 이미 신문기업들은 콘텐츠 제공업자(content provider)로서 위치를 갖고 새로운 뉴스콘텐츠 공급가치사슬체계를 형성하고 있다.

일반적으로 멀티미디어산업의 가치사슬은 다음과 같은 5가지 단계로 구분된다.[3] 첫째, 콘텐츠 서비스 생산단계다. 멀티미디어 가치사슬상 가장 핵심적인 단계이다. 즉 영화사 TV방송사, 신문사와 콘텐츠를 생산 공급하는 CP가 이에 해당한다. 이들 CP에 기본적으로 요구되는 역량은 창의력에 바탕을 둔 콘텐츠의 질을 유지하고 사용자 요구를 충족시킬 수 있는 내적 자원(internal resources)의 확보이다. 둘째는 수집 가공단계다. 이미 만들어진 콘텐츠와 서비스를 수집해 고객사와 고객의 요구(needs)에 맞게 콘텐츠를 가공 혹은 패키지해서 미디어업체나 서비스 사업자에게 제공함으로써 이 분야의 사업들을 신디케이터(syndicator)로 변화시킨다. 이들 사업자들은 고객요구의 풍부한 이해와 마케팅 능력, 그리고 고객시스템과 채널, 디바이스에 맞게 포맷을 전환할 수 있는 기술능력이 요구된다. 셋째, 부가서비스 단계이다. 콘텐츠와 서비스 사업자에게 상거래에 필요한 빌링 또는 호스팅 서비스, 기타 솔루션을 제공하거나 사업의 성공을 위한 IT컨

---

3) http://www.zdnet.co.kr의 IT 리포트(2001.6.3)를 참고.

설팅을 제공하고 새로운 부가가치창출과 통신사업자나, IT업체, 컨설팅하는 업체들이 여기에 속한다. 넷째, 접속 연결단계다. 미디어서비스를 위해 필요한 전파, 네트워크의 접속 및 연결, 전송, 네트워크 관리 등 제반 인프라스트럭처 제공, 대형 정보통신업체와 포털업체가 해당된다. 다섯째, 내비게이션 인터페이스 단계이다. 하드웨어 및 소프트웨어, 그리고 단말기를 개발 생산하는 전자산업이 핵심역할을 수행하고, 향후 네트워크 오디오와 같은 다양한 네트워크 가전제품과 무선인터넷 디바이스가 등장하면서 이 단계 사업자의 역할과 위상이 더욱 높아진다.

이와 같이 디지털화에 따른 신문기업의 멀티미디어화는 종이신문 중심의 기존 가치창출의 심층구조(depth structure)를 변화시켜 뉴스콘텐츠의 '공급가치사슬체계의 이동'(the shift of supply value chain system)을 가져오고 있다. 즉 디지털미디어 통합시장에서 신문기업도 자사 뉴스정보의 부가가치를 높여주는 콘텐츠사업자로 변신하는 동시에 멀티미디어산업의 가치사슬체계에 따라 새로운 가치창출을 할 수 있는 주체로 등장하였다는 사실을 말해 주고 있는 것이다.

이러한 맥락에서 신문기업의 뉴스룸 조직체계 변화는 디지털융합이 선도하는 통합소비시장의 변화에 신속하게 대응하여 새로운 가치창출을 할 수 있는 유연한 생산조직체계를 구축하는 과정이다. 디지털통합소비시장이 형성됨에 따라 신문기업의 전통적 자산인 텍스트(text)뿐만 아니라 영상, 음성, 데이터 등 '내보낼 수 있는 모든 콘텐츠를 다 내보낸다'는 디지털콘텐츠 생산유통의 개념이 자연스럽게 신문기업 내에 정착되었다.

따라서 신문기업은 이미 디지털정보기업으로 변신하고 있다. 디지털기술을 기반으로 기존의 인쇄미디어 중심의 아날로그기술의 한계

를 뛰어넘어서 자사의 디지털콘텐츠 형태의 뉴스정보 상품을 공급하
는 기술플랫폼 체계를 구축하였다.

　그런 점에서 신문기업들은 올드미디어가 아닌 뉴미디어로서 디지털
상품 영역을 확장하는 새로운 기회의 장을 열고 있다. 다만 아날로그
상품인 종이신문 시장이 주류를 이루고 있고 아날로그와 디지털상품
을 동시에 생산하는 조직의 이중성을 갖고 여전히 갖고 있을 뿐이다.

　종이신문의 쇠락으로 이미 신문기업 내부에서 핵심 상품이 이제
종이가 아닌 인터넷 등 뉴미디어로 전환되고 있다고 보고 디지털상
품을 한곳에서 생산 유통할 수 있도록 통합뉴스룸 생산체계 구축을
서두르는 것도 신문기업의 공급사슬체계의 이동을 입증하고 있다.[4]
아직 종이신문의 광고시장에 의존하는 수익구조를 유지하고 있지만
시간이 갈수록 디지털콘텐츠 시장에서 새로운 수익구조를 창출한다
는 전략으로 선회하는 자체가 공급가치체계의 이동을 말해 준다. 신
문기업의 공급가치체계의 변화는 디지털화에 따른 생산기술체계의
전환인 동시에 뉴스콘텐츠화된 디지털상품을 수익기반으로 하기 위
한 생산체계의 전환을 수반한다.

　이 맥락에서 신문기업의 디지털미디어화는 디지털이라는 새로운 환
경에 대응하는 자연스러운 뉴미디어 차원의 적용이다. 정부가 추진
하는 국가정보화 사업 정책의 로드맵에 따라 미디어의 디지털 전환이
완료되는 2010년까지 유비쿼터스 환경은 신문기업의 이러한 변화를
가속시킬 것이다.

---

4) 뉴스룸 온라인 부문은 미디어그룹의 관문인 인터넷에다 콘텐츠 전략과 스
　토리텔링 등을 효과적으로 짜고 오프라인 콘텐츠를 주입할 수 있는 주
　체가 된다. 인터넷 모바일, IPTV 등 미디어환경의 변화와 독자의 눈높이
　를 따라잡기 위해서는 매체별 특성에 걸맞은 콘텐츠 생산·가공이 필요
　하다. 미디어오늘 20005년 9월 4일자 3면.

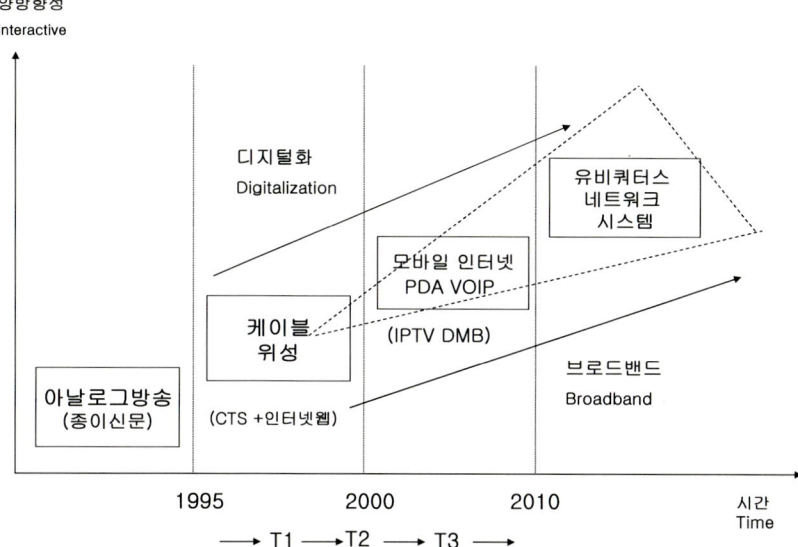

출처: 최성진(2004), '방송통신융합과 Winning Platform'을 재구성

〈그림 2-1〉 미디어융합 생산체계 진화

　이같이 방송과 통신의 융합이 실현되는 가까운 미래를 예견하고
디지털화를 추진해 온 신문기업들은 유비쿼터스 환경 구현을 위한
디지털미디어 생산조직체계로의 변화가 불가피해진다.5) <그림 2-1>
은 2010년 유비쿼터스 정책에 따른 방송과 통신뿐만 아니라 신문기

---

5) 이 모형은 정부의 디지털정책과 미디어기술의 변화를 중심으로 재구성한
　신문사의 변화 예측도이다. 이 모형은 방송통신융합에 따른 연합뉴스의 발
　전모형으로 개발된 것으로 신문기업 조직을 대입한 것이다. 통신사와 신
　문사는 지면제작과 인쇄공정을 제외한 모든 제작공정이 동일하다는 점에
　이 모형은 유용성을 갖는다. 통신사는 종이가 아닌 와이어(wire)로 뉴스
　서비스를 하는 차이일 뿐 뉴스생산체계는 신문기업과 동일하다. 그런 점
　에서 통신사는 전통적으로 방송보다는 신문의 영역에 머물러 있었다. 서
　울산업대 매체공학과 최성진 교수가 2004년 11월 연합뉴스의 바람직한
　플랫폼 모델로 제시한 '방송통신융합과 Winning Platform' 발제문 참고.

업의 디지털미디어로서의 진화경로를 예측하게 한다.

미디어의 디지털화가 완료되는 2010년부터는 신문기업들도 종이
신문만이 아니라 소비시장의 융합에 따라 다양한 파생상품을 생산하
는 멀티프러덕트(multi-product) 모델[6]을 구축하지 않을 수 없는 외
재적 환경이 조성된다는 점을 의미한다.

디지털콘텐츠 시장에 편입된 신문기업도 상품공간을 이제 종이신
문에서 디지털정보상품으로 전환시키는 동시에 멀티프러덕트 형태
(multiproduct form) 생산체계를 구축하지 않을 수가 없게 되었다. 날
로 가속화되는 종이신문 구독자 시장의 축소와 광고수입 급감은 신
문기업에 디지털콘텐츠 생산체계 전환이 더 이상 선택이 아닌 생존
을 위한 필수가 되고 있다는 사실을 말해 주고 있다.

따라서 디지털융합은 종이신문 시장에 집중해 있었던 기존의 신문
기업의 가치체계를 디지털미디어시장으로 급속히 이동시켰다. 이는
기존에 종이신문 시장에서 판매 광고수입을 기반으로 수익사업을 해
온 오프라인 중심의 신문기업의 가치체계가 디지털기반으로 이행하

---

6) 정보재의 초기생산비용은 매우 높지만 복제비용은 거의 0에 가깝다. 정
   보재는 첫째, 콘텐츠가 만들어지고 디지털 형태로 전환되면 해당정보를
   재생산, 재분배하는 데 거의 비용이 들지 않는다. 그렇지만 정보재는 보통 생
   산 초기에 엄청난 고정비용이 필요하다. 그러므로 규모의 경제(the economy
   of scale)를 이루는 것이 경제적 효율성을 일으킨다. 일단 규모의 경제를
   이루고 나면 정보재의 가격을 개인화함으로써 제품을 차별화하고 개인
   화된 가격으로 맞춤형 제품을 판매하여 고객의 효용을 높일 수 있다. 예
   를 들어 온라인상에서 고객의 정보는 쿠키기능을 이용하여 추적 가능하
   며 이로써 고객이 원하는 제품을 차별적으로 제공 가능하다. 아마존은
   각 소비자의 구매내역을 추적하여 나중에 이용자가 로그인할 때 관련서적
   을 추가로 권하는 기능을 갖고 있다. Ingo Vogelsang and Bejamin M.
   Compaine (2002), Internet Upheaval: Raising Questions, Seeking Answers
   in Communications Policy. The MIT Press: Massachusetts. 현경보・이승
   선・조영신 역(2003), 인터넷 대격변, 한울아카데미, pp.320~324.

고 있다는 사실을 뜻한다. 전통적으로 신문기업은 뉴스정보를 담은 종이신문을 생산하고 그로 인한 판매수익 및 광고, 구독자를 상품으로 생존해 온 기업조직이었으나 점차 디지털미디어 속성을 갖는 주체로 변하고 있다.

아직도 종이신문 의존도가 상대적으로 매우 높지만 신문기업들은 수년 내에 종이신문 중심의 가치체계가 더 이상 디지털콘텐츠의 가치창출체계에 결코 우위를 갖지 못할 수밖에 없어 생산조직체계의 전환은 현실적 당면과제이다.

그런 점에서 디지털뉴스정보의 가치가 증대될 디지털콘텐츠 시장에서 경쟁력을 확보하기 위해서는 신문기업들은 뉴스생산원천인 자사내의 '지식자산'(knowledge asset)을 기반으로 조직체계의 변화를 시도할 수밖에 없다. 여기서 지식자산이란 종이신문의 생산체계, 즉 건물과 윤전기, 지국 등 배급망, 지적 재산권 등의 물리적 생산요소 외에도 뉴스정보를 생산해 내는 기자 등 인적 요소와 이들의 경쟁력, 시장지배력, 독자의 수 등 무형의 신문기업의 자산을 포함하는 광의의 개념이다.

다른 기업과 달리 신문기업은 유형의 자산보다는 이 같은 뉴스생산체계를 둘러싼 무형의 자산이 더욱 가치가 있으며, 정보재상품의 경쟁력을 창출하는 독특한 기업적 특성을 갖고 있다. 특히 뉴스정보를 생산하는 기자들의 취재원, 기자 등 구성원의 경쟁력, 독자충성도, 시장점유율(market share), 명성(reputation) 등은 다른 일반기업들에 비해 상대적으로 시장경쟁력을 갖는 무형의 자산이다.

이에 따라 신문기업들은 디지털기반의 상품생산체계 기반을 유·무형의 기초자원(basic resource)을 반복적으로 이용하는 '원소스 멀티유즈' 개념에서 찾을 수밖에 없다. 바꿔 말하면 미디어융합으로 특정자산의 고유성, 즉 고유한 자산을 반복적으로 사용하고 이를 통해 자원의 부가성(additivity)을 향상시켜 생존을 위한 조직구조의 생태적 진화가 불가피하다는 것이다.

더구나 신문기업 자산의 반복적 이용은 공공재적 특성을 갖고 있다. 신문기업들은 반복적으로 사용해도 사라지지 않는 1차 재산권을 갖고 있는 것이나 다름없다. 무형자산의 반복적 사용은 '범위의 경제'(economy of scope)[7]를 가져오고, 신문기업의 생산조직체계는 이러한 범위의 경제를 극대화하는 메커니즘 안에서 작동하게 된다.

## 2) 공급체계의 가치사슬 형성: 멀티프러덕트와 멀티컨슈머

신문기업들은 2000년대 들어 자사의 유·무형의 자산을 기반으로 디지털콘텐츠 생산체계를 구축하고 멀티프러덕트 개념을 내재화하였다. 멀티프러덕트 생산체계는 신문기업의 온-오프 기술플랫폼의 통합의 결과이며 콘텐츠시장의 통합은 이러한 내적 변화를 가속화하고 있다.

그런 점에서 신문기업 뉴스생산조직은 종이신문 위주의 단일 플랫폼에서 다차원적인 플랫폼 통합조직으로 이행하게 되었다. 신문기업

---

7) '범위의 경제'란 한 기업이 2종 이상의 제품을 함께 생산할 경우 각 제품을 다른 기업이 각각 생산할 때보다 평균비용이 적게 드는 것을 말한다. 각 기업에서 연구개발과 판매 생산 등은 공동으로 하면서 제품의 종류만 달리할 경우 비용은 적게 들고 효과는 극대화할 수 있는 장점이 있다. 기업의 다각화의 경우 기존산업과 비슷한 산업에 진출함으로써 시너지 효과를 얻을 수도 있다. 생산에서 범위의 경제라고 한다면 FMS(유연생산시스템)를 갖출 경우 비슷한 원리와 설계를 가진 제품제조과정을 한데 모아서 같은 제조공간 내에서 다양한 제품을 생산해 내는 것을 의미한다. 신문기업의 원 소스 멀티 유즈 개념은 이러한 범위의 경제에 기반을 둔 다각화의 연장으로 볼 수 있다.

의 이 변화는 디지털미디어의 매체적 속성을 기존의 생산조직체계에 접목하거나 인터넷 등 디지털미디어와 다플랫폼 공유를 통한 생산체계의 복합화 과정이다.

이때부터 디지털기반의 신문기업은 디지털미디어의 매체적 속성에 편입되어 디지털기술 환경 변화에 적응하기 위해 새로운 생태계를 찾아가는 진화체계를 가동하게 되었다. 개체로서 신문기업도 외부의 변화의 압력이 가해지거나 새로운 디지털기술이 소개될 경우 자발적으로 내부에서 일어나는 자생적인 고유의 방법으로 적응하려는 관성을 갖고 있다.

따라서 디지털기술에 의한 미디어변형이 발생하고 이는 외재적 환경 변화에 적응하려는 진화체계의 동력이 된다.[8] 생물학적으로 종(種)이 환경 변화에 적응하면서 생존하기 위해 진화하듯이 미디어기

---

8) 피들러(Fidler. R, 1997)는 진화과정은 미디어변형에서 필수적인 과정으로 설명한다. 그는 컴퓨터에 중재된 커뮤니케이션과 기존 주요매체에 닥쳐올 변형에 대해 가이드를 해줄 새로운 미디어기술의 보강과 적응에 대한 일반적인 식견에 대해 기술하고 6가지 미디어변형의 기본가설을 설명하였다. 첫째, 모든 커뮤니케이션 형태는 확장과 복잡한 적응 시스템 안에서 공진, 공존한다. 즉 새로운 형태가 나타나고 발전함에 따라 오랜 시간에 걸쳐 여러 가지 모습으로 다른 존재의 형태에 영향을 미친다. 둘째, 뉴미디어는 자발적이고 독립적으로 나타나지 않고 기존 미디어의 변형을 통해 점진적으로 나타난다. 새로운 형태가 나타나면 기존의 낡은 형태는 죽어 없어지기보다는 진화하거나 적응하려 한다. 셋째, 새로 나타나는 커뮤니케이션 미디어형태는 기존 형태의 가장 현저한 특성을 전파한다. 이 같은 특성은 언어라고 하는 커뮤니케이션 코드를 통해 전파되고 확산된다. 넷째, 모든 커뮤니케이션 매체의 형태는 미디어기업도 마찬가지로 변화하는 환경 속에서 생존을 위한 진화와 적응을 강요받고 있다. 다섯째, 뉴미디어는 기술 하나만의 장점 때문에 광범위하게 선택되지 않는다. 뉴미디어기술이 발달할 수 있는 사회 정치 경제적인 이유와 같은 기회가 항상 주어져야 한다. 여섯째, 적용(채택)의 지체로서 뉴미디어기술은 상업적인 성공을 하기까지 많은 시간을 필요로 한다. 조용철 역, 미디어모포시스, 커뮤니케이션북스, pp.58~60.

업도 디지털이란 생태계에 적응하기 위한 진화를 하고 있다. 진화의
원천인 디지털기반의 기술플랫폼은 기술속성상 미디어융합을 필연적
으로 가져오고 융합은 결국 신문기업의 멀티프러덕트 생산체계의 구
축을 앞당기게 되었다.

　디지털융합이 가시화된 2000년대 초반 신문기업들은 이미 인터넷
과 CTS를 중심으로 디지털생산기반을 구축하고 인터넷방송과 게임,
검색, e－러닝 등의 디지털콘텐츠를 본격 서비스하기 시작하였다. 이
는 신문기업의 기술플랫폼이 디지털미디어와 동일한 기술 기반을 갖
기 시작했음을 뜻한다. 멀티프러덕트인 디지털콘텐츠는 다른 것처럼
보이지만 모두 똑같은 기술플랫폼의 생산품이다.

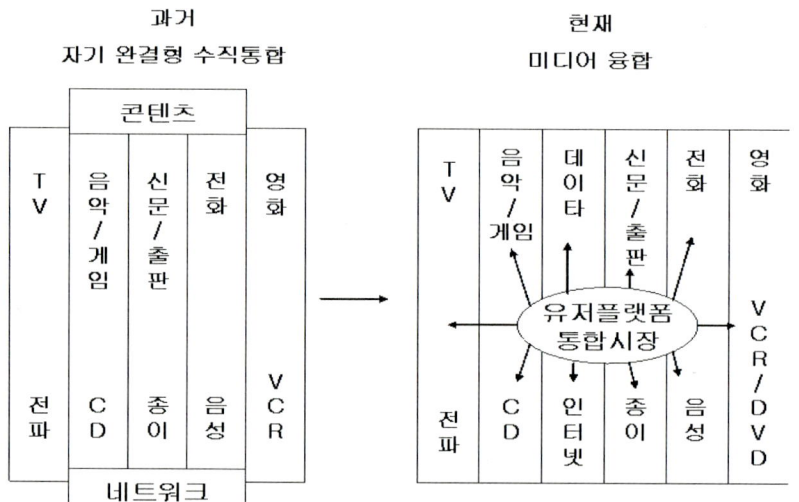

출처: 최창섭·송정민(2002), p.7을 재구성

〈그림 2-2〉 미디어융합과 멀티프러덕트

디지털기반의 동일한 기술플랫폼은 종국적으로 디지털콘텐츠 시장 융합을 발생시키고 콘텐츠를 생산하는 주체도 다양하게 변화시키게 된다.[9] 즉 시장의 융합이 곧 소비자를 '멀티컨슈머'(multi-consumer)화시켰다. 이는 단일 미디어콘텐츠를 소비하던 독자가 이제는 다양한 플랫폼에서 생산하는 다양한 형태의 뉴스정보 등 디지털콘텐츠를 동시에 소비하게 되었다는 점을 의미한다. 신문독자도 더 이상 뉴스정보를 종이신문에만 의존하지 않고 인터넷 등 디지털미디어를 통해 다양한 디지털콘텐츠를 접하는 복합적인 소비주체가 되었다. 즉 멀티컨슈머로서 다양한 피드백을 하고 생산체계에 영향을 주는 능동적인 존재로 변화하였다는 것이다.

<그림 2-2>에서 볼 수 있듯이 동일한 기반의 플랫폼을 구축한 신문기업이 과거와 달리 이종매체에 자사 콘텐츠를 탑재할 수 있어 콘텐츠의 다양한 교차흐름이 가능해졌다. 디지털화에 따라 아날로그기반의 자산고유성이 깨지고 미디어 간 상호 장르가 무너져 콘텐츠의 자유로운 교환이 가능하고 파생상품 개발경쟁이 가능해졌다는 것이다. 그만큼 소비자로서 독자들은 뉴스콘텐츠를 다양한 플랫폼을 통해 접할 수 있어 콘텐츠를 비교 평가하는 소비기술을 갖추게 되었다.

다양한 파생상품으로서 디지털콘텐츠는 이제 압축과 재생, 가공, 저장이 용이해졌고 디지털기술은 텍스트와 오디오, 비디오 등 모든 형태의 콘텐츠가 동일하게 처리될 수 있도록 전환시켜주었다.[10]

이에 따라 디지털기술 기반의 신문기업의 생산플랫폼도 이종매체의 플랫폼과 유사한 형태로 진화되어 기존의 신문기업의 뉴스생산조직

---

9) 장용호(2003), "디지털콘텐츠 생산플랫폼과 상품군", 「한국언론학회」 가을학술대회 발표논문.
10) 최창섭·송민정(2002), pp.1~19.

에 커다란 영향을 미치게 되었다. 이미 디지털기술의 측면에서 기존의 신문과 방송, 인터넷 등의 매체적 구분이 모호해졌고 사실상 규제도 어려워 당국의 법적 규제 자체도 현실성이 없다는 지적이 제기되었다.[11]

장용호(2004)는 디지털기술의 진화로 기술적 수렴현상이 발생함에 따라 미디어기업들의 다각화 경향 자체도 동일해지는 다각화 융합(conve-rgence diversification)이 발생하고 있다고 지적하였다.[12] 방송통신 IT 등 3개 영역의 기술적 장애가 제거됨에 따라 시장융합과 서비스융합이 발생하고 이에 따라 어떤 분야든, 어떤 매체든 새로운 수익을 창출하기 위한 사업모형이 수렴되어 동일영역에서의 경쟁이 가속화되고 있다는 것이다.

따라서 신문기업을 포함한 개별 미디어에 '확장된 다각화'의 개념 (extensive diversification)이 적용될 수 있게 되었다. 확장된 다각화로 기술적 변이(technological variation)가 만들어내는 새로운 상품과 서비스, 새로운 기술이 창출하는 신시장과 신산업, 신상품 영역이 다각화의 대상이 된다.

이러한 다각화는 개별 영역에서 벌어졌던 매체 간 경쟁이 동일시장 안에서 벌어지는 소비시장 통합화를 가속시켜 전통적인 미디어 개별 상품시장이 동일한 디지털상품공간으로 통합되었다. 따라서 신문기업에도 이러한 다사업자 간 경쟁이 강화되는 것을 의미한다.

---

11) 디지털기술이라는 기반 위에 플랫폼이 동일해지는 신문과 방송 등의 미디어융합 추세에 따라 신문방송의 겸영금지 조항이 법적 실효성이 없다는 지적이 잇따라 제기되었다. 방송위원회 노성대 위원장은 2005년 9월 26일 국회 문화관광위 국정감사에서 장기적으로 방송법상 금지된 신문과 방송의 겸영을 허용하는 게 바람직하다는 공식견해를 밝혔다. MBC 최문순 사장도 2005년 2월 22일 언론과의 인터뷰에서 "지금 이 시점에서 신문방송 겸업을 허용하는 것도 검토해야 한다"며 향후 겸영금지 조항 해제 필요성을 밝혔다.

12) 장용호(2004), 'KBS의 글로벌 미디어전략', 한국방송. pp.15~16.

그런 점에서 1995년 본격화된 신문기업들의 뉴미디어시장 진출은 신문기업들이 가지고 있는 뉴스생산체계 등 고유자산과 자원을 활용하고 새로운 디지털기술과 결합하는 형태의 공급체계 다각화 차원이다.

전술한 대로 2000년 이후 종이신문을 주력상품으로 생산해 왔던 신문기업도 자사 내에 지식자원을 기반으로 온라인신문과 인터넷방송, 모바일, DMB, IPTV 등의 뉴미디어 영역에 맞는 멀티프러덕트 생산체계를 계속 확대할 수 있게 되었다.

이에 따라 멀티프러덕트 개념을 중심으로 신문기업들은 기존의 종이신문 인터넷 모바일 등으로 분화되었던 개별 플랫폼을 전략적으로 결합시켜 이를 기반으로 상품생산의 영역을 확장시키는 공급체계의 다각화를 시도하고 있다. 이러한 공급체계의 다각화는 결국 신문기업의 멀티프러덕트 체계, 즉 다플랫폼화 또는 멀티플렉스화를 가져오고 있으며, 개별상품을 생산해 왔던 온-오프라인 조직체계 통합의 당위성을 증대시키고 있다.

따라서 신문기업의 가치창출 체계는 종이신문 중심에서 이제 디지털통합시장으로 이동하고 있음을 알 수 있다. 신문기업들은 소비기술을 갖춘 멀티컨슈머가 능동적으로 참여하는 통합미디어시장에서 자사의 디지털상품을 생산하는 멀티프러덕트 시스템으로 공급체계를 변화시켜 가고 있다.

# 2. 디지털기술 기반의 복합생산체계 전환

## 1) 온 - 오프라인 기술체계 통합

인터넷 웹과 CTS기술은 온 - 오프라인 조직의 융합은 물론 취재,
편집, 전송, 유통 등의 단계별 공정을 통합네트워크로 확장한 복합체
계(complex system)로 전환시켰다. CTS기반의 신문기업은 인터넷 웹
기술 기반과 결합해 '디지털화된 창구'(digitalized window), 또는 온
라인 창구를 통해 사회의 하부체계와 상호 연결되는 통합네트워크
체계로 변화하는 역동적인 진화과정을 밟아왔다. 이러한 진화를 통해
상호연결이 가능한 체계를 구축한 신문기업의 네트워크는 궁극적으로
모든 미디어의 융합이 발생하는 통합체계화를 지향하고 있다.[13)

그런 점에서 CTS시스템과 인터넷 웹 기술의 결합은 신문기업으로
하여금 디지털미디어로서 새로운 영역의 확장을 가능하게 하였다.
이로써 디지털미디어기업으로 변신하려는 신문기업들은 이 같은 통
합체계화로 디지털의 '네트워크 외부성'(network externality)을 갖게
되었다.[14)

T1에서 인터넷 생산기반을 첫 도입한 신문기업들은 디지털기술을

---

13) 장용호(2001), "인터넷신문의 공급체계 - 일렉스토닉 파트너십, 허브 - 스
   포크 네트워크, 윈도우 모형", 「한국언론학술논총」 pp.562 ~ 563.
14) '네트워크 외부성'이란 디지털화된 정보가 인터넷이라는 통신망 네트워
   크를 통해 거래비용을 최소화하는 한편 네트워크의 가치를 기하급수적
   으로 증대시키는 것을 말한다. 인터넷의 특징인 '디지털화'와 '네트워크'
   는 수확체증을 이상적으로 실현하는 범위의 경제라고 할 수 있다. 신문
   사도 지식과 정보 자체를 일종의 상품 및 서비스로 전환하여 다른 미디
   어와 연결된 네트워크로 확장하여 새로운 부가가치를 창출하게 되었다.

기반으로 CTS와 인터넷기술을 상호 연결해 텍스트 중심의 뉴스콘텐츠를 곧바로 인터넷에 올리는 인터넷신문, 그리고 텍스트에 동영상을 동시에 내보내는 인터넷방송 시스템을 경쟁적으로 구축하였다.[15]

특히 인터넷 월드 와이드 웹(www: world wide web)[16]은 T1에서 종이신문 형태의 오프라인 생산체계와 온라인 생산 공정의 네트워크화를 앞당기는 주요 매개역할을 하였다. CTS의 초기 디지털화가 완료된 후 신문기업들은 디지털기반의 뉴미디어사업에 경쟁적으로 참여하였고 신문기업 뉴스생산조직은 이전에 볼 수 없었던 커다란 변화가 촉발되었다.

---

15) 인터넷에서 가장 중요한 인터넷프로토콜은 TCP / IP로 부여되어 개개인마다 지정된 주소와 연결 네트워크를 가능케 한다. 인터넷 TCP / IP 프로토콜은 인터넷 네트워크에서 메시지를 교환하고 제품을 주고받을 때 사람과 상품을 자유롭게 주고받을 수 있도록 도와주는 플랫폼으로 작동한다. TCP(Transmission Control Protocol)는 컴퓨터와 데이터 통신망에 접목시키기 위해 사용되는 100가지가 넘는 데이터 통신 프로토콜 집합에 대한 일반적인 이름이다. TCP는 프로토콜의 전송계층으로 네트워크의 호스트 간에 확실하고 검증 가능한 데이터를 교환하게 하는 역할을 한다. TCP는 데이터를 부분부분 쪼개 필요한 정보화 함께 전송하며 통신링크의 마지막 부분에서 쪼갠 데이터를 다시 합치는데 이 합쳐진 부분을 데이터그램이라고 한다.

16) 월드와이드웹의 약어인 www의 특징은 첫째, 일관된 사용자 인터페이스를 만든다. 즉 인터넷상에서 제공되는 많은 서비스의 통합된 접속도구의 역할을 하여 기존 프로토콜과 서비스를 제공하는 것이다. 둘째, 하이퍼텍스트로 문서를 구성해서 선택한 단어와 연결된 문서를 불러올 수 있다. 셋째, 인터넷상에서 생겨나는 가상의 조직체나 공동체의 능동적 참여가 가능하다. 넷째, 인터넷에서의 분산된 정보의 저장소 역할을 한다. 다섯째, 인터넷에 존재하는 일반 텍스트 형태의 문서, 그림, 음성, 그리고 동화상 등의 각종 자료들을 인터넷주(URL)를 이용해서 하나의 문서로 통합적으로 관리 제공하는 역할을 한다.

⟨표 2-2⟩ 뉴미디어분야 초기 현황(1995년)

| 매체명 | 담당부서 | 참여인원 | 신규 진출 내역 | 비 고 |
|---|---|---|---|---|
| 조선일보 | (주)디지틀<br>조선일보 | 50명 | 동화상전광판서비스<br>인터넷서비스<br>정보DB구축<br>CD롬 | 뉴미디어<br>연구소 설립 |
| 중앙일보 | 뉴미디어본부<br>위성방송추진위<br>데이터뱅크국 | 영상제작팀<br>등 130명 | 인터넷서비스<br>뉴스속보C통신서비스<br>인물정보 CD롬 개발<br>동화상전광판<br>전략DB개발 | 신문사 최초<br>인터넷서비스 |
| 동아일보 | 새매체본부<br>마이더스<br>동아일보(주) | 영상제작팀<br>등 20명 | 위성방송진출 검토<br>옥외전광판사업<br>인터넷서비스<br>CD롬 사업 | |
| 한국일보 | 뉴미디어본부<br>위성방송추진위 | 20명 | 인터넷서비스<br>PC통신서비스<br>DB구축<br>옥외전광판뉴스<br>위성방송 검토<br>CD롬사업 | |
| 한겨레신문 | 뉴미디어사업국 | 3명 | 인터넷서비스<br>PC통신<br>CD롬서비스 | |
| 경향신문 | 정보사업본부<br>뉴미디어팀 | 7명 | 위성방송 참여추진 | |

출처: 한국언론연구원(1998)과 이민규(1996)의 자료를 재구성

물론 1995년 신문기업들이 경쟁적으로 추진했던 뉴미디어사업은 이러한 디지털융합에 대비하기보다 방송영역 진출과 새로운 수익원을 찾기 위한 생존 차원의 다각화였다. 즉 신문기업들이 디지털융합이라는 기술적 패러다임의 변화에 적응하는 차원보다 당시 정부의 위성방송 사업자 자격 요건 완화 움직임 등이 가시화되면서 방송영역에

뛰어드는 동시에 신문산업 사양화에 대비해 새 수익원을 개발한다는 차원에서 인터넷과 동화상뉴스 전광판 중심의 뉴미디어사업에 뛰어들었던 것이다.[17]

신문기업들은 종이신문에만 한 번 사용했던 뉴스기사를 재가공해서 인터넷이란 새로운 매체를 통해 영향력을 확장하는 동시에 새로운 수익원을 창출할 수 있다고 보았다. 더구나 뉴미디어 모든 영역에 전방위적으로 진출한다는 방침을 정하고 신문사 안팎에 온라인 생산조직을 신설하면서 온-오프 미디어통합화가 앞당겨지게 되었다.

<표 2-2>에서 보듯이 신문기업은 1995년 오프라인신문의 뉴스정보에 의존해 인터넷을 통한 새로운 뉴스 서비스를 시작하며 전자신문 시대를 열었다. 초기에는 인터넷 웹의 기술적 한계로 텍스트 위주로 오프라인의 뉴스정보를 그대로 전달하는 수동적 공정이었으나 점차 디지털의 기술적 속성에 의한 독특한 네트워크 진화체계를 갖추었다.

초창기 인터넷은 단순히 오프라인에서 생산한 뉴스콘텐츠를 온라인에 그대로 전달하는 관로(管路)역할을 담당하면서 위성방송이나 전광판 뉴스사업 등 타 미디어사업 진출의 발판이 되었다. 특히 1995년 3월 중앙일보가 국내 신문사로는 처음으로 인터넷뉴스 서비스를 시작한 이후 조선일보가 디지틀조선일보를 설립하는 등 대부분의 중앙

---

17) 당시 신문사들은 옥외 동화상 뉴스전광판을 설치하고 방송과 같은 광고수입을 겨냥한 수익사업과 위성방송 등 영상매체산업 진출이라는 2가지 목적 아래 뉴미디어사업을 추진하였다. 즉 전광판을 단순한 뉴스서비스를 위한 광고판이 아니라 영상매체 시장진출을 위한 교두보 확보차원에서 전광판 사업을 추진했다. 신문사들은 1990년 초반부터 광고와 판매시장에서 벌였던 출혈경쟁구도를 뉴미디어시장으로 확대하는 것이었다. 당시 뉴스전광판 설치비용은 전광판 가격 40~50억 원 정도 달했으나 IMF 사태로 대부분 전광판 사업은 축소되었다.

일간지들이 인터넷신문 뉴스 서비스 경쟁에 돌입하면서 국내 미디어 시장에는 본격적인 '온라인저널리즘' 시대가 열렸다.[18]

조선과 중앙, 동아일보가 주도한 뉴미디어 확장으로 1990년대 후반 10개 중앙일간지 중 6곳이 벤처형 기업과 같은 분사조직형태로 인터넷신문사를 설립하였고 독립적인 취재시스템을 구축하는 동시에 하이퍼링크(hyperlinks)를 통한 부가정보 서비스를 추가하였다.

아직 이 시기까지도 신문사들이 미국발 닷컴 열풍에 편승한 집중 투자가 이뤄졌지만 콘텐츠의 차별화가 이뤄지지 못해 쌍방향성, 속보성, 하이퍼텍스트 등 인터넷 매체의 특성을 살리지 못한 채 종이신문의 기사를 그대로 옮겨놓아 인터넷신문으로 성공을 할 수 없었던 한계가 내재되어 있었다.[19]

하지만 종이신문 생산 중심의 신문기업은 인터넷을 기반으로 한 온라인 생산체계를 구축함으로써 온-오프라인을 기술적으로 통합하는 새로운 생산기반을 마련하였다.


## 2) 멀티미디어 중심 복합체계화: 온-오프라인의 공진화

T2시기인 2000년도 인터넷신문 오마이뉴스 창간 등 독립형 인터넷신문들이 본격 출현하면서 신문기업의 인터넷신문의 생산 및 공급

---

18) 중앙일보가 가장 먼저 인터넷뉴스를 시작했지만 대대적으로 뉴미디어 사업을 추진한 곳은 조선일보였다. 조선일보는 1995년 10월 납입자본금 185억 원과 임직원 137명으로 (주)디지털조선일보를 설립하고 시티비전광고와 인터넷사업, 위성방송사업, 멀티미디어사업 등을 담당하는 뉴미디어 사업을 주도했다.

19) 박인규(2002), 'on-line / off-line 공존', 「관훈저널」 82호 봄호. pp.251~261.

체계는 급속한 멀티미디어화로 이행하기 시작하였다. 1999년 6월 1일 국내 첫 의약전문 인터넷신문인 '데일리 팜'이 창간되기도 했지만 2000년 초가 되자 종합지를 포함한 다양한 독립형 인터넷신문들이 시장에 진입하였다.[20]

특히 2002년 후반 대통령선거 당시 급속한 인터넷 열풍을 타고 오마이뉴스, 프레시안 등의 신매체가 영향력을 확대하자 T3부터는 신문기업들도 인터넷기반으로 생산조직체계의 멀티미디어화를 본격 추진하였다.

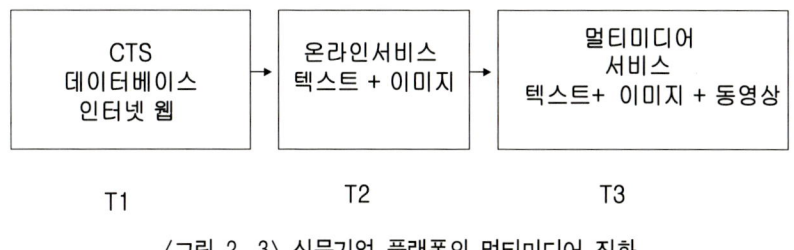

〈그림 2-3〉 신문기업 플랫폼의 멀티미디어 진화

이 결과 인터넷뉴스 서비스는 기존 뉴스형식을 벗어나 멀티미디어성, 상호작용성, 네트워크성 등을 활발히 구현하여 더 이상 과거의 '종이신문'의 흔적을 찾아보기 힘들게 되었다.[21]

이러한 멀티미디어화는 신문기업을 디지털 중심의 복합적 생산체계(complex production system)로 진화시키는 계기를 마련하였다. 이러한 종이신문에 기반을 둔 멀티미디어 진화는 신문기업으로 하여금

---

20) 대표적인 인터넷매체로 머니투데이(2000.1.1 www.moneytoday.co.kr)를 비롯해 오마이뉴스(2000.2.22 아이뉴스24(2000.3.20 이데일리(2000.3.38 이비뉴스(2000.3 www.ebn.co.kr) 등이 있다. 자세한 내용은 오연호(2004), p.89를 참고.
21) 박동숙 전경란(2005), 디지털 / 미디어 / 문화, 한나래, pp.122~29.

필연적으로 디지털미디어라는 매체적 속성을 갖게 하여 인터넷기반
의 온라인신문의 생산체계를 내재화하는 계기를 갖게 되었다.

파블릭(Pavlik, 2004)은 인터넷신문은 첫째, 인쇄된 종이신문의 내용
을 그대로 전재한 형태로 인터넷이 단지 내용을 담기 위한 새로운 도
구나 용기로 기능하다가 두 번째 단계에는 인터넷신문이 독자적인 기
사를 발굴하여 기존의 신문내용에 추가하는 단계로 진화한다고 보았
다. 세 번째 단계에서는 인터넷의 특성을 인식하여 기존의 신문기사
의 개념을 무시한 전혀 새로운 형태의 기사방식과 편집방식을 도입한
다는 것이다. 이 단계에 이르면 인터넷신문은 기존 인터넷신문과는
차별화되는 독자적인 저널리즘 양식과 사회적 의미를 구성하게 된다.

이같이 온라인 저널리즘이 성숙할수록 인터넷이 지니고 있는 멀티
미디어성 상호작용성, 네트워크성 등의 기술적 특징이 활발히 이용
되며 신문기업은 더욱 복합체계로 진화하게 되었다.[22]

디지털 중심의 복합체계로의 진화는 신문기업의 종이신문만이 아
닌 다양한 디지털상품 서비스를 가능하게 하였다. 결국 디지털기술
의 도입과 인터넷신문의 생산체계를 도입한 공진화(coevolution)로
신문기업의 복합생산시스템화를 앞당길 수 있었다.

---

22) 상호작용성은 월드와이드웹(www)과 같은 인터넷의 속성으로 기본적인
하이퍼텍스트 구조에서 시간이 갈수록 진화하는 체계를 보였다. 언론사
닷컴 초기에는 인터넷의 기술적 속성이 하이퍼텍스트 구조임에도 오프
라인의 뉴스정보를 그대로 올려주고 네티즌들이 '열람'토록 하고 전달
사항을 일방적으로 전하는 전자게시판의 형태였다. 수용자로서 네티즌
은 하이퍼텍스트 구조임에도 순차적으로 뉴스정보를 읽는 수동적 소비
자로서의 역할에 그쳤다.

〈표 2-3〉 신문사닷컴의 상품 서비스 변화

| 구 분 | T1 | T2 | T3 |
|---|---|---|---|
| 멀티미디어성 | 텍스트 | 텍스트+이미지 | 텍스트+이미지+동영상 |
| 상호작용성 | 전자게시판 | e-메일 | 블로그 메신저 |
| 네트워크성 | PC통신 | 커뮤니티 | 미니홈피 모바일 |

인터넷신문의 멀티미디어화에 따라 신문기업은 온라인과 오프라인 미디어를 합친 브랜드 시너지 효과를 확대하거나 풍부한 콘텐츠를 제공하여 미디어포털, 디지털콘텐츠를 기반으로 한 e-비즈니스의 형태를 강화할 수 있게 되었다.

신문기업은 오프라인의 자본력과 브랜드 효과, 경영진의 선택과 의사결정 등에 의해 사별로 차이를 드러내었다. 역시 조선 중앙 동아 등의 오프라인의 메이저신문들의 경우 오프라인의 영향력을 온라인공간에서 그대로 유지하고 수익모델을 만들기 위해 개방형, 사업형 형태로 변화를 시도하는 반면 나머지 자본력에서 열세인 신문사닷컴들은 오프라인의 뉴스를 전달해 주는 '전달자' 입장인 종속형에서 벗어나지 못했다.23)

시간이 갈수록 메이저신문기업들은 오프라인의 자본력과 시장지배력, 경영관리, 유통을 온라인에 이전시켜 이 요인들이 복합적으로 작용하는 거대한 통합체계로 전환시키면서 멀티미디어화하였다.

온-오프라인 생산조직체계의 통합은 상호간 장점을 내재화하는 체

---

23) 종속형은 오프라인의 뉴스를 인터넷전담부서에서 유통시키는 일방적 전달방식으로 오프라인의 뉴스정보 콘텐츠를 부분 가공하는 유형이었다. 반면 개방형은 인터넷의 쌍방향성을 최대한 살리면서 온-오프라인의 유기적 통합과 이를 통한 온라인공간에서의 지배력을 높이는 유형이다. 사업형은 양질의 콘텐츠를 기획하고 생산 유통함으로써 이를 통한 수익구조를 창출하려는 닷컴이 속한다.

계통합으로 변화를 의미하는 것이다. 즉 종이신문은 장기적인 반복적
인 생산 공정의 안정화와 소비시장의 광고 및 수익시장을 확보하고
있는 데 반해 인터넷신문은 그러한 안정성과 수익성이 담보되지 않지
만 불안정한 시장특성으로 소비시장 환경에 민첩하게 대응하는 유연
성(flexibility)을 확보하고 있다. 그런 점에서 인터넷신문은 수요의 불
완전성으로 인해 외부 환경 변화에 즉각 대응하는 신축적이고 유연한
조직을 유지하려는 끊임없는 '자기조직화' 과정을 갖출 수밖에 없다.

　T2에서 신문기업들은 자사에 특화된 조직형태를 기반으로 포털미
디어적 성격을 드러내며 콘텐츠 정보내용의 차별화를 시도하는 동시에
타 인터넷매체와의 경쟁적 구도를 구축하기 시작하였다.[24]

〈표 2-4〉 신문기업의 인터넷 운영 현황

| 유　형 | 매체명 | 성격 및 특징 |
|---|---|---|
| 분　사 | 조선닷컴<br>조인스닷컴<br>동아닷컴<br>미디어칸<br>인터넷한겨레<br>한국아이닷컴 | 오프라인 뉴스 재가공<br>부분적 취재기능<br>별도법인으로 분사 |
| 독립매체 | 도깨비뉴스 | 인터넷 공간 이슈 |
| 오프라인<br>의존형 | 국민일보<br>문화일보<br>세계일보<br>서울신문 | 오프라인 뉴스재가공<br>홈페이지형 |
| 온라인통신 | 쿠키스투[25]<br>땅콩뉴스 | 신개념의 온라인뉴스<br>실시간 속보＋연성뉴스<br>정보보고＋연예스포츠<br>부분 취재기능 |

24) 이민규(1996), "신문산업연구: 인터넷 및 뉴미디어분야"「신문연구」통
　　권 63호, pp.66~84.

T3인 2003년 이후 신문기업들은 멀티미디어 생산체계를 기반으로 인터넷신문 외에 다양한 디지털미디어 상품을 생산하는 동시에 포털과 방송 등에 적합한 멀티미디어성 콘텐츠를 생산하는 디지털 복합체계를 가동시켰다.

신문기업들은 고정비용이나 매몰비용이 적은 인터넷을 기반으로 새로운 온라인매체를 신설하거나 온라인통신사를 신설하여 실시간 멀티미디어 서비스를 하였다. 오마이뉴스 등 인터넷신문은 막대한 자본과 인력소요로 진입장벽이 높은 오프라인시장과 달리 불과 1억 원 안팎의 시설비와 소수의 취재 및 운영인력만 갖추면 가동되었다.[26] 이를 모델로 하여 신문기업들은 환경 변화에 탄력적이고 유연하게 대응하는 조직체계를 구축하는 동시에 오프라인 생산기반 위에서 온라인 생산체계를 전략적으로 결합시키는 복합체계, 즉 멀티미디어기술 기반의 통합미디어로 변화하였다.

---

25) 스투쿠키뉴스(www.stoo.kuki.com)는 2005년 6월 1일 국민일보의 쿠키뉴스와 인터넷신문 스포츠투데이의 플랫폼을 통합한 웹사이트이다. 이는 중앙종합일간지와 스포츠신문의 수평적 결합의 형태로서 언론사 간 플랫폼 통합조건과 모델을 제시했다는 점에서 의미를 갖는다. 국민일보는 2004년 10월 13일 인터넷신문인 쿠키뉴스를 만든 뒤 인터넷신문인 스포츠투데이와 공동으로 통합플랫폼을 구축해 뉴스콘텐츠는 물론 모든 사업과 광고수익을 일정한 비율에 따라 나눠 갖는 수익모델을 구축했다. 스투쿠키뉴스는 CBS의 노컷뉴스와 동일한 기반의 온라인 통신사로 볼 수 있다. 전국 각 지역의 일간지와 포털과의 전략적 제휴를 맺어 실시간 뉴스를 제공하는 네트워크 체계다.
26) 오연호(2004), 대한민국 특산품 오마이뉴스, 휴매니스트, pp.325~353의 '오마이뉴스 창간계획서'를 참고.

# 3. 디지털기반 기술플랫폼과 뉴스룸 조직 통합

## 1) 뉴스룸 조직과 플랫폼

TV방송과 신문, 인터넷, 모바일 등 다양한 매체로 유통시키는 뉴스플렉스 형태의 뉴스룸, 이른바 '온-오프라인 디지털통합뉴스룸'은 온라인과 오프라인 뉴스콘텐츠를 상호 통합하는 개념이다. 온-오프 통합뉴스룸은 뉴스룸 조직과 기자 등 인적자원, 기술플랫폼, 공정의 통합을 총칭한다는 점에서 순수 공학적 측면에서의 기술플랫폼 구축을 의미하는 '디지털뉴스룸' 개념과는 다르다.

뉴스룸 조직과 뉴스플랫폼은 일정한 유기적 관계를 갖는다. 뉴스룸 통합 기반이 아날로그에서 디지털플랫폼으로 진화하는 과정에서 플랫폼의 변화를 가져왔으며[27] 아날로그에서 디지털로 이행하는 기술적 속성의 차이는 플랫폼의 결합구조를 변화시켰다. 온-오프 디지털통합뉴스룸은 디지털융합에 따른 플랫폼 융합적 관계를 의미한다. 뉴스룸 조직과 뉴스플랫폼은 기술의 변화에 따라 상호 대응관계를 달리하게 된다.

우선 전통적 관계는 1개의 뉴스조직이 1개의 뉴스플랫폼을 위한 뉴스생산을 담당하는 것으로 종이신문의 기존 생산체계가 여기에 해당한다. 기존 신문사 편집국은 종이신문 하나만을 위해 존재하는 뉴스생

---

27) 뉴스조직과 뉴스플랫폼의 관계는 뉴스룸 통합의 형태를 구분하는 기준이 된다. 구체적인 내용은 2005년 11월 9일 노컷뉴스 창간 2주년 심포지엄에서 발표된 김사승의 '뉴스룸 통합과 뉴스생산전략의 변화' 주제 발표를 참고.

산조직이었다.

반면 정보융합적 관계는 개별뉴스조직 간에 개별뉴스플랫폼의 상호교류이며 1975~1990년대 미국 템파베이방송 모델이 여기에 해당된다. 상호 협력적 관계로서 각 플랫폼 간에 콘텐츠의 교류형태로 볼 수 있다. 또한 뉴스조직이 특정 플랫폼의 뉴스를 동시에 생산하는 방식, 즉 단일뉴스조직이 복수의 플랫폼의 뉴스를 생산하는 것이다. 멀티플레이어로서의 기자(backpack)가 신문과 방송, 인터넷뉴스 등을 동시에 생산하는 형태를 지칭하며 기존의 플랫폼들이 그대로 존재하는 유형이다.

〈표 2-5〉 뉴스룸 조직과 플랫폼 관계의 변화

| 구 분 | 뉴스조직의 수 | 뉴스플랫폼 | 비 고 |
|---|---|---|---|
| 전통적 관계 | 1 | 1 | 플랫폼 개별뉴스조직 |
| 정보 융합적 관계 | 2 | 2 | 개별뉴스조직 간 개별뉴스 플랫폼을 위한 상호교류 |
| | n | 1 | 플랫폼별 개별뉴스조직의 특정플랫폼 뉴스의 공동생산 |
| 생산 융합적 관계 | 1 | n | 통합뉴스조직의 개별 플랫폼 뉴스생산 |
| 플랫폼 융합적 관계 | 1 | 1 | 통합뉴스조직의 단일 플랫폼 뉴스생산 |

출처: 김사승(2005)

생산융합적 관계는 통합뉴스조직의 개별 플랫폼 뉴스생산으로서 기자가 멀티플레이어가 되는 유형이다. 대표적인 실례로서 2004년부터 구축되기 시작한 CBS 노컷뉴스의 통합뉴스룸 형태가 여기에 해당한다. CBS는 텍스트와 이미지, 동영상, 특히 휴대폰 이미지 전송이 가능하고 휴대폰에서 기자집배신과 데스크 기능을 할 수 있는 온-

오프통합 시스템을 구축하였다.[28]

마지막으로 플랫폼 융합적 관계는 통합뉴스조직의 단일 플랫폼 뉴스생산방식으로 인터넷 웹(web) 중심의 생산방식이다.[29] 웹 중심의 플랫폼 융합적 관계는 웹으로 뉴스플랫폼이 통합되는 것을 의미한다.


## 2) 온 - 오프 뉴스룸 조직 통합: 외국 사례

### (1) 유 럽

독일의 악셀스프링어(Axel - Springer: AS)그룹은 2001년 전국지인 디벨트와 베를린 지방지 베를리너 모르겐포스트(Berliner Morgen post)의 뉴스룸을 통합하였다.[30] 두 신문기업은 전담 편집국장을 따로 두

---

28) 국내 라디오방송인 CBS는 보도국과 노컷뉴스의 뉴스생산체계를 통합해 라디오와 인터넷, 모바일 등 다양한 플랫폼에 맞는 뉴스콘텐츠를 생산하기 위한 온 - 오프통합 시스템을 개발했다. 솔루션회사인 자회사 CBSi가 개발한 온 - 오프통합 시스템은 웹시스템을 기반으로 6개월 동안 2억 5천만~3억 원의 개발비가 투입되었다. 웹 기반인 이 시스템은 로그인 한 번으로 접속 가능한 효율적인 방송과 뉴스운영을 위한 전사적 워크스테이션(workstation)이다. 기사집배신은 물론 통합뉴스데스크, 멀티미디어편집시스템, 개인화보안서비스 및 권한관리운영시스템을 통합했다. 이에 따라 CBS 구성원들은 방송보도편집과 인터넷보도편집을 원스톱으로 묶어 하나의 워크스테이션 플랫폼으로 통합작업을 수행할 수 있으며 모바일로도 기사작성과 편집, 조회, 데스킹 등의 작업을 벌일 수 있다.(CBSi 정남진 사장 인터뷰)
29) 연합뉴스의 플랫폼은 텍스트 중심의 전송방식이지만 2006년 말 웹 중심 플랫폼으로 변화될 예정이다. 연합뉴스는 웹 중심의 기술플랫폼으로 통해 텍스트와 이미지는 물론 동영상을 동시에 서비스해 주는 방식이다. 이미 웹방식의 새로운 플랫폼을 상용화하기 위한 툴(tool)을 개발했다. 이에 따라 본격적인 웹 중심의 뉴스경쟁이 시작될 것이다.(연합뉴스 장영섭 사장 인터뷰)
30) AS그룹은 전국지인 디벨트와 역시 AS 지역지인 베를리너 모르겐포스

되 각 부서는 통합 후 기사풀제(pool system)를 통해 기사를 따로 제작하고 있다. 각 매체별로 1명씩 담당하던 취재작성 업무를 통합부서에서 1명이 담당하는데 이 같은 직무변화는 업무에 대한 추가부담이라기보다는 업무의 변화방식으로 인식된다. AS그룹은 벨트 콤파트(Welt Kompakt)라는 타블로이드판 신문을 추가하여 통합뉴스룸으로 3개 신문을 발행하고 있다.

AS그룹은 방송영역의 확장 및 신문과 TV영역의 콘텐츠 교환을 하여 신문-온라인-TV를 교차 소유하는 크로스미디어(Cross Media) 전략을 취하고 있고, 슈피겔그룹 역시 잡지영역에서 얻은 브랜드 자산을 바탕으로 온라인과 방송으로 영역을 넓혔다.

영국의 파이낸셜타임즈닷컴(FT.com)은 신문과 텔레비전, 웹을 통합하여 동일한 뉴스룸에서 시너지 효과를 내고 있다.[31] 미디어 간 언론인들이 협력하여 일하면서 웹에 올릴 멀티미디어 콘텐츠를 만들어내고 있다. 웹과 신문을 분리하기보다는 동시에 양 미디어를 강화시켜주는 융합효과를 갖고 있다.

이 같은 뉴스생산조직을 중심으로 유럽의 신문기업들의 대응방식을 유형화하면 대략 4가지 경향이 두드러진다. 첫째, 기업들은 인수합병으로 규모의 경제를 추구하고 매체 기업 간 전략적 제휴를 통해 기업의 효율성을 강화하였다. 둘째, 신문과 방송 인터넷 등의 이종매체

---

트, 그리고 벨트콤파트의 3개 뉴스룸을 통합한 뒤 저널리스트 350명이 3개의 신문을 발행하도록 하고 있다. 스위스의 미텐란트 차이퉁은 파트너협력모델이다. AZ미디어그룹과 디취 포트쉴트 조핑어탁블라트 등은 공동편집국을 운영하며 17개 지역판 신문을 만들고 있고 있다. 박주연, '유럽지역신문사 간 뉴스룸 협력모델', 노컷뉴스 2주년 기념 심포지엄 발제문.(2005. 11. 9)

31) 김세은(2003), 신문산업의 경쟁과 변화: 영국을 중심으로, 미디어연구소, pp.221~223.

교차소유를 통해 시장력을 확대하였다. 셋째는 새로운 사업영역으로의 진출로서 뉴미디어의 진출이 활발하며 넷째, 비용감소를 위한 전략을 마련하고 상품의 질을 높이기 위한 제도적 장치들을 마련하고 있다.

## (2) 미 국

이종매체 간 소유겸영의 허용 여부는 뉴스룸의 다플랫폼 결합방식에 매우 중요한 변수가 되고 있다. 신문방송의 겸영이 부분 허용된 국가의 경우 신문사들은 수평적 결합을 통해 복합미디어그룹을 추진하는 추세가 가속화되고 있다.

미국의 경우 각 주마다 차이는 있지만 상당수 신문과 방송 등의 미디어기업들의 교차소유 및 겸영이 허용되거나 수직적 또는 수평적 결합이 가능한 법적 체계를 갖고 있어 뉴스룸의 조직과 인적 통합이 가시화되고 있다.[32]

뉴욕타임스(NYT)는 2005년 8월 본지와 닷컴의 뉴스룸 통합 계획을 발표하고 2007년 새 사옥 준공과 함께 온-오프 뉴스룸을 공간적으로 완전히 통합하기로 하였다. NYT는 1995년 뉴욕타임즈닷컴(NYTD)을 설립한 뒤 10년 넘게 온-오프 조직 간 이질감을 해소하고 생산 공정을 혁신하여 온-오프 동시제작용 통합뉴스룸을 통한 멀티미디어 리포팅을 추진하고 있다. 특히 닷컴 설립 후 멀티미디어 뉴스생산시스템을 위한 조직기능의 변화를 추진하고 궁극적으로 멀티미디어뉴스의 웹 단일 플랫폼을 구축하는 것을 목표로 하고 있다.

---

32) 황용석, '신문사 혁명시대-미국언론, 편집국 완전통합 이동중'(미디어오늘 2005년 10월 5일자)각국의 온-오프라인의 협력과 디지털미디어의 수익, 발행부수, 신문기업의 미래는 Shaping the Future of the Newspaper, WAN 2005년도 서울총회 전략보고서, Vol.5를 참고. 미국의 신문방송 겸영은 윤호진(2003)을 참고.

미디어제너럴(Media General)은 자사 소유의 탬파트리뷴(Tampa Tribune), WFLA – TV, 탬파베이 온라인(TBO) 뉴스룸을 하나로 통합한 뉴스센터를 구축하였다. 이 회사는 '슈퍼데스크'라는 멀티미디어 데스크가 3개 뉴스룸의 유기적인 융합을 지휘하는 동시에 취재와 보도의 공유 회의를 주도하고 있어 기자들은 슈퍼데스크의 조율에 따라 신문과 방송, 온라인을 넘나들고 있다.

선센티널(Sun Sentinal)은 2002년 WBZL – TV와 뉴스조직을 통합하여 신문사 편집국에서 TV나 라디오방송이 녹화되고 있다. 선센티널은 신문기자들을 대상으로 자율적으로 방송체 글쓰기나 음성 및 출연훈련을 받도록 하고 있다.

이 외에도 시카고트리뷴은 WGN – TV, WGN라디오, 시카고랜드 TV (CLTV · Chicago and TV, 24시간 케이블 뉴스채널), 트리뷴 인터넷 판을 비롯해 자매회사인 시카고 디지털시티에서 온 에디터들이 동일 공간에서 작업을 하고 있다.

이 같은 온 – 오프방송 통합뉴스룸은 방송과 신문 교차소유가 주(州)별로 허용된 미국에서 가장 활발해지고 있다. 미디어학자인 퀸(Quinn, 2002)은 미국 내에서 다매체를 통합적으로 만족시키는 뉴스룸의 형태는 3가지가 있음을 발견하였다.[33]

첫 번째, 협상모델 조직을 통합하기보다는 조직 간 상호 연락과 커뮤니케이션을 활성화시키는 연락병 데스크를 두는 과도기적 모델을 택하고 있다. 이를 협상(negotiation)모델이라고 한다. 텔레비전과 라디오, 신문, 그리고 온라인 등 개별 매체의 뉴스룸은 독립적이고 자율적으로 운영된다. 이 모델은 조직 간의 문화적 차이가 크고 매체

---

33) Quinn Stephen(2002), Knowledge Management in the Digital Newsroom, London: Focal Press. 황용석(2005), pp.42~67에서 재인용.

별 업무가 특화되어 있을 경우 직접적인 통합보다는 커뮤니케이션의 효율성을 취하는 간접적 통합방식을 채택한 것으로 설명할 수 있다. 주로 어떤 기사를 상호 교환할 수 있는가를 놓고 멀티미디어 데스크는 각 매체별 데스크와 협상을 하는 역할을 수행한다. 멀티미디어 데스크는 매체 간 상호작용을 위한 중요한 운반체로 남게 된다. 자원의 배분의 핵심은 협상과정이다.

두 번째, 동등(co-ordination)모델이다. 여러 매체의 뉴스룸들이 상호 의사소통이 잘 되도록 공간배치를 하고 있다. 개별 매체 에디터들은 같은 자리에 앉아 있기 때문에 서로 이야기할 수 있고 함께 일할 수 있도록 되어 있다. 기자가 기사를 제출할 때 텔레비전데스크와 신문데스크가 한자리에 있기 때문에 정보자원이 항상 공유될 수 있다. 또한 기자들은 자신들의 기사가 인쇄매체, TV, 혹은 온라인 서비스를 위해 상용될 수 있는 방식으로 쓰이도록 3차원적 사고를 해야 한다.

세 번째, 협력(co-operation)모델이다. 매체별로 구분되어 있지만 그 조직의 중심에는 슈퍼데스크(superdesk)라고 불리는 멀티미디어 데스크가 있다. 뉴스가 수집되는 중심에 멀티미디어 데스크를 위치시키고 그가 개별 매체의 종사자들을 진두지휘한다. 슈퍼데스크인 멀티미디어 데스크를 중심으로 모든 정보와 취재망을 공유하고 기사는 초기단계부터 멀티 플랫폼에 맞춰 다양하게 작성된다.

# 4. 멀티 플랫폼의 부가가치 창출

## 1) 동영상뉴스콘텐츠의 부가가치성

디지털소비시장이 텍스트 중심에서 이미지와 영상 중심으로 이행되면서 모바일과 DMB 등에 방영할 수 있는 동영상뉴스는 신문기업에 적은 비용으로 텍스트 중심의 기존상품에 부가가치를 증가시킬 수 있는 자원기반이 되었다. 2005년 6개 방송사 및 비지상파 사업자가 위성·지상파 DMB서비스를 동시에 시작함으로써 신문기업들의 동영상뉴스콘텐츠는 저렴하면서도 차별화된 DMB상품으로 등장하였다.

신문기업들은 T3 시점인 2003년을 기점으로 텍스트 기반의 콘텐츠에 동영상을 결합한 '비디오뉴스'를 제작하기 시작했다. 이때부터 이른바 '신문사 내 방송국' 개념이 처음 등장하였다.

비디오뉴스 또는 동영상뉴스는 디지털제작 시스템을 구축한 신문기업으로서는 뉴스정보라는 텍스트에 동영상을 결합시키는 방식으로 새로운 가치창출을 시도한 신문사의 신상품이다. 동영상뉴스 제작은 텍스트보다 부가가치가 높은 새로운 정보 상품인데다 향후 미디어융합에 대비한 신문기업의 새로운 수익원이라는 평가를 받고 있다.

뉴욕타임스(NYT)가 'NYT뉴스를 영상으로 보여준다'는 장기 계획안[34])을 발표한 후 USA 투데이와 월스트리트저널, 워싱턴포스트 등

---

34) 뉴욕타임스는 1995년 뉴욕타임스디지털(NYTD)을 설립한 후 10년간 웹 테크놀로지 개발에 주력하며 멀티미디어 신규인력을 충원하여 디지털 뉴스생산 및 조직문화를 구축해 왔다. NYT의 유휴인력 및 해고인력을 NYTD로 흡수하여 온오프 인적융합을 해오면서 소위 비디오뉴스 제작 역량을 축적해 왔다. NYT는 향후 모든 뉴스플랫폼은 하나로 융합될

미국의 주요 신문들도 자사 인터넷 등 온라인부서를 중심으로 동영
상뉴스를 제작하며 새로운 미디어 영역으로 자사의 동영상뉴스 영역
을 확장시키고 있다.

국내 신문기업들도 1995년 도심에 동영상전광판을 설치하고 동영
상제작을 부분적으로 시작했으나 이는 케이블TV와 지상파 방송 겸
영금지 해제에 따른 대비차원이었다. 하지만 1998년 신문기업의 위
성방송 참여금지가 확정되고 IMF 사태가 발생한 이후 신문기업의
동영상 제작은 사실상 중단되었다. 그 후 2000년 초 디지털융합이 현
실화되는데다 인터넷방송이 상업화되기 시작하자 신문기업들은 동영
상뉴스 제작 시스템을 재구축하기 시작하였다.

하지만 신문기업 동영상에 대한 시장수요가 없는 상황인데다 방송
신문 소유겸영 금지조치로 방송사 인수나 지분참여가 금지되어 그동
안 동영상 상품은 자사의 인터넷방송이나 포털사이트, 지하철, KTX
등에 부분 방영되는 단계에 머물렀다.

## 2) 동영상뉴스 생산: 사례 및 소비특성

조선 중앙 동아 등 자본력이 있는 일부 신문기업들과 연합뉴스는 미
디어융합에 대비하여 부가가치가 높아질 것이라는 기대감 속에 2003
년부터 동영상뉴스 시스템을 구축하고 본격적으로 영상물을 생산하
기 시작하였다.[35]

---

것이며 표현방식은 웹 생산방식일 것으로 전망했다. 워싱턴포스트닷컴
(www.washingtonpost.com)도 동영상뉴스를 내보냈고 AP통신 톰 컬리
(Tom Curley) 사장은 '온라인이 뉴스의 미래다'라고 주장했다. 자세한 내
용은 온라인미디어뉴스(델라웨어온라인 www.delawareonline.com)을 참고.

2004년 방송과 통신의 융합이 논의되자 신문기업들은 본격적으로 동영상콘텐츠를 제작하는 동시에 1차 자사의 인터넷방송으로 유통시키는 신문사 내 방송국의 개념을 적용하였다. 특히 조선일보와 중앙일보 등 메이저신문기업들은 자사의 인터넷방송은 물론 케이블TV와 위성방송, DMB 등의 다양한 채널로 자체 제작한 동영상프로그램을 유통시켜 왔다.

조선일보 등 신문기업들은 인터넷방송 외에 위성방송, 케이블TV 등 다각화된 유통창구로 콘텐츠를 송출할 목적으로 동영상제작시설을 확충하게 되었다.36) 조선일보와 한겨레는 시민 퍼블릭엑세스인 위성방송 스카이라이프의 R-TV에 자체 제작한 동영상프로그램을 송출하여 다소 시설규모가 작을 뿐 사실상 지상파 방송과 동일한 동영상뉴스 생산공급체계를 만들었다.

따라서 전통적으로 종이신문을 제작해 왔던 신문사들은 T3 시점에서 디지털플랫폼에서 생산되는 새로운 파생상품(derivative products)으로서 동영상콘텐츠를 생산하는 전환점을 맞았다. 이를 기반으로 한겨레신문 국민일보 등 다른 신문기업들도 지상파 DMB에 자사의

---

35) 2004년부터 연합뉴스는 편집국 기자들을 대상으로 영상취재 교육을 실시하면서 많은 신문기업들이 이를 벤치마킹하였다. 방송보다는 신문사 제작 시스템에 가까운 연합뉴스는 신문기업보다 앞서 시장선점을 하기 위해 동영상뉴스를 제작하기 시작하였다. '연합TV'라는 인터넷방송을 운영하고 있는 연합뉴스는 동영상콘텐츠의 중요성을 강조하며 기자들의 인터넷TV 출연은 물론 해외특파원들에게 현장취재 시 6㎜ 디지털 카메라를 소지하도록 의무화했다.

36) 신문사들은 디지털기술이 열어놓은 멀티미디어시대에서는 영상물 확보가 생존을 좌우한다는 판단을 하고 있다. 2000년 신문사의 케이블TV 소유겸영 허용조치가 내려진 이후 신문사들이 방송을 하려는 시도가 더욱 두드러졌다. 당시 방송사업에 진출한 곳은 중앙일보(중앙방송)와 국민일보(N-TV), 매일경제신문(MBN)이었으며 이 중 국민일보는 N-TV를 매각해 케이블방송시장에서 철수했다.

뉴스정보와 동영상을 데이터채널에 제공하거나 콘텐츠제공자로 참여
하면서 미디어융합의 시대에 본격 참여하였다.

〈표 2-6〉 중앙일간지 DMB 참여

| 구 분 | 지상파 DMB | 시 기 |
|---|---|---|
| 한겨레신문 | SBS의 데이터채널 임대운영<br>DP(data provider)로 등록 | 2005.2 |
| 경향신문 | KMMB와 전략적 제휴<br>미디어칸은 한국DMB와 전략적 제휴 | 2005.2 |
| 국민일보 | 한국DMB KMMB와 전략적 제휴<br>KMMB와 보도기능 보완 | 2005.3 |

아직 신문기업이 비록 콘텐츠프로바이더의 위상이긴 하지만 방송
시장의 또 하나의 생산주체로 뛰어들면서 이른바 방통융합이 아닌
'신방통융합'(신문＋방송＋통신)이란 신조어가 나올 만큼 미디어시장
은 동일한 기술 기반의 플랫폼이 생산하는 동일상품공간으로 통합되
었다.

하지만 신문기업이 생산하는 동영상뉴스 상품은 신문사 디지털 신
상품이라는 측면에서 주목은 끌었지만 소비시장에서 킬러콘텐츠(killer
contents)로서 인정을 받지 못하고 있다. 이는 디지털기술이 동일한
플랫폼에서 생산된 파생상품이지만 신문기업이 파생상품에 대한 시
장수요는 여전히 불확실하기 때문이다. 그만큼 다각화 차원에서 수
익원을 기대했던 신문기업들 사이에 동영상뉴스라는 상품을 유통하기
위한 미디어시장 내 경쟁이 더욱 치열하게 벌어질 수밖에 없다.

〈표 2-7〉 신문기업 동영상콘텐츠 제작 현황

| 신문사 | 동영상콘텐츠 | 스튜디오 | 제작담당 | 유통창구 | 비 고 |
|---|---|---|---|---|---|
| 조선일보 | **갈아 만든 뉴스**<br>메인뉴스 / 기자뉴스 / 테마토크 /<br>이슈빨간펜 / 갈슈가 만난 사람 /<br>리플투데이 / 포토의 재구성 /<br>클릭! 사람<br>**갈슈매거진**<br>시사토크 / 기자수첩 / 테마토크<br>이슈빨간펜 / 갈슈가 만난 사람들 | U미디어랩 | 광화문<br>영상제작단<br>(편집국 기자,<br>대학생) | R-TV<br>(2005.4.1-4.30)<br>스카이라이프의<br>내셔널지오그래픽<br>(2005.10월-) | |
| 중앙일보 | 멀티eye 뉴스 | 중앙방송 | 디지털뉴스센터<br>중앙방송 | 조인스닷컴 | |
| 동아일보 | **동아eTV**<br>뉴스클립 / 스페셜리포트 /<br>어떤 영화 볼까 / 동아와 함께 /<br>야그프리즘 / 타타타(골프) /<br>3분논평 | 동아닷컴<br>동아사이언스<br>디유넷 | 인터넷뉴스팀<br>동아닷컴 | 동아닷컴 | 취재기자<br>캠코더<br>지급 |
| 국민일보 | **쿠키방송**<br>뉴스테이크아웃 / 웰빙테이크<br>아웃 / HOT5 / 리플인사이드 | 순복음교회 내<br>FGTV | 뉴미디어센터<br>기자 및 계약직<br>30여 명 | 포털사이트<br>KBS sky<br>쿠키뉴스<br>국군방송<br>위성채널 | 취재기자<br>카메라폰<br>지급 |
| 한겨레신문 | 인사이드현장 | | 인터넷한겨레<br>DMB팀 | R-TV<br>지상파 DMB<br>데이터채널 | |
| 세계일보 | 세계닷컴<br>땅콩뉴스 | 자사 스튜디오 | 미디어연구팀 | 땅콩뉴스 등<br>인터넷방송 | |
| 연합뉴스 | **연합 U & I**<br>사진으로 보는 뉴스<br>인포뉴스<br>비하인드뉴스 | 자사 스튜디오 | 멀티미디어본부<br>30명 | 지하철3호선<br>항공사<br>KTX<br>포털사이트 | 취재기자<br>캠코더<br>지급 |

　동영상뉴스 상품은 사치재인 동시에 경험재이자 정보재이기도 하다. 따라서 높은 질(quality)이 담보되거나 소비자가 경험하지 않고서는 선뜻 소비자들이 선택하지 않는 특성 때문에 소비창출의 불확실성이 매우 높다. 더구나 소득이 올라간다고 신문기업의 신상품을 소비하지 않는 소득에 의한 탄력도 역시 매우 크다. 신문기업이 생산하는 디지털상품 생산체계의 변화가 갖는 내재적 리스크를 대변해

주는 것이다. 여기에다 신문기업이 생산하는 디지털상품의 공급조건
과 수요조건이 역동적이므로 비선형 가격체계가 작동하게 되고 이는
동일한 상품에 대해 수많은 다양한 가격을 설정하게 되어 수익성은
그만큼 불확실하게 된다.

따라서 신문기업들은 오프라인의 명성(reputation)으로 최대한 확장
하여 자사의 디지털상품의 질을 알리고 창구효과를 극대화하려는 경
쟁을 벌이고 있다. 다시 말하면 치열했던 신문기업들의 오프라인 판
매경쟁구도가 동영상뉴스 상품 판매시장으로 점차 이전되어 가고 있
다는 것을 의미한다.

아직은 신문기업의 다플랫폼화가 즉각적인 수익성을 담보하지 않
는다는 점에 신문기업들의 고민이 있다. 신문기업으로서는 생존을 위
한 새로운 수익원이 디지털상품시장에 있다고 보고 다플랫폼화를 추
진하지만 그만큼 수익성을 높이지 못하고 있기 때문이다. 따라서 동
영상을 중심으로 한 신문기업의 디지털상품의 저수익으로 인해 미디
어통합시장에서 상품 신뢰를 받지 못하는 상황이어서 신문기업의 다
플랫폼 생산체계의 전환은 초기 과잉투자논란에 휩싸여 속도를 내지
못하고 있다.[37] 즉 뉴스룸 생산조직체계 통합을 통하여 신문기업의
생산 공정의 혁신이 계속적으로 시도되지만 디지털 소비시장의 미성
숙과 이에 따른 낮은 수익성으로 새로운 가치창출의 실현을 어렵게

---

37) 조선일보와 국민일보의 경우 뉴스룸 혁신에 따른 수익성 여부가 논란
   이 되었다. 1995년 신문사에서 혁신적인 뉴스룸 변화의 모델을 제시한
   조선일보 자회사인 디지틀조선일보의 과잉투자논란이 대표적이다. 뉴미
   디어는 일종의 '자본만을 빨아들이는 블랙홀과 같다'는 일반적인 평가
   가 주류를 이뤘다. 조선일보가 자사 내 설치한 U미디어랩의 경우도 10
   억여 원의 투자금이 소요되자 수익성 논란에 휩싸이기도 했다. 국민일
   보 역시 디지털미디어에 적합한 뉴스룸을 구축하는 비용이 총 7~8억
   여 원이 소요되었지만 수익성이 월 5000만 원 안팎에 그쳐 적정투자
   여부를 둘러싼 비판이 거셌다.

하고 있다.

이에 따라 디지털기술적 측면에서 신문기업의 뉴스룸 생산체계의 혁신은 오히려 자사의 디지털상품의 가치의 하락과 감소, 그리고 초기 투자비용으로 인해 초기에는 일시적인 생산성 감소를 가져오는 역설적 과정이 발생하였다.


# 5. 디지털 통합생산체계의 구축: 통합아키텍처


디지털화에 따른 신문기업 조직의 모듈화는 종이신문 당시의 생산－제작－판매라는 공정과정 중 뉴스를 생산하는 생산자만 남고 나머지 중간체계의 모든 것을 효율성 개념 아래 개편 분화하고 재통합시켰다.

특히 T1 초기단계에는 종이신문과 인터넷의 생산 공정이 분리되어 생산요소의 이중적 투입이라는 비효율성이 있었으나 T3으로 갈수록 생산 공정이 하나로 통합되는 방향으로 진화되었다. 단일공정체계 구축은 생산비용의 급격한 하락을 가져왔고 이는 온－오프를 통합하는 멀티 플랫폼으로 진화하게 하는 요인으로 작용하고 있다.

이 같은 디지털기반의 생산체계는 윤전기 등 기존의 종이신문 생산체계와는 달리 자산고유성은 파기되었다. 자산고유성은 특정콘텐츠를 생산해 낼 경우 반드시 있어야만 할 어떤 장치나 시설을 의미한다. 과거 아날로그인 중심체계의 신문기업은 자산고유성으로 인해 유연한 체계를 갖추기가 어려웠다.[38]

반면에 인터넷미디어는 디지털콘텐츠를 자유롭게 거래할 수 있고 추가 비용도 거의 발생하지 않아 신문기업들로서는 이러한 온라인 생산체계를 오프라인에 적용하려고 부단히 추진해 왔고 이 같은 시도는 통합적 온-오프 통합생산체계를 구축하는 것으로 구체화되었다.

전술한 대로 신문기업의 생산 공정의 통합은 곧 인터넷신문의 유연한 생산체계를 오프라인에 이식하는 과정이라고 볼 수 있다. 특히 CTS와 데이터베이스, 인터넷 웹을 기반으로 한 온라인 생산체계는 디지털미디어의 유연한 생산방식을 중심으로 뉴스룸 통합조직의 진화과정을 설명해 주고 있다.

디지털화는 사회변동을 추동하는 하부구조로서 신문기업의 생산 공정을 멀티미디어로 진화해 나가는 새로운 시스템으로 재통합하였고 뉴스룸 조직 통합의 기반이 되었다.

디지털기술은 신문기업 생산체계를 구성하는 아키텍처(architecture)를 구축하는 주요 결정요인이며 신문기업의 원소스 멀티유즈를 실현하는 요체이다. 따라서 기술플랫폼의 아키텍처 혁신은 기존의 온-오프라인 생산체계를 확장하여 뉴스생산 조직체계의 융합을 가속화하였다.

---

38) 아날로그시대에는 신문기업의 자산고유성이 커서 업종전환이 어려웠다. 자산고유성은 고정비용과 가변비용으로 구분할 수 있다. 신문산업의 경우 고정비용은 고정적인 생산시설 일체를 말하는데 건물과 윤전기 PC 등을 말하고 가변비용은 인적비용인 임금이나 지대 등을 지칭한다. 자산고유성은 곧 미디어기업의 시장진입과 시장퇴출을 가르는 중요한 변수이다. 예를 들어 중앙일간지의 윤전기 1대를 신설할 경우 보통 350~500억 원의 막대한 비용이 소요되고 설치기간도 1년 이상이 걸린다. 이 같은 막대한 비용은 시장진입을 막는 요소인 반면 시장에서 수익성이 악화되더라도 엄청난 물적인 손실로 함부로 퇴출을 결정하지 못하게 하는 요인으로 작용하기도 한다.

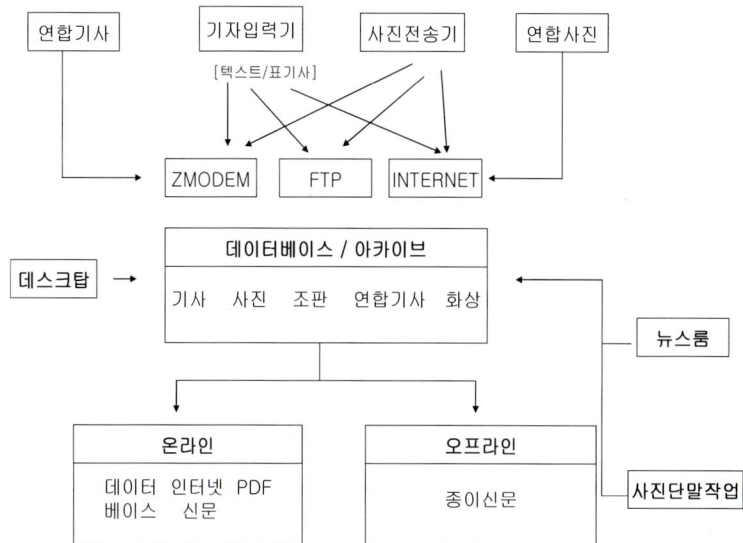

출처: 디지웨이브(www.digiwave.com)와 양재미디어(www.yjmedia.com)
홈페이지 내용 재구성

〈그림 2-4〉 CTS와 인터넷 웹 통합아키텍처

아키텍처는 복잡한 체계를 효율적으로 재조직화하는 것을 의미한
다. 좋은 아키텍치는 모듈시스템으로 전환하는 것이다. 이런 점에서
각 기능을 모아둔 하부 시스템인 모듈의 시스템을 모아둔 것이 아키
텍처 시스템이다.

디지털기반에서 신문기업의 생산체계의 아키텍처는 기술적으로 모
듈시스템으로 전환되어 버렸다. 모듈은 전체시스템이 하부시스템으
로 나누어진 것으로 각각은 모두 독립적인 하부체계가 된다.

데스크톱이나 데이터베이스 기자입력기 등 모든 구성요소는 독립
된 하부체계이지만 동시에 전체적으로 합쳐지면서 상호 작용하는 통
합아키텍처로 가동되는 것이다.

<그림 2-4>에서 보듯이 신문기업 기술플랫폼은 하나의 아키텍처를 구축했고, 아키텍처는 시간경과에 따라 점차 새로운 기술로 업그레이드되는 '아키텍처 혁신'(architecture innovation)을 이루었다. CTS 생산 공정의 통합은 선형적이던 신문사 생산 공정이 비선형적 아키텍처로 혁신적인 진화를 했다는 사실을 보여주었다.

아키텍처가 다르면 완전히 새로운 제품이 나온다. 따라서 상품의 업그레이드는 모듈의 업그레이드와 같은 개념이다. 신문기업의 생산 조직체계의 진화는 바로 CTS와 웹을 통합한 아키텍처의 진화체계와 동일하다고 볼 수 있다.

따라서 디지털시대에서 디지털콘텐츠를 생산하는 신문기업들은 아키텍처 혁신에서 경쟁력 차이를 갖게 되었다. 즉 효과적인 인적, 물적 자원으로 모듈식 아키텍처를 구축하고 이를 어떻게 통합네트워크와 연관체계를 갖도록 하느냐가 관건이다.[39]

신문기업의 이러한 변화는 디지털기술, 그리고 디지털사회로의 급속한 이행이라는 외재적 요인이 뉴스생산조직의 통합을 가속화시키고 있는 데 따른 것이다. 생산체계의 모듈화와 각 하부체계의 인터페이스[40]

---

39) 모듈시스템은 복잡하고 분리된 시스템을 단순화하고 통합하는 전환이 쉽게 일어나도록 한다. 모듈 아키텍처는 하부체계가 독립적이고 모듈과 모듈을 연결하는 네트워킹 역할을 하게 된다. 모듈 아키텍처는 스스로 독립적인 테스팅을 거치면서 스스로 최적화하는 단계에 이른다. 모듈의 장점은 독립적이고 개별적이어서 타 시스템에 영향을 미치지 않는 대체성이 매우 높다. 일종의 완전히 캡슐화된 하부체계가 중요하다. 그런 점에서 모든 체계는 하부체계로 나누어진 네트워킹이며 모듈과 모듈을 연결하는 커뮤니케이션으로서 인터페이스가 매우 중요해진다. 인터페이스는 모듈과 모듈을 연결하는 것이다. 여기서 디지털융합이 발생하고 유비쿼터스 환경이 구축된다.

40) 인터페이스(interface)는 하나의 시스템을 구성하는 2개의 구성요소(하드웨어와 소프트웨어) 또는 2개의 시스템이 상호 작용할 수 있도록 접속되는 경계(boundary)를 가리키거나 이 경계에서 상호 접속하기 위한 하

가 잘 통합된 혁신적 아키텍처가 곧 뉴스룸 조직의 토대가 되었다. 아날로그에서 시작된 CTS와 본격화된 웹 기술이 통합된 아키텍처는 거대한 모듈시스템으로 전환되어 이미 신문기업 내에서 작동하고 있다.

신문기업 생산조직체계에 급속한 변화를 가져다 준 모듈시스템은 다음과 같이 디지털화 과정과 밀접한 관계가 있다. 첫째, 정보처리기술이 급격한 발전을 하였고, 둘째 소프트웨어 프로그램이 획기적으로 발전하였으며, 셋째 '꿈의 통신망'으로 불리는 초고속통신망과 전송기술을 구성하는 하드웨어가 구축되었고, 넷째 위성 등 전송시스템이 발전한 점을 들 수가 있다.[41)

특히 1994년 인터넷 상용화 이후 초고속통신망과 전송기술의 획기적 발전은 신문기업의 디지털화는 물론 네트워크 구축에 결정적인 변화를 가져다주었다.[42) 종이신문과 디지털콘텐츠를 생산하는 신문기업의 내부 생산방식도 초고속 통신망 등의 발전에 따라 자연스럽게 디지털생산시스템과 네트워크시스템을 동시에 구축하게 되었다. 인터넷과 초고속통신망, 전송기술은 신문기업의 디지털화와 네트워크 확장을 가속시키는 외재적 추동요인으로 작용하였다. 이렇듯 디지털기술은 지난 10년간 신문기업의 생산체계는 물론 유통창구를 종이신문에서 인터넷, 모바일, 위성 등으로 급격히 확장시켰다. 지난 1995년 신문기업에 첫 도입된 전자신문, 즉 인터넷신문 위주의 콘텐

---

드웨어, 소프트웨어 조건, 규약 등을 포괄적으로 지칭하기도 한다. 사용자 인터페이스에는 문자방식 인터페이스와 메뉴방식 인터페이스, 도형 인터페이스 등 3가지가 있다. 인터페이스 구조는 ISDN사용자망 인터페이스로 이용 가능한 저장용량을 어떠한 채널로 조합하여 이용할 것인가를 표현하는 것이다. 한국정보통신기술협회 발간 「정보통신용어사전」을 참고.

41) 김택환·이상복(2005), 미디어빅뱅, 박열률출판사. pp.7~8.
42) 무선이동 및 데이터통신 진화과정은 미디어의 확장과 유사하다. 미디어의 디지털기술이 인터넷, 무선통신과 연관을 갖고 미디어발전을 추동시키는 변수임을 보여준다.

츠 생산체계는 디지털화에 따라 디지털미디어네트워크로 편입되었다.

이 과정에서 인터넷의 기술적 특성은 신문기업 조직전반에 종이신문의 매체적 한계점을 인식시키면서 디지털환경에 적합성을 갖도록 비효율적인 신문사의 뉴스생산양식을 디지털생산방식으로 변환시키는 추동력을 갖도록 했다.[43]

인터넷이 갖는 상호작용성(interactivity)과 비동시성(asynchronicity), 다차원성(multidimension), 민주성(democracy)의 속성[44]을 신문기업 내

〈표 2-8〉 무선이동 및 데이터통신 기술 변화

| 1997-1998 | 1999 | 2000-2001 | 2002-2005 |
|---|---|---|---|
| 음성회로 | Data | 이미지 | 비디오패킷 |
| 음성<br>뉴스<br>증권정보<br>팩스<br>SMS | 인터넷<br>인트라넷<br>WAP<br>쌍방향메시지<br>전자상거래 | 고속인터넷<br>멀티미디어<br>영상전화<br>통합애플리케이션 | 초고속인터넷<br>대화형 멀티미디어<br>화상회의<br>원격진료<br>버츄얼서비스<br>모바일오피스 |
| 2G CDMA | 2G CDMA | 3G 1단계 | 3G 2단계 |

출처: 정보통신부 홈페이지(www.mic.go.kr) 내용 재구성

43) 신문산업은 초판신문을 생산하는 고정비용은 매우 높지만 가변비용은 상대적으로 낮다. 초판비용에 생산비 대부분이 투입되고 재판(再版)부터는 복제비용(copy cost)만 들기 때문에 한계비용은 매우 낮다. 하지만 신문산업은 윤전기나 CTS 등 초기에 막대한 투자비용이 소요되면서도 선형적 생산 공정(linear production system)으로 시간단계별로 유휴인력과 설비가 언제나 존재한다. 즉 편집 교열 제작부문은 취재기자의 기사가 송고되지 않는 한 생산 공정이 가동되지 않는다. 그런 점에서 신문산업은 총생산비에서 고정생산비가 차지하는 비율이 높기 때문에 생산량이 많아지면 많아질수록 고정생산비의 비율은 낮아지므로 재판부터 가능한 많은 신문을 찍어내는 것이 수익성을 증대시킨다.

44) 상호작용성은 서비스 이용자가 상대에게 쉽게 피드백을 할 수 있는 특성이며, 비동시성은 시간적 제약을 넘어서 소비자가 콘텐츠 제공시점에 관련 없이 소비자가 원하는 시간에 정보를 송·수신할 수 있는 것을 의미한다. 다차원성은 한 사람이 여러 명에게 또는 여러 명이 한 사람

부의 생산양식에 이식하는 것이 신문기업 조직혁신의 핵심이 되었다.

이에 따라 디지털기술 도입 이후 신문기업의 기사집배신 위주의 디지털시스템은 점차 인터넷과 초고속통신, 데이터통신 기술과 연계되어 유기적으로 정보콘텐츠를 생산 배급하는 통합네트워크 구조로 진화해 왔다.

정부의 U-Korea 정책도 신문기업의 디지털기술 확산에 매우 큰 영향을 미쳐왔다.[45] 1995년부터 2005년까지 10여 년간 신문기업의 뉴스생산체계 역시 단순히 뉴스정보만을 게재하던 종이신문의 플랫폼에서 디지털을 토대로 한 통합네트워크로 변화되었고, 그에 따른 신문사 전체 조직 및 기능의 분화, 종사자의 역할변화, 자원의 공급체계도 크게 바뀌었다.

종전에 종이신문에 1회적으로 이용했던 신문기업 뉴스정보를 디지

---

에게 정보를 전파시킬 수 있는 것을 말하며, 민주성은 생산자와 불특정 다수의 소비자가 함께 참여해 정보를 만들고 소비를 함께 하는 일종의 프로슈머(prosumer)를 가리킨다.

45) 정보통신부가 국가정보화 전략으로 제안한 U-Korea사업(아래 표 참고)을 중심으로 2007년까지 유비쿼터스 네트워크 기반 구축을 위해 초고속 광대역 통신망과 차세대 모바일, 무선 LAN, IPv6 등의 기술을 기반으로 다양한 서비스와 애플리케이션을 제공하는 u플랫폼을 개발하고 있다. 자세한 내용은 전석호·김원제(2005), 유비쿼터스 사회와 방송, 커뮤니케이션북스, p.20을 참고.

〈표 2-9〉 정통부의 U-Korea 사업계획

| 전산화 단계 | 온라인화 단계 | 통합화 단계 | 유비쿼터스 단계 |
|---|---|---|---|
| 1980-1994년 | 1995-2002 | 2003-2007 | 2008년 이후 |
| DB구축 | 인터넷확산 | 채널 서비스통합 | 인간 사물 컴퓨터융합 |
| DB중심 | 컴퓨터중심 | 사람중심 | 사물 대 사물의 통신 |
| 개별적 서비스 | 온라인 서비스 | seamless 서비스 | 자율적 서비스 |
| 정보축적 | 정보확산 | 정보공유 / 지식확산 | 사물지능화 |
| 자동화 | 네트워크화 | 융합화 | 내재화 |

털콘텐츠화하는 기술플랫폼46)은 매년 업그레이드되어 향후 신문기업
의 콘텐츠 생산양식을 견인하는 변수가 되어버렸다. 디지털기술혁신
으로 구축된 뉴스룸의 통합아키텍처의 혁신은 다름 아닌 디지털융합
의 기술적 추동력의 결과이다.

　이같이 디지털융합에 따른 시장통합과 디지털기술의 진화는 신문
기업들의 생산조직체계를 <그림 2-5>와 같이 통합생산체계로 변화
시켜 가고 있다.

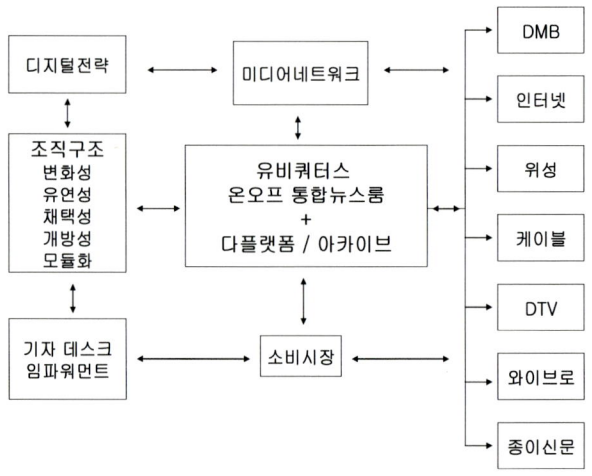

〈그림 2-5〉 디지털 통합생산체계 모형

---

46) 플랫폼은 변화하고 확장되고 진화한다. 플랫폼은 초기단계(initial) → 플
　 랫폼 확장(platform extension) → 플랫폼리뉴얼(platform renewal)의 과정
　 을 밟게 된다. 이 플랫폼은 또 반복적으로 사용할 수 있고 이를 통해
　 복잡성을 감소시키고 작업공정을 단순화한다. 이 외에 플랫폼은 '공동
　 의 자산'(common asset)이며 생산체계의 공유재적 성격을 갖는다. 이런
　 점에서 기술과 상품(신문사는 종이신문과 디지털콘텐츠가 해당된다) 사
　 이를 연계해 주는 브리지는 기술적 플랫폼이다.

디지털융합에 따라 신문기업은 더 이상 신문기업이 아닌 '정보콘텐츠 미디어그룹'으로서 모든 미디어 플랫폼에 적합한 정보콘텐츠를 생산 → 가공 → 변형 → 유통이라는 단계에 맞추어 디지털콘텐츠 상품을 만드는 통합생산체계로 전환해 가고 있다. 이 같은 아키텍처 혁신은 디지털콘텐츠 상품의 변화속도를 매우 빠르게 하고 시장요구에 맞는 신제품을 신속하게 만들어내는 일종의 엔진(engine)이 되었다.

그러한 점에서 신문기업의 통합생산체계 모형은 디지털융합이 추동하는 진화의 산물이다. 이같이 자산기반의 진화를 하는 특성을 갖고 있는 만큼 메이저그룹의 신문기업들은 이미 상당히 통합체계를 구축하고 있는 반면 마이너신문들은 열악한 자본력이나 인적 요소, 경영의 부재로 통합체계화로의 이행이 지체되고 있다.

디지털융합으로 통합된 디지털미디어시장은 신문기업의 생산조직체계를 변화시키고 있지만 신문기업별 조직체계나 조직문화, 인적 요인, 자본력 등의 복합적 요인에 의해 진화가 지체되는 이른바 시간지체(time lag of evolution)가 발생하고 있다.

이제 신문기업들은 부분적이나마 소비자와 생산자의 구분이 없어지는 디지털통합시장체계에서 유연한 콘텐츠 생산 및 유통의 통합조직체계를 구축하였다. 이는 뉴스콘텐츠를 다양한 형태로 변형 가공한 파생상품으로 부가가치를 높이는 '정보콘텐츠 생산 및 가공, 유통의 주체'로 나서고 있음을 의미한다.

이같이 신문기업의 CTS와 인터넷 웹 기반의 기술플랫폼의 통합아키텍처는 개별적으로 작동하던 신문기업의 하위생산체계를 모듈화하여 디지털 통합생산체계로 전환시켰다.

# 제 3 장

## 경영조직 가치체계
## 전환과 디지털조직화

# 1. 경영조직의 가치체계 전환

## 1) 가치체계 이동과 가치창출

디지털시대 신문기업도 뉴스정보를 수집 가공 분배하는 기업조직으로서 일반 기업체와 같이 경영의 합리성과 효율성을 실현해야 생존할 수 있다.[1] 이윤을 남겨야 하는 일반기업과는 달리 사회적 책임과 공익을 담보해야 하는 언론기관이라는 특수성격도 있어 신문기업 경영은 복잡성을 더한다. 하지만 디지털환경에서 신문기업이 생존하려

---

[1] 김영주(2005), 디지털시대 미디어기업의 경영전략, 한국언론재단 연구서 pp.45~49.

면 합리적 조직경영과 전략적 대응이 무엇보다 중요해졌다.

  디지털환경의 변화를 정확히 파악하고 조직적 차원에서 대응하려면 경영인뿐만 아니라 종사자들의 능동적 참여가 전제되어야 한다. 따라서 신문기업의 지속가능성에 영향을 미치는 내적, 외적 환경을 정확히 분석하고 적절한 장기목표를 설정하는 것이 필수적이다.

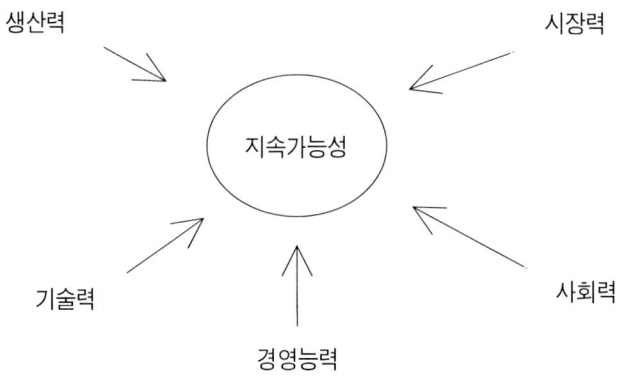

출처: Picard(2002), p.47

〈그림 3-1〉 미디어기업의 지속가능성에 영향을 미치는 요인들

  피커드(Picard, 2002)는 미디어기업의 지속가능성(sustainability)에 영향을 미치는 요인으로는 생산력(production force), 시장력(market force), 기술력(technical force), 사회적 요구(social force), 경영관리력(managerial force) 등 5개 요인을 들고 있다. 여기서 기술변화를 포함한 디지털미디어시장과 관련된 변화, 즉 소비자의 욕구변화와 수요, 광고시장의 변동, 신문기업의 자원기반, 시장의 변화에 대한 정확한 파악과 예측, 이에 대한 적절한 대응이 신문기업의 존립에 큰 영향을 미

친다. 피커드는 미디어기업의 경영에서 조직내부의 효율화와 외적 환경에 대한 신문기업 차원의 전략적 대응과 통제가 매우 중요하다는 함의를 주고 있다.

신문기업의 디지털화에 따른 변화가 가시화된 1990년대 초부터 각 신문기업별로 경영방식의 변화와 CTS와 같은 자동화된 정보처리 기술도입이 논의되었다. 즉 자본경쟁의 원리 속에서 생존하기 위해 시장지향적 저널리즘(market-driven journalism)의 경영방식을 적극 추구하기 시작하였고 이를 위해 신문제작과정의 디지털화를 추진해 왔다.

이에 따라 디지털미디어시장에 진입한 신문기업도 지속 가능한 새로운 가치사슬의 창출에 따라 변화하게 되었다. 광고시장 급락과 구독자 이탈로 위기를 맞은 신문기업으로서는 미래의 새로운 수익원이 될 디지털콘텐츠 시장에서 새로운 가치사슬체계를 구축하고 새로운 가치창출을 모색하고 있다.

포터(Poter, Michal.E, 1998)는 가치창출구조(value creation system)를 가치사슬(value chain)로 규정하였는데 여기서 가치사슬이란 기업이 제품을 설계, 생산, 판매, 지원하기 위하여 수행하는 기업의 프로세스 또는 일련의 활동을 지칭하는 것이었다.[2] 원래 포터가 제시한 가치사슬 모형은 디지털을 기반으로 하는 네트워크에 적용하기 어려운 개념

2) 경영학 분야에서 활용한 가치사슬이란 개념이 확장되었다. 보다 넓은 의미로 원재료 생산자 또는 부품 공급자로부터 완성된 제품의 최종사용자에 이르기까지 가치창출에 기여하는 모든 기업 내·외부의 활동으로 해석되고 있다. 기업이 속해 있는 산업전체의 가치창출 연결고리로 이해할 수 있다. 구체적인 내용은 최낙진(2001), '디지털시대 신문산업의 가치사슬 모형에 관한 연구', 「한국언론학보」 제45-3호, pp.388~480을 참고. Poter, Michael E.(1998), Competitive Advantage, NY: Free Press, p.33. 미디어 산업에 대한 가치사슬을 실증적으로 분석한 사례는 Picard, R.G(2000), "changing Business Model of Online Content Service", *The International Journal on Media Management*, Vol.2, No.2 pp.61~62를 참고.

이었으나, 현재는 정보통신발달로 인해 독자적 기업의 생존전략에서 보다 확장된 의미의 네트워크 기반 산업을 분석하는 틀로 활용되고 있다.

그런 점에서 디지털콘텐츠라는 최종상품을 생산 유통하게 된 신문기업에 가치사슬 구조의 체계화는 곧 네트워크 기반에 의존하는 것이다. 따라서 신문기업의 디지털콘텐츠 역시 멀티미디어산업의 가치사슬과 유사한 모형으로 진화하게 된다.

신문기업은 디지털이라는 기술적 속성의 관성에 편입되어 기존의 조직과는 다른 형태의 진화과정의 단계를 밟아나가고 있다. 미디어의 진화가 선형적 관계가 아니라 모포시스의 개념에서 보듯이 적소를 찾아 새로운 생태계를 찾아간다는 점을 보여주는 단면이다. <표 3-1>과 같이 디지털네트워크는 미디어의 새로운 생태계를 열어주는 가치창출의 창구이다.

〈표 3-1〉 디지털네트워크의 특성

| 구 분 | 내 용 |
|---|---|
| 가치생성의 원리 | 지식＋디지털기술＋상호작용＋상호연결＝수확체증의 원리 |
| 네트워크의 형태 | 상호연결을 통한 통합체계와 디지털화된 창구의 증가 |
| 네트워크의 경제활동 | 통합에 관한 제반 계약문제<br>생산과정의 핵심적 투입요소인 지식자본의 축적문제<br>시장거래에 있어 이용자 기반의 가격책정의 문제 |
| 비용과 수입의 원천 | 기술을 기반으로 한 네트워크 규모, 이용자 규모, 네트워크 용량 |
| 체계구조 | 상호작용성과 상호연결성을 바탕으로 수확체증의 원리를 극대화하는 방향으로 자기 스스로 진화하는 통합된 네트워크 체계 |

출처: 장용호(2004) p.15～44

이미 신문산업에서 디지털네트워크 효과는 이종매체 간의 합종연횡과 이를 통한 새로운 가치창출을 위한 네트워크 구축으로 가시화되고 있다. 미디어 간 상호 네트워크 구축은 신문기업의 새로운 가치사슬체계를 확장시키는 원천이 되었고, 이러한 가치사슬체계는 신문기업에 새 수익원이 창출될 것이란 기대감을 주어 점진적인 조직변화를 추동하게 하는 요인으로 작용하고 있다.

이에 따라 신문기업들은 시장선점을 통해 경쟁력을 확보하고 신문기업의 필요에 따른 전략적 제휴를 통해 새로운 가치를 창출하려는 시도를 하고 있다. 이러한 생산자들 간의 전략적인 수평적 제휴는 디지털네트워크를 바탕으로 새로운 가치사슬을 형성할 뿐만 아니라 기존의 가치사슬체계를 더욱 확장시킨다.[3]

신문기업의 새로운 가치사슬체계의 변화는 디지털미디어의 진화과정의 단면을 보여주고 있다. 즉 미디어가 아날로그방식에서 디지털로 기술이 발전함에 따라 다음과 같은 단계별로 변화하고 발전하는 과정을 거친다는 것이다.[4] 첫째, 아날로그 형태의 전통적인 미디어에서는 미디어회사와 수용자 사이의 계약에 의해서 미디어회사가 일방적으로 콘텐츠를 이용자에게 보내주는 푸시(Push) 방식이었다. 둘째, 일방성을 특징으로 하는 전통적인 미디어에서 양 방향성이 가능해진 빅미디어(big media)로 변화한다는 것이다. 셋째, 빅미디어에서 멀티미디어로 변화하는데 이 단계에서는 케이블과 위성고속전송, PVR,

---

3) 장용호(2004), "디지털환경과 기독교 공동체", 「기독교교육정보」 pp.15~44를 참고.

4) 게일 위플 IBM 글로벌서비스 부사장이 2004년 5월 6~7일 SBS 초청 '서울 디지털포럼'에 참석해 발표한 주제발표내용. 자세한 내용은 서울 디지털포럼(2004), <u>제3의 디지털혁명 컨버전스의 최전선,</u> 미래M&B, pp.200~207을 참고.

위성라디오 등 여러 가지 채널을 통해서 다양한 형태의 엔터테인먼트가 제공되는 특징이 있고, 넷째, 언제 어디서나 연결되는 보편적 미디어(pervasive media)의 단계로서 미디어와 수용자가 항상 온라인으로 연결되어 있는 단계이다.

디지털미디어로 진화하는 신문기업 생산체계도 네트워크 외부성과 연관된다. 즉 소비자의 수가 증가함에 따라 그 가치가 증가하는 네트워크 효과다. 다양한 창구로 디지털콘텐츠를 유통할 수로(水路)로서 소비의 상호의존성이 발생하고 그 상품에 대한 소비자의 지불의사는 높아진다. 그만큼 신문기업의 생산체계는 디지털이란 기술적 속성을 내재화할 수밖에 없게 된다.

이에 따라 신문기업들은 더 이상 종이신문 시장에 의존하지 않고 경험재인 디지털콘텐츠를 다양하게 유통시켜 소비자의 만족을 유도하고 자사의 새로운 상품에 대한 충성도를 이끌어내려는 전략을 선택하게 되었다.

디지털콘텐츠의 새로운 공급사슬체계의 구축은 신문기업의 새로운 가치사슬체계 창출과 직결된다는 점에서 새로운 가치창출(value creation)이 신문기업의 경영선택의 목표로 전환되었다.


## 2) 조직 외적 환경

방송통신의 융합과 인터넷의 성장은 신문시장은 물론 전체 미디어시장의 수용자와 광고시장을 분할해 가고 있다. GDP 대비 광고 지출이 급감하는 상황에서 뉴미디어와 온라인 영역의 점유율은 증가하고 있다. 인터넷의 확대로 인해 모든 콘텐츠가 미디어 영역의 경계를 넘나들며 공급 소비되고 있어 더 이상 인쇄미디어가 뉴스 공급의 유일한 원천은 아니다. 이미 한국인의 뉴스취득 경로가 신문과 방송에서 인터넷으로 변화하고 있다는 조사결과가 이를 입증하고 있다.5) 종이신문을 읽는 비율이 2001년에는 97%였으나 2004년에는 83%로 감소한 반면 인터넷신문을 읽는 사람은 2001년의 20%에서 40%로 증가했다.

더욱이 통신융합으로 새로운 미디어 사업자들이 시장에 진출하여 뉴스 소비시장이 통합되는 추세에서 포털의 운영과 영상콘텐츠 사업이 보다 우위에 있을 수밖에 없다. 영상과 이미지 중심의 사회는 신문, 문자 텍스트 중심의 미디어의 쇠락을 가속화하고 있다. 신규 DMB 시장이나 IPTV 등장은 기존의 광고 중심의 신문산업의 위기를 가속화시킬 것이 자명하다.

더구나 방송통신 인터넷 등 다른 미디어 사업자들의 진출과 경쟁이 첨예화되지만 신문 사업자의 방송시장 진출 등에 대한 진입규제는 여전히 지속되고 있는 상황이다. 성숙단계에 들어선 신문시장의 포화상태는 더 이상 신문기업이 기존의 종이신문 중심의 수익기반 구조로는 생존하기 어렵다는 사실을 말해 주고 있다. 게다가 신문사 간 독자확보를 위한 과열경쟁으로 촉발된 정부의 불공정거래에 대한 규제강화는 신문기업의 수익기반과 기존의 관행을 무의미하게 만들고 있다.

---

5) 인터넷광고 미디어랩인 나스미디어가 인터넷에서의 뉴스이용방식을 조사한 결과 응답자의 85.7%가 포털을 통해 뉴스를 얻고 있었고, 신문사 사이트를 이용하는 비율은 10.3%에 불과했다. 다음 네이버 야후 등 인터넷 포털 사이트는 매일 1만 여건의 뉴스를 편집해 내보내고 있다. 미디어다음의 하루 평균 뉴스 페이지뷰(page view)는 약 9000만 건에 달해 뉴스와 네티즌이 쌍방향으로 만나는 뉴스소비혁신이 이뤄지고 있다. 한국편집기자협회가 2005년 4월 22일~24일 개최한 '한국 신문산업의 위기와 미래의 과제'를 주제로 한 세미나 발제내용.

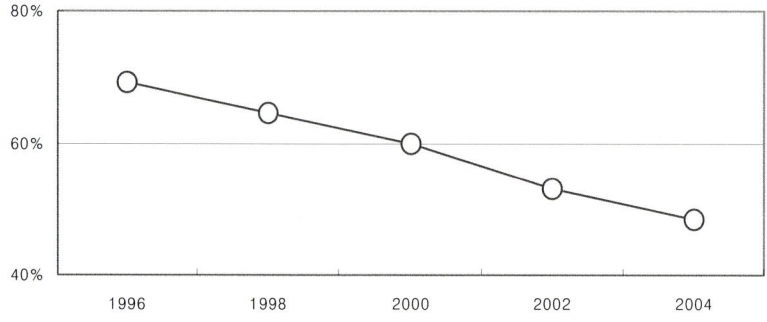

〈그림 3-2〉 연도별 신문 정기구독률 변화

이같이 다매체 다채널 시대 신문의 위기는 광고에 편중된 왜곡된 수익구조와 독자이탈에 따른 수익감소와 신뢰도의 하락으로 나타나고 있다. AC닐슨 코리아의 조사결과를 보면 2000년부터 2004년까지 전체 신문구독률이 57%에서 41%로, 열독률 역시 60%에서 43%로 급락하였다. 이 같은 추세는 지난 1996년 이후 10여 년간 지속적인 감소세를 나타내 신문위기를 단적으로 보여주고 있다.

〈표 3-2〉 4대 매체 광고비 매출액

| 연 도 | 신 문 | TV | 잡 지 | 라디오 |
|---|---|---|---|---|
| 1996년 | 23186 | 15873 | 2078 | 2117 |
| 1998년 | 13437 | 10261 | 1024 | 1372 |
| 2003년 | 18900 | 23671 | 5006 | 2751 |

2003년 이후 신문 잡지를 포함한 인쇄매체 광고시장은 독자의 이탈에 따라 급락세를 나타내는 등 미디어환경 변화의 징후를 뚜렷이 보여주고 있다. 조선일보는 2004년 한 해 광고매출이 총 2900억 원으로 불과 10억 원의 흑자를 내는 데 그쳤고, 중앙일보도 2800억 원이었던 2003년도 광고매출이 2004년에는 300억 줄어든 2500억 원으로 14%가량 급감했다. 경향신문과 한겨레신문은 2004년도 광고매출이 각각 600억, 360억 수준으로 전년도와 비슷한 수준을 유지하여 만성 적자를 벗어나지 못하였다.6)

이 같은 광고매출 급락과 독자이탈 가속화라는 외재적 위기상황은 신문기업의 생존전략의 선택을 불가피하게 만든다. 그러한 경영진의 선택은 새로운 수익원을 발굴하는 가치창출(value creation)이 될 수밖에 없게 되었다.

종이신문 기반의 신문기업만으로는 생존이 어렵다는 위기상황에서 경영차원의 최선의 전략적 대응은 디지털시장에서 기존의 자원을 기반으로 한 새로운 가치창출 메커니즘을 가동하는 것이다.


## 3) 조직 내적 원인

신문기업들은 과거에 독점적으로 누렸던 매체적 우위와 관성에 매몰되어 디지털변화를 신속하게 수용하는 조직의 유연성이 다른 기업보다 크게 떨어진다. 경영인은 물론 고위 간부들의 보수성은 새로운 발상과 마인드의 변화를 가져오지 못한 채 아직도 과거의 상황에서 벗어나지 못하고 있다. 포털이 새로운 대안 미디어로 급부상하고 방

---

6) 미디어오늘 2005년 1월 5일자 '2004년 언론사 매출 결산'을 참고.

송이 인터넷을 통해 수익구조를 창출하는 동안 신문기업들은 인터넷 사업에 가장 먼저 진출했음에도 오히려 경쟁력이 떨어져 '올드 미디어'화하는 퇴행성을 보여주었다.

> "신문이 당면한 위기를 극복하기 위해서는 '혁신' 이외엔 다른 방법이 없다. 그 혁신은 인적 혁신과 조직혁신, 자원분배의 혁신이 뒷받침되어야 한다. 현재의 신문 데스크는 폐쇄적이고 상명하달의 커뮤니케이션을 견지하고 있다. 뉴스룸의 제작환경을 보다 수평적이고 개방적으로 전환해야 한다."[7]

더구나 개별신문들의 논조나 지면의 차별화, 뉴스의 차별성이 떨어지고 있지만 과거 조직의 구조적 관성에 밀려 여전히 기존의 관행을 답습하고 있다. 고비용과 저효율의 기형적 구조는 생산성을 떨어뜨리고 뉴스의 획일성과 동질화를 끊임없이 재생산하는 원인이 되고 있다.

더구나 신문기업 조직이 생산하는 종이신문 등 제 상품들이 디지털패러다임에서 다양한 정보욕구나 서비스를 희구하는 수용자들을 만족시키지 못하고 있으면서도 과거 관성을 고수하여 조직내부의 혁신을 향해 방향을 제대로 틀지 못하고 있다.

> "조선일보가 변화에 대한 준비는 하면서도 메이저 중에서 먼저 치고 나갈 수 없는 이유가 바로 1등 신문이라는 개념이다. 자칫하면 1등을 놓칠 수 있다는 위기감이 변화의 발목을 잡다 보니 중앙일보에 선수를 놓친다.(중략) 조선일보는 제호를 못 버린다. 그러다 보니 모든 변화의 측면에서 조선은 뒤따라가는 형식이 되어버렸다. 그만큼 브랜드 효과에 아직 잠겨 있다는 것이다."(F차장)

---

7) 최진순(2005), '포털뉴스 집중의 의미와 과제', 한국노동사회연구소 주최 월례포럼 주제발표.

　　기자 등 구성원들은 디지털시대 다원화된 독자의 정보욕구를 수용
할 수 있고 디지털구조에 적합한 뉴스생산체계로 전환이 되어야 한
다는 당위성에는 모두 동의하고 있다. <표 3-3>에서 보듯이 기자와
데스크 등 종사자들도 신문기업 CEO의 전문성과 수익다각화, 비전
제시 등의 변화된 경영전략을 매우 중요하게 생각하고 있다.

〈표 3-3〉 CEO와 경영전략에 대한 인식

( 　 ): %

| 항　목 | 매우 그렇다 | 대체로 그렇다 | 보통 이다 | 별로 그렇지 않다 | 전혀 그렇지 않다 | 전　체 |
|---|---|---|---|---|---|---|
| CEO의 전문성이 중요하다 | 91 (43.8) | 106 (51.0) | 10 (4.8) | 1 (0.5) | — | 208 (100) |
| 편집국 변화의 비전이 필요하다 | 93 (44.7) | 108 (51.9) | 6 (2.9) | 1 (0.5) | — | 208 (100) |
| 신문사도 수익다각화를 해야 한다 | 97 (4.6) | 99 (47.6) | 10 (4.8) | 1 (0.5) | 1 (0.5) | 208 (100) |
| CEO의 뉴미디어 전략이 중요하다 | 105 (50.5) | 91 (43.8) | 10 (4.8) | 2 (1.0) | — | 208 (100) |
| 신문사의 투자능력이 필요하다 | 111 (53.4) | 86 (41.3) | 9 (4.3) | 2 (1.0) | — | 208 (100) |

　　CEO의 역할에 대한 기자나 데스크들의 변화에 대한 이 같은 인
식에도 불구하고 정작 CEO들의 변화의 시도는 그다지 성공하지 못
했다. 이는 편집국 내에 수십 년간 굳어진 조직체계와 관행이 CEO
들의 경영전략과 맞물려 돌아가지 않는다는 점을 보여주고 있다.
　　오히려 디지털환경에서 인터넷매체의 시장진입 비용이 급격히 낮
아지고 광고시장의 축소로 인해 신문기업 간 경쟁이 가열되는 무한
경쟁에서 신문기업들은 기존의 아날로그방식에 의한 생산의 효율성을

극대화하고 더 기능적으로 이를 작동시키려는 역설적 현상도 드러났다.

> "조직 내 수직적 구조는 정말 문제가 많다. 새로운 미디어환경 변화
> 에 능동적으로 변화해야 하는데 안 되는 게 문제다. 다른 것은 그래도
> 변하는데 정말 안 변하는 것이 이 수직적 체계에서 나온다."(H차장)

경영진은 물론 기자들도 생존을 위한 시스템 변화가 필요한 위기상
황임을 알고 있지만 메이저신문사들조차 독자충성도와 이에 기반을 둔
시장지배력을 상실하지 않으려는 기득권 유지의 관성을 갖고 있었다.

> "조선일보는 (조직혁신의) 아이디어가 있기는 하지만 1위이기 때문
> 에 겁나기도 하고……위험도 상당히 높고……실제로 조중동 라인에서
> 떨어져 나가면 완전 망하는 것 아니냐?"(B본부장)

신문기업들은 디지털환경의 다매체 다채널 시대에 독자들의 다양
한 정보욕구를 충족하고 이에 적합한 뉴스콘텐츠 생산체계를 구축하
려면 기존의 위계적 수직구조를 '수평적 분업체계'로 전환하는 것이
불가피하다는 평가를 하면서도 조직혁신을 제대로 하지 못하고 있다.
결국 디지털환경에 맞는 뉴스생산체계 변화를 요구받고 있지만 종
이신문 중심의 효율성에 기반을 둔 편집국의 관행, 그리고 변화의 불
확실성에 대한 부담이 조직변화의 걸림돌이 되고 있다고 볼 수 있다.

## 2. 경영선택과 디지털전략

### 1) 경영선택의 전환: 지식경영

종이신문 시장의 포화상태에 직면한 신문기업이 자사의 자원을 기반으로 수익창출을 하는 것은 무엇보다도 중요한 디지털시대의 경영전략이 되고 있다. 경영진은 물론 신문기업의 종사자들에게 새로운 가치창출은 생존을 위한 필수적 선택이다. 경영진 입장에서 새로운 가치창출은 오프라인 기반만이 아니라 디지털통합시장에서의 새로운 수익원 창출을 의미한다. 이에 따라 위기상황에 봉착한 신문기업을 혁신적으로 변화시켜서 새로운 가치창출을 하는 것에 최고의 경영전략의 가치를 둘 수밖에 없다.

경영전략은 CEO가 경영전략을 선택하는 복합적인 '선택경영의 과정' (process of selection management)으로 가시화된다. 다시 말해 경영 측면에서 시장통합 변화에 능동적으로 대응하는 동시에 어떤 생산조직 형태가 새로운 가치증대 시스템인지 여부가 가장 중요한 경영선택의 기준이 될 수밖에 없다. 결국 이러한 경영선택은 종이신문 위주의 조직자원을 기반으로 부가가치를 최대화하는 가치창출에 목적을 두는 것이다.

그런 점에서 신문기업의 CEO는 디지털화가 추동하는 시장통합을 기반으로 부가가치를 창출하는 유연한 조직으로 리모델링하는 관점을 가질 수밖에 없다. 디지털화로 인해 개별 미디어가 통합시장에 편입되어 동일한 기술플랫폼 기반에서 생산되는 콘텐츠와 여타 서비스를 유통시키고 거래, 소비하는 데 가장 적합한 경영조직 모형을 추구하게 될 것이다.

이미 1990년대 초부터 신문기업들은 디지털정보기술의 도입에 따라 경영과 조직혁신을 부단히 시도해 왔다. 대표적인 지배기업인 조선일보는 1993년 신문기업의 환경 변화를 고객욕구의 고도화와 신문산업의 고도화 경쟁, 전세계적인 정보화 사회로의 이행압력 등 3가지로 이미 인식하였다.[8]

> "제2의 경영혁신 바람이 언론계에 불어 닥치고 있다. 지난 1994년 중앙일보의 조간화를 기점으로 언론계에 유행병처럼 번졌던 경영혁신 물결이 최근 다시 수면 위로 떠오르고 있다. (중략) 이들 신문들은 중앙일보의 조간화 이후 신문경쟁의 판도가 다소간의 변화움직임을 보이고 있다는 판단 아래 사업다각화 등 경영전략 수립에 부심하고 있다. 경영진 직속의 개혁 기구를 가동하고 독자들에 대한 설문조사 등 '자구노력'이 구체적으로 진행되고 있다"(미디어오늘 1996년 7월 24일자 참고)

이같이 신문기업들은 1990년대 초부터 기존 조직을 외부 환경을 탄력적으로 수용하는 유연한 조직으로 전환시키려는 노력을 기울여 왔다. 신문기업들은 '달라져야 한다'는 경영모토 아래 내부변혁과 새로운 경영전략을 주도적으로 전개해 왔다. 1990년대 중반 종이신문만이 아닌 새로운 디지털시장의 도래에 따른 대응차원의 전략수립과 내부혁신을 추진하였다.

특히 인터넷의 상용화에 따라 신문기업들은 기존의 종이신문 위주의 조직을 더 이상 신문제작에만 머물게 하지 않고 조직전체를 '종합정보산업'으로 이행시키기 위해 조직변화를 독려하기 시작하였다.

종합정보산업은 곧 통합시스템화를 지향하는 것을 의미하였다. 통

---

8) 김효근 · 이진광(1993), "정보기술의 도입과 조직변신전략: 조선일보사의 CHORUS CTS 사례", 한국경영정보학회 주최 춘계 학술대회 논문집, pp.367~368.

합시스템화는 정보를 공유하고 업무의 효율성을 높이는 지식경영(kno-wledge management)의 한 차원이며, 지식경영은 지식관리체계의 일환으로 볼 수 있다.[9] 빌게이츠는 디지털신경망(digital nervous system)을 도입해서 기업의 정보유통시스템을 인간의 신경계와 유사한 디지털 네트워크로 전환해야 한다고 지적했다. 여기서 디지털신경망이란 디지털의 급격한 변화의 속도에 맞추려면 인간이 '생각'하는 속도로 정보를 처리할 수 있어야 한다는 것이다.

신문기업에서 대표적으로 지식경영을 추진하는 동아일보는 지난 2002년 4월 지식경영을 공식적으로 선언하고 지식역량을 강화하는 경영혁신을 하고 있다. 지식경영은 조직구성원 개개인의 지식이나 경험, 노하우 등을 발굴해 전사적 차원의 핵심지식으로 공유하고 업무에 활용해 조직의 핵심역량을 강화하는 경영혁신이었다.[10]

---

9) 빌 게이츠는 지식관리란 차세대 그룹웨어를 의미한다고 지적했다. 즉 사업목표 및 그 과정을 위해 정보를 공유할 필요성을 인식하면서 시작되는 지식관리이다. 다시 말해 지식관리는 정보를 필요로 하는 사람들에게 올바른 정보를 제공해서 신속하게 대처할 수 있도록 도와주는 '정보 흐름의 관리' 이상도 이하도 아니라는 것이다. 이는 네트워크 사회에서 기업의 자원기반의 네트워크 외부성을 확대하는 방안이다. William H. Gate Ⅲ(1999), Business@The Speed of Thought: Using a Digital Nervous System, NY: Warner Books. 안진환 역(2000), 빌게이츠@생각의 속도, 청림출판, pp.284~285.

10) 동아일보는 지식경영의 핵심역량으로서 동아DNA, '노우웨어'(know-where), 시장지식(market knowledge) 등 3대 분야를 설정하였다. 동아DNA는 비판정신과 승부근성, 휴머니즘 혁신의 정신이며 노우웨어는 취재원 발굴과 전문가적 통찰력, 그리고 시장지식은 트렌드 변화를 읽어내고 독자의 정보욕구 변화를 간파해 콘텐츠의 창의적 기획과 혁신이 가능하도록 하는 것이다. 황용석(2003) pp.90~101의 이원재 기자의 '동아일보 지식경영 사례' 기고를 참고.

〈표 3-4〉 신문기업 CEO의 경영목표

| 신문사 | CEO가 제시한 경영목표 | |
|---|---|---|
| | 2004년 신년사 | 2005년 신년사 |
| 조선일보 | 자유민주주의와 시장경제 원리<br>1등 신문이 아닌 최고신문 지향<br>진보와 보수, 연령 구분 없는<br>인재의 확충 | 1등 신문경쟁력<br>기사품질과 신뢰도<br>범용저널리즘 추방<br>전문기자 시스템<br>경영과 재정의 안정 |
| 중앙일보 | 기사의 질의 업그레이드<br>지면차별화가 경쟁력 확보대안<br>전 매체와 경쟁에서 이긴다.<br>중앙일보는 명품백화점<br>판매 광고의 선진화<br>중앙미디어네트워크 구축 | 신문의 공정성과 객관성<br>글로벌 스탠더드 의사결정<br>변화로 위기상황 극복<br>변화핵심은 사주 아닌 독자만족<br>조직목표는 일류신문<br>광고마케팅 관행탈피와 체계화 |
| 동아일보 | 무형의 지적재산과 콘텐츠 투자<br>양강체제 구축 흑자경영실현<br>고객주의 최고품질 신뢰<br>맞춤형 마케팅<br>시설인프라 확충 | 변화 선도하는 미디어<br>고정관념의 탈피<br>독자의 신뢰<br>뉴미디어 R&D 거점화<br>통신방송신문 연결하는 미디어<br>인재육성 |
| 한겨레신문 | 내부혁신 통한 환경 변화에<br>능동적 대처<br>조직구조 혁신<br>온라인네트워크 및 영향력 확대<br>원소스 멀티유즈의 수익다각화<br>신사업과 수익모델 개발 | 제2의 창간 선언<br>권력에 대한 견제<br>공정성과 신뢰성 재확립<br>미디어환경 변화 대응<br>인터넷과 방송의 수렴<br>입체적 매체화 지향 |

출처: 신문사별 사보 2004, 2005년 1월호 내용 요약

　　디지털환경의 변화와 신문시장의 위기적 상황을 극복하려는 신문기업들의 변화의 의지는 <표 3-4>과 같이 CEO들의 신년사에 잘 드러나 있다. CEO신년사는 공통적으로 미디어환경 변화에 따른 위기상황을 극복하기 위해 내부 혁신과 변화를 요구하고 있음을 알 수 있다.

신문기업의 선택경영은 기존의 신문의 신뢰와 공정성을 높여서 독자이탈을 막는 동시에 디지털환경에 적극 적응하고 변화를 위한 관행의 타파를 강조하고 있다. 이와 같은 CEO들의 위기극복과 변화에 대한 적응(adaptation)은 지배기업이나 한계기업을 가릴 것 없이 전체 신문기업의 과제가 되었다.

여기에서 보듯이 CEO들은 디지털환경에서 가치창출에 매우 중요한 목표를 제시하였음을 알 수 있다. 매년 신년사에서는 메이저그룹이나 마이너그룹 모두 공통적으로 디지털환경에 적극 대응하려는 생존의 전략이 갈수록 강조되고 있다.

## 2) 신문기업의 변신 : 종합미디어그룹

앞에서 보았듯이 신문기업들은 대부분 디지털환경의 변화에 적극 대처하는 차원에서 '정보콘텐츠 미디어그룹'으로 조직변화의 방향을 설정하고 있다. 신문기업 CEO의 경영태도에 대한 기자들의 평가는 역시 차이가 없었다. 신문기업의 생산시스템이 디지털과정으로 전환되었고, 신문기업의 최종상품 역시 디지털콘텐츠라는 점, 그리고 뉴스정보를 가장 광범위하게 효율적으로 생산하는 뉴스공급원이라는 점에서 정보콘텐츠 미디어그룹은 신문기업 조직변화의 미래 방향성을 보여준다.

"조선일보는 2005년 3월 향후 5년간 미디어의 판 자체가 근본적으로 바뀔 것으로 예측하고 다각화와 복합화를 추진하는 '2020비전'을 선포했다. 2020비전은 '통합미디어자산관리그룹'을 중심축으로 하고 조선일보를 미디어센터(center) 또는 미디어허브(Hub), 미디어코어(core)라는 복합적 개념을 모두 포괄하는 '미디어중심'이란 가치를 확정했다. 즉 신문뿐 아니라 동영상을 포함한 멀티미디어 콘텐츠의 생산역량을 갖추고 복수의 미디어채널을 확보해서 다양한 콘텐츠를 신문을 비롯한 텍스트 언어 영상 플랫폼 등의 다양한 미디어 채널로 구현하는 통합미디어자산관리그룹(The Chosunilbo Consolidated Media−asset−management Group)으로 목표를 설정했다. 조선일보는 뉴미디어 랩이 '2020 비전' 실현의 첫걸음이라며 향후 '프리미엄 저널리즘'을 바탕으로 다매체−다각화 전략을 추진해 다양한 매체와 지식정보 사업군을 균형 있게 포괄하는 우량 기업군이 될 것이라고 밝혔다"(조선일보 사보 2005년 3월 4일자)

"조선일보 방상훈 사장은 창간 85주년 기념사에서 조직의 유연성, 수평적 구조, 조직의 개방성, 관행의 파괴 등 4가지를 조선일보 조직의 변화의 방향성으로 제시했다. 조선일보가 이제 상명하복으로 만들어지던 시대는 지났다. 분명하게 '노'(No)라고 말할 수 있는 사람이 적어도 20%는 있어야 건강하다. 자기논리를 갖고 분명하게 노라고 말할 수 있는 유연한 조직으로 탈바꿈해야 한다. 후배들은 주저 없이 자신의 생각과 아이디어를 이야기할 수 있어야 하고 수평적인 문화가 자리잡아야 한다. (중략) 조선일보는 열린 신문이 되어야 한다. 현장을 뛰는 기자 여러분도 그동안의 취재관행을 과감하게 버리고 동선(動線)을 과감하게 바꿔야 한다"(조선일보 사보 2005년 3월 5일자)

"(중앙일보) 경영진은 종합미디어그룹을 지향하는 것 같다. 현재 인원 800명을 500여 명으로 줄인다고 하는데 신문을 여러 미디어 중의 하나로 생각하는 것 같다. 발행부수도 80만 부 정도로 하되 워싱턴포스트와 같은 퀄리티페이퍼(quality paper)를 내겠다는 것이다. 경영진의 말을 들어보면 결국 동영상을 제작해 방송을 하겠다는 말이다. 신문은 최소한의 미디어로 간다는 이야기다"(중앙일보 N기자 인터뷰 내용)

　　"충정로 사옥은 동아미디어그룹의 명실상부한 뉴미디어콘텐츠 연구개
발(R ＆ D) 거점으로 바뀔 것입니다. 동아일보의 뉴스 및 지적 자산을
다양한 형태의 디지털콘텐츠로 개발해 미디어 성장 동력을 강화할 것입
니다. 또한 멀티미디어 콘텐츠 제작이 가능한 동영상 스튜디오와 제작개
발시스템을 갖출 것입니다. 이미 각 국실들은 변화와 혁신을 위한 구체
적인 실천을 시작했습니다."(동아일보 김학준 사장 창간 85주년 기념사)

　　이같이 디지털화가 진행될수록 신문기업들은 뉴스정보생산시스템
에 기반을 두고 디지털콘텐츠 생산능력을 얼마나 기능적으로 구축하고
시장의 수요를 탄력적으로 수용하여 가치창출을 위한 수익모델을 구
축하느냐를 향후 생존과제로 확신하고 있음을 알 수 있다.

　　조선 중앙 동아일보 등 신문기업들이 밝힌 '정보콘텐츠서비스 회사'
는 자사의 디지털콘텐츠 상품의 질이 시장에서 높은 평가를 받을 경우
어느 미디어 플랫폼이든 쉽게 유통되도록 하는 허브(Hub)개념이다. 따
라서 향후 신문기업의 혁신은 양질의 '뉴스정보콘텐츠'를 생산하는 통
합생산체계의 구축에 달려 있다.

　　신문기업들은 소비자와 생산자의 구분이 없어지는 디지털콘텐츠 소
비시장에서 정보콘텐츠 생산 및 가공, 유통의 주체로서 경영혁신을 시
도해 가고 있다. 이 같은 신문기업의 경영전략의 변화는 신문시장에
국한되었던 시장우위를 디지털정보재가 유통되는 신경제 체제하의
새로운 시장에서 장기적으로 유지 가능한 경쟁우위를 갖도록 조직전
환을 하겠다는 의지로 해석할 수 있다.

　　신문기업의 디지털화는 결국 종이신문에 게재하던 뉴스정보를 내부
가공변형 과정을 거쳐 디지털미디어의 플랫폼에 적합한 콘텐츠로 유
통시켜 수익원을 찾는 '종합뉴스정보 생산기지화'를 앞당기고 있다.

　　이러한 신문기업의 변화를 요약해 볼 때 종합정보산업으로의 이행

이라는 유사한 목표를 가진 신문기업들은 소비시장의 융합에 따른 동일상품을 갖고 치열한 각축전을 벌일 수밖에 없으며 결국 언론사 중 소수는 거대 종합정보산업체로 정리되고 자본력이 약한 신문기업들은 지금보다 전문적인 정보제공업체(CP)로 변화할 것이라는 전망이 설득력을 얻고 있다.[11] 그럴 경우 지배기업과 한계기업으로 이분화된 신문기업군은 디지털화에 따라 다양한 플랫폼에 맞는 뉴스정보를 대량 생산하는 종합정보미디어그룹과 CP형태의 정보제공기업으로 극명하게 구분될 가능성이 높아졌다.


## 3. 경영선택과 뉴스룸 조직체계


### 1) 뉴스룸 조직과 혁신

신문기업들은 지난 10년간 아날로그 위주의 뉴스생산방식을 디지털환경에 적합한 뉴스룸으로 전환하기 위한 노력을 기울여 왔다. 하루가 멀다 하고 조직개편을 단행하고 새로운 시스템의 이식을 위한 외부컨설팅이나 TF구성을 통한 변화를 시도해 왔다.

조선일보 등 중앙일간지들은 1995년 디지털환경에 적용하고 수익성을 담보하기 위해 신문기업 조직 전체와 뉴스룸을 혁신의 대상으로 삼았다. 이에 따라 팀제로의 조직개편과 인센티브제 도입, 간부들

---

11) 강상현(1999), '다매체·다채널' 언론의 새 구조, 「관훈저널」 73호. pp.13~24를 참고.

의 현장 전진배치, 명예퇴직 등의 변화가 가속화되었고 연공서열을 파괴하기 위한 노력들이 가시화되었다.[12)

디지털패러다임이 본격화된 1990년대 중반 국내 신문기업들은 서구형 뉴스룸과 유사한 모델을 국내 신문기업의 생산체계에 이식하거나 최소한 접목시키려 해왔다. 대표적인 조직체계 개편 시도로 팀제와 전문기자제, 에디터제 등을 들 수 있다.

## (1) 서구형 에디터제

서구형 에디터제(Editor System)는 국내 신문사들에는 뉴스룸 조직변화의 상징성을 갖고 있다. 그만큼 현행 뉴스생산체계의 구조적 문제점을 해결하고 디지털패러다임에 적합한 혁신적 방안이라는 평가를 받았다.

경향신문은 1996년 9월 팀장과 편집장제 신설을 골자로 한 에디터제를 도입해서 변형된 형태로 운용하면서 신문사 조직의 혁신여부가 큰 관심사로 떠올랐다.[13) 편집장은 한 명의 편집국장의 임무를

---

12) 1995년은 주요 신문사들이 뉴미디어사업에 뛰어들면서 원소스 멀티유즈의 개념을 뉴스룸 구조에 적용하려 시도했다. 신문과 방송 모두 뉴스룸에 '혁신'(innovation) 개념을 적용하기 시작해서 뉴스생산주체인 편집국과 보도국을 제외한 관리부문은 모두 팀제로 전환했고, 고용형태로 연봉제, 계약직으로 전환해 인센티브제와 명예퇴직을 시도하는 이른바 경영혁신을 시도했다. 조선일보는 1995년을 '종합정보산업 원년'으로 설정했고 중앙일보 역시 신년사에서 종합정보산업으로의 발전을 선언했다.(미디어오늘 1996년 2월 16일자 참고)

13) 경향신문은 당시 서구형 에디터제를 도입한 편집장제도를 통해 부제가 아닌 팀제로 운용하는 방안을 발표했다. 하지만 에디터제는 완전한 팀제가 아니라 부제를 절충한 형태로서 속보성이 강한 부서인 정치 경제 국제부는 부로서 존재시키고 부장 지휘를 갖추도록 하는 구조였다. 경향은 이러한 조직혁신을 통해 연공서열 파괴와 수시인사체제를 갖추도록 하고 팀장의 인사고과권을 강화시켜 팀장이 1차 고과권, 편집장이 2차 고과권을 행사해 편집장이 이를 추인하는 형식이었다. 미디어오늘 1996년

분권화시킨 소(小)편집국장의 역할을 맡는 것이었다. 이러한 모델에 따라 경향은 당시 편집국 전체를 종합 편집장, 정치경제국 편집장, 사회 편집장, 문화체육 편집장, 기획심의 편집장, 미술그래픽 편집장 등 6개 소그룹으로 분류하고 각 편집장에게 종래 부장 역할보다 강화된 결정권한을 부여하는 새로운 모델을 제시했다. 그러나 경향신문은 에디터제를 결국 포기하였다.

국민일보도 2005년 1월 에디터제를 중심으로 창사 이후 최대 규모로 디지털환경에 맞는 대대적인 조직개편을 단행했으나 9개월간 시행착오를 거듭하다 종전체계로 환원하였다. 국민일보 중장기발전위원회는 에디터제 도입 당시 조직개편의 충격을 최소화한다는 차원에서 팀제 대신 부제(部制)를 유지하여 편집국장 아래 2~3개 부를 통괄하는 에디터 6명과 편집국장 직속의 국차장을 신설했다.[14]

에디터제를 골자로 한 조직개편은 기자와 데스크 등의 강력한 내

---

9월 25일자 참고.

14) 국민일보는 2004년 8월 TF팀인 중장기발전위원회를 구성해 4개월간 디지털환경에 맞는 조직개편안과 수익모델 구축을 시도했다. 당초 중장기발전위원회는 부사장 직속으로 뉴스룸, e비즈니스, 미션 등 5개 분과로 나누어 국내 언론사 중 최초로 대기업이 도입한 디지털조직 개편안을 성안하였다. 다음은 에디터제 뉴스룸 조직개편안이다.

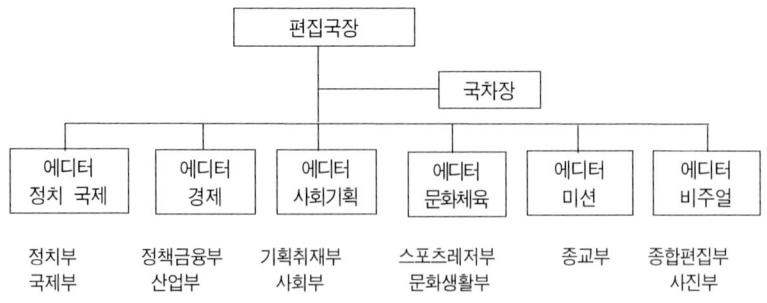

〈그림 3-3〉 국민일보 에디터제 조직도

부의 반발에 직면해서 어렵게 운영되다가 시행 9개월 만에 1인 편집국장-3인 부국장-각부장의 수직적 위계구조로 환원되었다. 시행 당시 에디터와 각 팀 간의 유기적인 협조관계를 구축하려던 시도는 조직 동요를 우려한 나머지 부제를 그대로 존속시키는 일종의 '변형된 구조'를 그대로 남겨놓아 부장과 에디터 간의 갈등구조를 재생산하는 부작용을 낳았다.

국민일보는 1998년에도 미국의 컨설팅사에 용역 의뢰해 얻은 결과를 토대로 '종합정보미디어그룹'을 구축하여 디지털조직 개편을 시도했으나 역시 내부의 조직적 반발로 시행하지 못했다.

당시 넥스트미디어그룹의 일환이었던 국민일보는 허브시스템(Hub System)을 도입해 '국민미디어'를 허브로 설정하고 종이신문인 국민일보와 인터넷국민일보 등 온라인뉴스, 잡지, 케이블TV 등 이종매체를 통합하는 종합미디어그룹의 모델을 만들었다. 특히 국민일보와 스포츠투데이라는 2개의 종이신문을 디지털콘텐츠를 생산하는 허브 기지로 삼아 케이블인 N-TV(현 현대방송), TV가이드와 월간 엘르(Elle) 등 출판잡지, 인터넷뉴스팀, CTS지원, DB팀 등의 조직 등으로 분사하였으나 미완에 그쳤다.

조선일보는 2004년 11월 디지털환경에 맞는 조직개편을 천명하고 TF팀을 구성한 뒤 조직개편안으로 서구형 에디터제를 마련했으나 시행을 유보하였다.[15] 조선일보가 채택한 에디터제는 경향신문이나

---

15) 조선일보는 2004년 7월 미국계 경영컨설팅회사인 부즈앨런&해밀턴(Booz Allen Hamilton)과 계약을 맺고 조선일보 조직전반에 걸친 컨설팅을 실시했다. 조선일보는 당시 편집국을 미래형으로 그리기 위한 TF팀을 구성하고 편집국 각부에서 1명씩 12명을 배치하여 편집국 조직과 공간배치를 개편하는 방안을 마련했다. TF팀은 그해 9월부터 11월까지 3개월여간 TF팀을 구성해 뉴욕타임스와 워싱턴포스트 등 미국의 대표적인 언론사의 인사시스템이나 뉴스룸 조직, 디지털 제작 시스템을 연구해

중앙일보에서 도입했던 조직형태와 유사한 서구형 뉴스룸 시스템이었다.16)

연공서열을 파괴하고 팀제로 운영하는 수평적 구조를 골자로 한 조선일보의 에디터제 중심의 조직개편안은 편집국장 아래 리라이터(rewriter)인 스태프라이터(staff writer)와 캡처(capture)를 두고 에디터 밑에 부(部)가 아닌 몇 개의 팀을 묶어 배치하는 조직형태였다. 캡처는 연합뉴스 등을 종합 정리하며 시시각각 주요기사의 흐름을 파악하고 각 팀으로부터 기사재료를 모아 정리한 뒤 스태프라이터에게 넘겨주는 역할을 담당했다. 편집기자 역시 일반취재부서에 배속시켰다.

그동안 외부인의 출입이 차단된 밀실형태의 회의실에서 이뤄진 편집회의도 개방형 회의로 전환하고 회의실 상단에는 대형모니터를 설

---

경영진에게 '뉴조선미디어리포트'라는 최종 보고서를 제출했다. 그러나 2005년 3월 에디터제 도입을 포기하는 대신 기존의 부제를 부분적으로 조정하는 조직개편을 단행했다.(조선일보 편집담당 간부의 인터뷰 내용과 조선노보 2004년 7월 2일자 참고)
16) 조선일보 TF팀이 마련한 에디터제는 워싱턴포스트나 뉴욕타임스의 뉴스룸 모델을 그대로 국내 신문사에 이식하는 방식이었다. 하지만 복수가 아닌 1인 편집국장의 지휘 아래 5명의 에디터를 두는 형태는 다른 신문사가 구상한 에디터제와 유사하지만 스태프라이터와 캡처를 둔 것이 차별성을 갖는 것이었다.

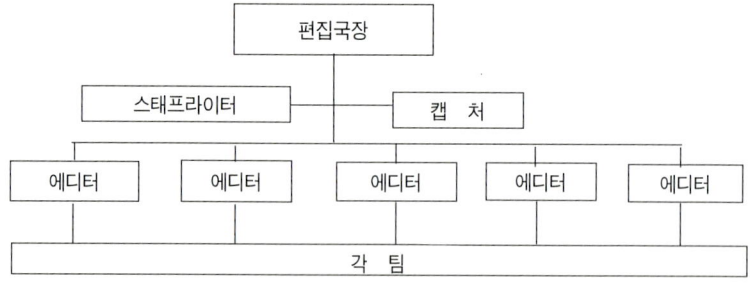

〈그림 3-4〉 조선일보 에디터제 조직도

치해 에디터는 물론 팀장이나 심지어 팀원들이 실시간 바뀌는 뉴스흐름을 신속하게 파악하도록 했다. 서열파괴와 편집회의 폐쇄성을 완화하기 위해 이른바 '콜 컨퍼런스'(call conference)를 도입해 연차가 낮은 평기자들도 회의에 참여해서 특정뉴스에 대한 자신의 입장이나 의견을 내도록 하고 회의흐름을 파악해서 현장 취재 시 이를 반영토록 하는 개방형 회의시스템이었다.

중앙일보는 2005년 라이팅에디터(writing editor)라는 변형된 형태의 에디터제로 돌아서 사실상 '에디터＝데스킹'의 역할로 국한시켰다가 다시 팀제 중심의 변형된 유형의 에디터제를 시행하였다.

초기에 중앙일보도 서구형 에디터제에 대한 제도적 효용성은 높게 평가하지만 조선일보나 경향신문과 같이 내부 반발에 부딪히면서 조직 내 갈등이 커지자 에디터제를 편집부서에 국한해 적용하였다. 이에 따라 에디터제를 라이팅에디터제로 변화시킨 '변형 에디터제'를 시행하며 다시 국장 중심으로 편집국을 운영하였다. 다만 라이팅에디터는 유지하여 1~3면의 주요 면에 한해 현장경험이 많은 대기자나 전문기자 출신의 라이팅에디터를 배치해서 기자들의 기사 쓰기를 돕는 제한적 역할자로 축소했다. 에디터 아래에 있던 편집기능을 지면중심으로 묶어 디자인연구소로 역할을 넘기면서 에디터란 직책을 없애고 기존 부국장 체제로 환원하였다.[17]

그러나 중앙일보는 디지털패러다임에 국장－부장중심체제가 부적절하다고 판단해 2005년 7월 에디터제를 재시행하였다. 이는 에디터제가 시행 후에도 뉴스룸에 이식이 되지 않자 환원했다가 과도기 적응기간을 거쳐 5년여 만에 다시 에디터중심의 새 뉴스룸 조직을 재출범시키는 진화의 우회현상이다.

---

17) '신문사 편집국 시스템이 달라지고 있다', 미디어오늘 2005년 4월 6일자.

## (2) 인력의 모듈화: 팀제

팀제는 조직의 효율성과 수평적 협업체계를 구축하는 조직모듈화의 최소단위가 된다. 중앙일간지들은 1995년을 전후로 인터넷신문의 유연한 생산방식을 도입하기 위해서 팀제를 도입하였다가 효율성이 없다는 이유로 포기하거나 현재는 부분적으로만 운용하고 있다.

당초 팀제란 소수의 기자들이 하나의 소집단으로 구성되어 사회의 주요한 주제나 이슈별로 취재를 하는 제도다.[18] 부서 중심의 취재가 안정적인 대신 현실변화에 대처하기 어려운 반면 주제와 이슈중심의 취재는 고정적인 틀이 없어 현실변화에 대처하는 유리한 방식이다. 따라서 전자가 기성의 틀에 안주하는 제도라면 후자는 현실변화에 민감한 취재시스템이다. 이러한 장점에 비해 출입처제도보다 기자의 수가 더 필요하기 때문에 비용이 더 많이 든다는 문제를 안고 있다.

1995년 조선일보 한겨레신문 중앙일보 경향신문 등 각 신문사에서 경쟁적으로 팀제를 도입했으나 얼마 지나지 않아서 아날로그 생산방식의 기반이었던 편집국장-부장의 위계적 수직구조 체제로 환원해 버렸다.[19]

조선일보는 1995년 1월 편집국 조직개편 당시 18부 1실이었던 편집국을 11부 1실 42개 팀으로 통폐합하고 1년여 만에 다시 원래 조직으로 돌아갔다. 중앙일보가 1996년 10월 부제로 돌아간 것을 비롯해 한겨레신문 문화일보, 경향신문도 비슷한 시기에 팀제를 경쟁적

---

18) 관훈클럽(2002), '한국언론의 현황과 제 문제', 한국언론보고서.
   http://kwanhun.com/report/을 참고.

19) 1995년 이전에도 사건팀, 법조팀, 정당팀 등 일부 팀제는 운용되었다. 하지만 이 같은 팀제는 디지털환경에 적합성을 갖도록 하기 위한 조직개편의 차원이 아니라 부서 내에 자연스럽게 형성된 것이어서 본 연구에서 정의하는 엄격한 의미의 팀은 아니다.

으로 도입했으나 역시 성공을 거두지 못했다. 1995년 2월 편집국 조직을 팀제로 전면 개편했던 국민일보 역시 불과 두 달여 만에 부제로 돌아갔다. 당시 편집국장 아래 기획취재단을 신설하고 9개 부서에 38개 팀을 두었으나 인력부족과 내부 반발에 부딪혀 팀제를 주축으로 한 '혁신적인 서구형 뉴스룸'모델 도입은 무산되었다.[20]

이와 같이 T1 시점에서 도입되었던 팀제는 외부 환경에 탄력적으로 대응하면서 이슈중심으로 사건이나 정책을 종합적이고 심층적으로 취재할 수 있도록 하고 이 중에서 특정분야를 집중 보도하도록 함으로써 부서 간의 벽을 낮추고 협력관계를 조성하여 다원적 취재시스템을 구축하는 데 목적을 두었다.[21]

〈표 3-5〉 신문사 팀제 초기 도입 현황(1995년)

| 조선일보<br>(42개 팀) | 편집부: 편집 4개 팀<br>정치부: 정당팀 등 4개 팀<br>경제과학부: 산업팀 등 7개 팀<br>스포츠레저부: 스포츠팀 등 3개 팀 | 사회부: 법조팀 등 9개 팀<br>문화부: 매스미디어팀 등 6개 팀<br>전자뉴스팀(뉴미디어연구소)<br>편집미술팀(편집국장 직속) |
|---|---|---|
| 한겨레신문<br>(28개 팀) | 편집부: 편집 6개 팀<br>정치부: 정당팀 등 2개 팀<br>경제부: 생활경제팀 등 3개 팀<br>민권사회1부: 법조팀 등 3개 팀<br>민권사회2부: 환경팀 등 2개 팀<br>문화부: 출판학술팀 등 3개 팀 | 여론매체부: 미디어팀<br>국제부: 기획특집팀 등 2개 팀<br>생활과학부: 과학정보팀 2개 팀<br>체육부: 기획취재팀 조사자료팀<br>뉴미디어팀(뉴미디어국 산하) |

20) 국민일보 노보 1995년 2월 24일자 참고.
21) 삼성그룹은 1985년 국내에서 가장 먼저 팀제를 도입했다. 팀제 도입배경은 '피라미드 관료조직의 타파'와 '전문가 시대에 대한 대비' 등 2가지로 요약된다. 당시 팀제의 강점은 정보교류의 활성화와 의사결정의 신속화로서 전략을 수립하는 사람과 실행하는 사람, 그리고 이를 지원하는 사람을 한 부서로 묶어 줌으로써 정보교류를 원활하게 하고 결재단계를 단순화함으로써 의사결정 시간을 대폭 줄였다. 삼성그룹이 팀제를 도입한 뒤 다른 기업들에 팀제가 확산되면서 마침내 무한경쟁국면을 맞았던 언론계에도 조직개편이 불었다. 손석춘(1997), pp.92~96을 참고.

| 중앙일보<br>(8개 팀) | 정치부: 북한팀<br>사회부: 교육팀<br>경제부: 부동산팀<br>산업부: 자동차팀 | 과학기술부: 뉴디미어팀<br>문화부: 대중문화팀<br>체육레저부: 레저팀<br>편집지원팀 |
|---|---|---|
| 경향신문<br>(24개 팀) | 정치부: 정당팀 등 3개 팀<br>경제1부: 생활과학팀 등 3개 팀<br>경제2부: 산업팀 등 3개 팀 | 사회부: 법조팀 등 6개 팀<br>전국부: 지방팀 등 2개 팀<br>매체독자부: 매체팀<br>문화1부: 사회문화팀 등 4개 팀<br>문화2부: 방송팀 등 2개 팀 |
| 국민일보<br>(38개 팀) | 기획취재단: 기획취재팀 4개 팀<br>편집부: 편집팀 등 7개 팀<br>정치부: 정당팀 등 3개 팀<br>경제과학부: 정책팀 등 5개 팀<br>사회부: 법조팀 등 6개 팀 | 문화체육부: 예술팀 등 6개 팀<br>종교부: 뉴스팀 등 2개 팀<br>사진부<br>조사부: 조사자료팀 등 2개 팀<br>국제부: 일반외신팀 등 2개 팀 |

출처: 박용규(1996) 및 기협회보 미디어오늘 자료 재구성

이같이 중앙일간지들은 1995년 소위 '대부(大部) 다(多)팀제'를 도입해 부제 아래의 모든 기자를 적게는 3~6명, 많게는 6~10명의 소팀으로 세분화하는 조직개편을 단행하며 당시 밀어닥친 디지털패러다임에 능동적으로 대처하도록 했다. 팀제 개편은 1~2년이 채 지나기도 전에 대부분 실패로 끝나거나 사건팀이나 법조팀 등 4~5개 이하의 팀으로 축소되어 현재까지 팀제는 정착되지 못하고 있다.[22]

이러한 팀제가 아직까지도 제대로 정착되지 못하는 있는 이유는 무엇일까? 당시 조선일보와 중앙일보 경향신문 한겨레신문 등 4개 중앙지의 팀제의 실패가 구조적 요인에서 기인한다는 분석이 제기되었다.[23] 첫째로 출입처라는 기존의 취재관행에 아무런 변화 없이 형

---

22) 국민일보는 2005년 6월 경쟁력강화위원회를 한시 가동하고 편집국 조직을 11개 부서에서 19개 팀으로 세분하는 중팀제를 도입하려 했으나 실행하지 못했다. 당시 팀제 도입의 목적은 특화전략을 위한 전문적인 혁신팀 신설과 취재역량 극대화를 위한 인력재편, 출입처중심의 취재시스템 개편 등이었다. 국민일보의 '시스템강화팀 경쟁력강화위원회 보고서' 참고.

식적이고 이름뿐인 팀제에 머물렀다는 점, 둘째 팀제 도입 후 출입처 기사는 물론 팀에 떨어지는 기획 특집 면까지 맡아 업무량이 늘어난 점, 셋째 독립적인 데스크로서 팀장의 권한이 확실하지 않은 채 부서에 종속되어 팀장의 영역이 불확실해서 팀제가 이중적인 업무체계가 된다는 것이었다.

조직경영의 모듈화 차원에서 추진되었던 팀제의 실패는 기존 관행의 변화 없이 편집국의 위계적인 수직적 구조와 이를 통한 연공서열 위주의 통제시스템, 현장의 자율성을 넓히려는 당초의 취지와 달리 자율적 권한을 주지 않고 과제만을 이중으로 떠맡아야 하는 뉴스룸의 구조적 문제점에서 비롯된 결과였다.

## (3) 전문직주의

기자의 전문성은 신문의 질을 높이고 독자에게 다양한 심층뉴스정보를 전달해 준다는 점에서 신문기업의 상품가치를 높여주는 하나의 방식이다. 중앙일보가 1994년 전문기자제를 첫 도입하자 조선일보와 동아일보 등 다른 신문사들도 새로운 미디어환경에 대비하고 뉴스의 전문화 차별화를 기한다는 목표 아래 전문기자제를 경쟁적으로 도입하였다.[24]

---

23) 기자협회보 1995년 11월 11일자 참고.
24) 중앙일보는 국내 언론사 중 최초로 1994년 7월 교통 경제 환경 의료 교육 등 15개 분야에서 1명씩 박사급 전문기자들을 대규모로 선발하고 본격적인 전문기자 시대를 열었다. 당시 박사학위 소지자가 수백 명 몰리고 장군 출신과 장관 경력자, 심지어 현직 대학교수까지 지원서를 냈다. 중앙일보는 이어 1995년에도 박사급 기자 6명, 1996년에는 법률 식품의약 정보통신 분야에서 3명을 선발했으며 사내에서 전문기자 후보 10명을 뽑아 해외연수 등 자체 양성하였다. 손석춘(1997), '전문기자제와 팀제', 「신문연구」 통권 64호, pp.92∼96.

당시 일반기자들은 주로 출입처 정보에 의존함으로써 인터넷시대에 뉴스수용자들의 다양하고 새로운 요구를 제대로 수용하는 데 한계가 있는 반면, 전문기자들은 자유롭게 출입처를 넘나들 수 있다는 점, 그리고 일의 자율성과 인력관리의 효율성이라는 필요성을 충족시켜 준다는 점에서 관심을 끌었다.[25]

당시 1990년대 중반 신문사들은 출입처 중심의 일반기자들이 고도의 전문성을 갖추지 못하면 접근하기 힘든 의학, 약품, 식품, 복지, 환경, 노동 등의 분야에 우선적으로 해당분야 박사학위 소지자를 전문기자로 충원하였다. 그러나 10년이 넘도록 전문기자제는 기존의 신문사 조직에 착근하지 못함으로써 전문직주의(professionalism)가 겉돈다는 평가를 받아왔다.

이는 초기 박사학위 소지자를 대상으로 외부충원을 하였던 전문기자제는 전문성은 있지만 제한된 지면을 통해 독자에게 효율적으로 정보를 전달하는 글쓰기와 조직 내 인적 융합에서 난관에 부딪혀 성공적이지 못했다. 전문기자제는 전문성과 조직융화를 동시에 해결하는 조직체계를 갖추지 못하는 한 정착되기 어렵다는 딜레마에 봉착해 왔다.

더구나 가장 큰 문제점은 전문기자에 대한 뉴스조직의 통제가 이들의 직무부담을 고려하지 않고 일반기자를 대상으로 한 기존의 통제관행을 유지하려 한다는 사실이다. 즉 전문기자의 전문성이 효율적으로 기능할 수 있도록 자율성을 확보하기보다는 조직전체의 팀워크에 무게를 두는 기존의 통제관행을 적용하려고 한다는 것이다.[26]

전문기자제의 실패원인을 구조적 측면에서 모색해야 한다는 지적

---

25) 김사승(2002), ‘전문기자의 전문화를 제약하는 취재보도관행에 관한 분석’, 「언론과 사회」 11권 1호, pp.92~93.
26) op.cit., pp.116~119.

도 나왔다.[27] 첫째, 경영진의 편집국에 대한 간섭으로 전문기자들의 전문성이 보장받지 못하고 둘째, 여느 조직보다 위계질서가 엄격한 신문사 편집국 구조에서 전문기자의 입지가 좁을 수밖에 없으며 셋째, 신분보장이 확실하지 않을 경우 전문기자들이 자신의 전문적인 소신에 따라 기사를 쓰는 것이 어렵고 넷째, 비정상적인 신문시장 구조에서 전문기자제를 도입할 수 있는 신문사는 튼튼한 자금줄이 전제되어야 한다는 것이다.

## 2) 디지털시장 독자확보 전략

### (1) 디지털 독자확보: 고착효과

전통적인 CRM(고객관계관리)의 창구였던 전화센터와 소식지 발송 등 메일센터는 e-메일, 웹 기반의 빠른 대응서비스 기능으로 융합해 왔다. 이에 따라 조선과 동아, 중앙일보 등 지배기업은 자본력을 중심으로 자사의 온라인 네트워크에 독자를 고착시키려는 경영전략을 강화해 왔다.

신문시장에서 가격인상을 주도했던 조선일보와 중앙일보는 CRM 과 인물DB, 정보서비스를 통해 한계기업인 마이너신문과의 차별화를 시도하고 있다. 이는 맞춤형 독자 서비스를 제공하는 동시에 자동 빌링(billing)체계를 구축하는 방법으로 기존독자의 전환비용을 높여 이탈을 막으려는 경영전략이다. 이와 함께 초기와 달리 시간이 지날수록 전환비용을 높여 독자를 고착시키는 효과도 기대할 수 있다. 이들 기업은 인물DB나 기사검색, 동호회, 영화무료상영 등 멀티미디어

---

27) 손석춘(1995). '전문기자제와 팀제', 「신문연구」 통권 63호, pp.92~96.

서비스를 제공함으로써 전환비용을 높이는 전략을 사용하고 있다.

CRM시스템은 고객 수익성을 우선하여 콜센터와 캠페인 관리도구와의 결합을 통해 고객정보를 적극적으로 활용하는 디지털시스템이다.[28] 신문기업의 고객과 관련된 내·외부 자료를 이용하자는 측면은 데이터베이스 마케팅과 성격이 유사하다. 신문기업 고객인 독자나 회원의 나이나 직업, 취미, 종교 등에 적합한 뉴스콘텐츠를 맞춤식으로 제공하기 위해 신문기업이 필수적으로 구축해야 할 디지털시스템이다. 대신 구축비용이 매우 크기 때문에 조선 중앙 등 메이저 신문사를 중심으로 DB와 연결해 네트워크화하고 있다.[29]

신문기업 CRM의 경우 고객의 정보를 취할 수 있는 방법, 즉 고객 접점이 데이터베이스 마케팅에 비해 훨씬 더 다양하다. CRM은 고객 데이터의 세분화(segmentation)를 실시하여 신규고객 획득과 우수고객 유치, 고객가치 증진, 잠재고객 활성화, 평생고객화와 같은 사이클을 통하여 고객을 적극적으로 관리하고 유도하며 고객의 가치를 극대화시킬 수 있는 전략을 통하여 마케팅을 실시하게 된다. CRM을 통해 신문기업은 독자들의 개인신상은 물론 취향과 구매의사 등 다양한 시장정보를 확보하고 자사의 디지털네트워크에 고착시키려는 온라인비즈니스를 확대할 수 있다. 고객으로서 독자에 대한 데이터는 새로운 독자의 경향과 개인의 요구를 알아내는 중요한 온라인 마

---

28) 과거에 대중마케팅(Mass Marketing), 세분화 마케팅(Segmentation Marketing), 틈새마케팅(Niche Marketing)과는 구분되는 마케팅 방법론이다. 데이터베이스 마케팅(DB Marketing)의 개인마케팅(Individual marketing), One-to-One marketing, Relationship marketing에서 진화한 요소들을 기반으로 한다.

29) CRM 구축비용은 하드웨어와 소프트웨어 등을 갖출 경우 약 10억 원 정도 소요되지만 기존의 기사와 독자 정보를 입력 관리하는 인력비용이 훨씬 더 크다. 이에 따라 자본력이 있는 메이저신문 중심으로 구축하고 있으나 점차 마이너신문들도 부분적으로 시스템을 구축해 가고 있다.

케팅의 도구가 되었다.

또 CRM은 디지털화된 뉴스콘텐츠가 정보재라는 속성으로 가능해졌다. 정보재의 초기생산비용은 높지만 복제비용은 거의 0에 가깝기 때문에 규모의 경제(economy of size)를 이루는 것이 경제적 효율성을 발생시킨다. 규모의 경제를 이루고 나면 정보재 가격을 개인화함으로써 제품을 차별화하고 개인화된 가격으로 맞춤형 제품을 판매하여 고객서비스 효율을 높일 수 있다.

조선일보는 1990년대에 자사의 뉴스콘텐츠를 데이터베이스화했던 디지털아카이브를 2003년 완전한 CRM체계로 통합하였다. 2002년 CRM 구축을 검토하기 시작한 후 1년 만에 조선일보와 스포츠조선, 월간조선 등을 통합하고 1400여 개 지국과 7개 출판사의 독자를 모두 네트워크화하는 통합데이터베이스를 구축하였다. CRM은 2003년 5월 첫 통합 후, 2년 후인 2005년 7월 시범서비스를 거쳐 완벽한 네트워크 시스템으로 가동되었다. 디지틀조선과 조선IS 등이 모여 CRM 추진본부를 발족해 데이터통합과 구독신청, 수납, 구독료청구 수납과 통합DB관리센터를 구축하였다. 이어 조선닷컴 등 관련 사이트 30여 곳도 통합 관리하는 지국지사 통합시스템을 구축하고 우수독자 제공 사이트까지 개설하는 데이터 인프라시스템을 완성하였다.

중앙일보도 2004년 국내 신문업계에서는 처음으로 본사 차원에서 직접 독자를 관리하는 시스템을 도입하여 독자관리의 과학화를 추진하였다. 중앙일보와 영어신문 IHT, 훼미리넷 등에서 분산 운영하던 독자서비스센터를 통합하여 콜센터로 개편하고 중앙고객센터인 JCC (JMN Contact Center의 약어)를 출범시켰다.[30]

중앙의 CRM 구축은 콘텐츠의 일괄관리라는 측면에서 가장 큰 규

---

30) 정대필(2005), '변화 모색하는 한국언론', 「신문과 방송」 1월호. pp.10~11.

모이며 자사가 보유한 콘텐츠의 디지털화(DB), 콘텐츠의 서비스의 집중과 선택, 독자관리의 시스템은 향후 디지털시장에서 신문기업의 경쟁력의 기본이자 핵심이 될 수 있다.

중앙일보는 2005년 8월 조직개편 당시 CRM을 전담하는 부서로서 CRM실을 신설하고 기존의 CRM TF팀 업무를 승계한 CRM팀, 마케팅 본부 사업개발실 프리미어팀, 전략마케팅실 조사연구팀, 콜센터인 JCC를 통합시켰다.[31] 중앙일보의 CRM시스템은 독자DB를 주축으로 고객정보수집 → 분석 → 특성추출 → 요구별 상품 및 서비스 제공이라는 원스톱 방식의 모형이다.

CRM팀은 고객과 접촉하는 JMN의 모든 채널을 통해 얻은 정보를 분석해서 관련부서에 제공하는 역할을 한다. 중앙일보의 이 같은 CRM 시스템은 공급자 입장에서 시장을 임의로 정의하고 대중(mass) → 세분화(segmentation) → 틈새(niche)로 차별화된 단계를 밟는 방식을 더욱 혁신적으로 변화시켰다. 단순히 고객정보를 수집하던 관계 관리 체계가 진화하여 40년 장기독자와 6개월 된 신규독자까지도 세분할 수 있도록 데이터베이스를 구축하였다.

## (2) 미디어 사업다각화

신문기업이 추진 중인 통합화전략(integration strategy)은 사업다각화와 맞물려 있다. 사업다각화는 '가치사슬체계' 관점에서 보면 기업

---

31) 중앙일보 프리미엄 팀은 온라인-오프라인-뉴미디어를 아우르는 복합 서비스를 개발해 전국의 각 지국과 온라인망을 구축하는 독자 멤버십 서비스를 하게 되었다. 또 콜센터는 수집 분석된 CRM정보를 기반으로 독자의 요구를 수용하는 인바운드와 독자요구에 맞는 서비스를 제공하는 아웃바운드 마케팅을 과학적으로 수행하고 MMR연구팀은 CRM실의 전략과 JMN의 고객중심 경영이 제대로 실행되고 있는지를 수시 점검하는 시스템을 가동했다.(중앙일보 제740호 사보 2005년 7월 25일자 참고).

이 보유하고 있는 가치 활동의 범위를 넓힘으로써 회사의 자산과 기능을 크게 하기 위한 전략이며, 이상적인 다각화란 가치사슬에 현존하는 미래 또는 미래의 잠재적 상호관계를 중요한 경영자산으로 간주하여 이러한 관계를 외부로 확대하는 것이다.(Poter, 1985, 380)

신문기업은 종전에는 종이신문을 인쇄하고 이를 배급하는 부분을 수직적으로 통합 운영했지만 디지털화 이후 뉴미디어 분야로의 진출과 함께 신문과 전혀 관계없는 분야로의 비연관 다각화에 역점을 두고 있다.32) 비연관 다각화가 발생하게 된 요인 중 외적인 조건은 탈규제와 기술혁신을 통한 시장진입장벽의 해체를 들 수 있다. 지배기업이나 한계기업 모두 시장에서의 생존게임을 증가시키기 위한 수단으로 비연관 다각화를 가속화하고 있다.33)

신문기업들은 신문생산 기반의 생산양식은 수익성을 의존한 비연관 다각화를 시도하다가 1995년 인터넷신문 등장으로 오프라인에 새로운 디지털생산의 자원기반을 획득하였다. 이후 디지털융합이 본격화된 2003년 이후 연관다각화가 본격화되는 과정을 보여주었다. 조선일보와 중앙일보는 대표적으로 신문기업의 디지털 관련 미디어다각화의 사례를 보여준다.

---

32) 경영위기에 봉착한 신문기업들은 2005년 논술교육 등 교육사업에 뛰어들어 교육 분야 다각화를 본격화하였다. 2001년 에듀조선을 설립한 조선일보는 '조선일보 논술교육센터'를 운영하고 있고 중앙일보 역시 같은 해 설립된 '중앙일보 에듀라인'을 통해 어학교육 및 인증시험에 뛰어들었다. 한겨레신문도 2005년 7월 '한겨레 논술모의고사'를 시행하였다. 신문기업들의 교육시장 진출은 수익다각화 차원 외에도 미래 독자를 선점하는 경쟁이다.(한국기자협회보 2005년 11월 16일자 1면)

33) 장용호(2002), "한국신문산업의 구조와 전망", 한국언론재단 내부 자료집, p.8.

〈표 3-6〉 조선일보 사업다각화 현황

| 사업다각화 | 주요 업무내용 |
|---|---|
| 디지털조선애드 | 광고사업 및 업무대행 |
| 디지틀조선일보 | 뉴미디어사업 인터넷과 IT사업 |
| 에듀조선 | 출판 및 교육사업 |
| 디지털조선게임 | 게임뉴스사이트, 게임아카데미 |
| 스포츠조선 | 스포츠와 연예정보 제공 |
| 선 광 | 타 신문 인쇄 대행 |
| 일 광 | 조선일보와 스포츠조선 인쇄 |
| 조광인쇄출판 | 신문인쇄 및 상업출판 |

1995년 디지틀조선일보 창간을 계기로 디지털관련 사업으로 다각화해 온 조선일보는 디지틀조선일보 외에도 디지털조선게임을 주축으로 뉴미디어사업에 역점을 두는 양상을 보이고 있다.

〈표 3-7〉 중앙일보 사업다각화 현황

| 사업다각화 | 주요업무내용 |
|---|---|
| A.J printing | 중앙일보와 자매지 인쇄 |
| 조인스닷컴 | 인터넷서비스 인물정보 |
| 조인스랜드 | 온오프연결 부동산사업 |
| M & B닷컴 | 여성포털 등 사이트 운영 |
| 중앙 M&B | 여성지 등 잡지 서적 출판 |
| 허스트 중앙 | 여성지 '코스모폴리탄' 발행 |
| 시사미디어 | 월간중앙, 이코노미스트 발행 |
| 벤처미디어 | 유통미디어법인 |
| 미디어인터내셔널 | 뉴스위크 한국판 발행 |
| 포브스 | 포브스코리아 발행 |
| 에듀라인 | 교육전문 자회사 |
| ITEA | IT교육기관 |

| 사업다각화 | 주요업무내용 |
|---|---|
| 문화사업 | 공연 등 문화행사 기획 시행 |
| 중앙방송 | Q채널과 히스토리채널 운영 |
| 중앙미디어유통 | 중앙일보 발송판매관리 |
| 중앙일보정보사업단 | 미디어S / W 개발 판매 |

중앙일보는 13개의 자회사형태로 사업다각화를 하고 있으며 이 중 디지털미디어 관련 자회사로 조인스닷컴과 엠앤비닷컴, ITEA, 중 앙일보 정보사업단 등이 있다. 이 같은 다각화는 수익성 외에도 디 지털미디어시장의 지배력 확보를 위한 사전투자의 성격이 강하다.

그런 점에서 신문기업들은 과거의 종이신문을 기반으로 한 오프라 인 중심의 연관다각화에서 점차 디지털 관련 연관다각화로 비중을 확대하는 경향을 보이고 있다. 이는 점차 디지털콘텐츠와 네트워크 를 중심으로 연관다각화를 강조하는 징후이다.

이 같은 다각화는 디지털네트워크의 수확체증의 원리에 입각한 것 이다. 네트워크 및 콘텐츠를 누가 얼마나 빨리 디지털화시킬 것이냐 하는 문제는 곧 네트워크 외부성(network externality)이 작동하는 문 제와 직결된다.

〈표 3-8〉 디지털 및 방송관련 다각화

| 신문사 | 사업다각화 | |
|---|---|---|
| | 온라인 | 방 송 |
| 조선일보 | 디지틀조선일보, IT조선, 조선일보DB, 여성조선.com, 코리아인터넷닷컴 | 한국디지털위성방송) G-TV |
| 중앙일보 | 조인스닷컴, M&B닷컴, 조인스랜드 | 중앙방송(채널Q, 히스토리채널) CJ39 쇼핑 |

| 신문사 | 사업다각화 | |
|--------|------|------|
| | 온라인 | 방송 |
| 동아일보 | 동아닷컴, 디유넷 | 우리홈쇼핑 & 한강케이블 |
| 한국일보 | 한국i닷컴, 한국멀티미디어, HK인터넷 | LG홈쇼핑 |
| 경향신문 | 미디어칸, 경향커뮤니케이션 | |
| 한겨레신문 | 인터넷한겨레, 한겨레플러스 | SBS 지상파 DMB(데이터방송) |

출처: 미디어오늘 '언론사 지분출자'(2002.5.16)와 신문방송연감(2000-2004) 재구성

신문기업의 최종상품은 종이신문과 구독자로 구분되지만 디지털통합시장에서는 신문기업의 최종상품은 이용자로 전이된다. 향후 디지털미디어시장에서 신문기업이 가치를 높이는 수단은 자사 디지털콘텐츠의 접속건수를 높임으로써 이용자를 확장하는 것이다 .이는 곧바로 네트워크 외부성과 연결되는 것이다. 디지털화에 따른 신문기업의 다각화는 온라인상의 가치를 증대시키는 방향으로 진행될 것이며 그런 점에서 신문기업의 온라인 다각화는 디지털미디어그룹으로의 진화에 중요한 의미를 갖는다.

앞에서 보았듯이 신문기업들은 자사의 미디어네트워크와 상호 연결하고 이로 인한 네트워크 외부성을 지향하는 미디어그룹으로 변화하고 있다. 이는 연관다각화의 진화방향에 따른 진화의 방향으로 자사의 디지털정보인 콘텐츠를 복수의 유통창구로 배급하고 수많은 네트워크와 연결될수록 콘텐츠의 가치가 올라간다는 네트워크 특성을 계속 활용하려 할 것이다.

디지털네트워크 시대에서 신문기업들이 신문업계 내부의 경쟁이 아니라 인터넷, 방송, 통신, 케이블 등 이종매체와 합종연횡을 통해 복합정보산업체로 진화하고 있음을 보여주고 있다.

# 4. 뉴스룸의 디지털조직화 전략

## 1) 조직의 모듈화

앞서 논의한 조직개편 등은 CEO들이 디지털화에 맞추어 신문기업 조직을 다른 기업들과 같이 디지털조직으로 변화시키려는 경영전략의 일환이다. 디지털조직화는 개방성(openness)과 변화성(changeability), 적응성(adaptation), 유연성(flexibility) 등 4가지 특성을 갖는다.

〈표 3-9〉 디지털조직 이행의 조건과 전략

| 구 분 | 디지털조직 이행 전략 |
|---|---|
| 인터페이스의 다양화 | 정보기술을 최대한 활용한 다양한 고객과의 인터페이스<br>고객이 원하는 가치와 잠재적 니즈의 명료화 |
| 지적 능력과 수행역량 | 고객이 원하는 가치 등 시장신호에 기초 시장신호를 사업기회 및 사업모델로 연계시킬 수 있는 지적 능력과 사업수행 역량 확보<br>조직의 경영자 등 구성원과 경험 있는 핵심인재의 유지 육성할 수 있는 조직여건과 시스템 마련 |
| 조직 유연성 및 네트워크 | 다양한 고객니즈나 사업기회에 신속하고 유연하게 대응할 수 있는 내부 조직운영체계 및 외부 조직과의 협력 네트워크 구축활용 |

출처: 신원무 외(2005), pp.20~21

전통적 기업으로서 신문기업이 디지털조직화로 이행하는 조건은 환경 변화에 능동적인 조직과 구성원들의 마인드의 변화이다. 그러한 디지털조직화의 이행은 대체로 <표 3-9>와 같이 정리된다.[34]
전통조직에서 디지털조직으로 전환한 기업들의 공통적인 특징은 조직

---

34) 신원무·이주인·허진(2005), pp.20~21의 디지털조직의 조건을 재구성한 것임.

의 모듈화를 통한 탄력적인 조직체계의 구축이다. 즉 개방적인 조직구축을 통한 끊임없는 외부 피드백, 시장요구에 기반한 사업모델의 착안, 그리고 경영자와 구성원들의 탄력적인 의사결정과 추진력으로 요약된다.

디지털환경하에서 조직경계의 변화 또는 와해가 가속화되고 있는만큼 전통적인 신문기업의 조직 역시 이러한 패러다임에 적응하는 디지털조직화가 불가피하다. 기술의 모듈화는 이제 조직의 모듈화를 통해 기자와 데스크 등 구성원의 모듈화를 추동하고 있기 때문이다. 모듈화는 조직융합이 발생하는 추동력을 제공하게 된다.

신문기업의 경영진이 추진 중인 신문기업 뉴스생산체계의 디지털조직화는 조직의 모듈화를 통해 이러한 4가지 변수들이 복합적으로 작용하는 일종의 벤처조직의 모습에 가까운 탄력적인 조직으로의 변화를 지향하고 있다.

전술한 대로 신문기업들은 디지털화에 따른 시장대응차원에서 1995년부터 수직적 통합구조를 수평적 구조로 전환하고 전체 콘텐츠생산체계의 모듈시스템 재편을 시도해 왔다.[35]

모듈시스템은 제품 아키텍처 안에서 표준화된 인터페이스를 제공하는, 즉 다른 제품의 생산을 하부요소 조합의 변화를 통해서 가능

---

35) 21세기 성공적인 조직은 첫 번째로 유연화전략(strategy of flexibility)에 의존하고 있다. 전략이 유연해지고 무한경쟁에서 이익을 추구하려면 전략적인 리더십이 필요하며 역동적인 핵심적 자본을 만들고, 인적자원에 초점을 맞추고 발전해야 하며, 정보기술을 효율적으로 이용하고 다양한 전략을 구사해야 한다. 나아가 새로운 조직구조를 수행하여 수직적 구조를 수평적 구조로 재편하는 것이다. 수직적 구조는 신상품을 출시하는 데 시간과 노력이 많이 소요되고 시장실패에 큰 영향을 받는다. 반면에 수평적 구조는 유연한 구조를 갖춰 신상품과 새로운 시장에 쉽게 적응하기가 용이하다. Michael A. Hitt, Barbara W.Keats, and Samuel M.Demarie (1998), Navigating in the new competitive landscape: Building strategic flexibility and competitive advantage in the 21st century. *Academy of Management Executive, Vol.12.* pp.22~42.

하게 해주는 탓에 낮은 비용과 신속한 생산을 가능하게 해주고 고객
맞춤화(customization)를 결정하는 요인으로 작용하고 있다.

신문기업의 뉴스룸 조직의 모듈화는 곧 모듈 조직의 운영시스템을
뉴스룸 조직 내에 정착시키고 가동시키는 문제와 직결된다. 조직의
모듈화는 다음 <그림 3-5>와 같은 형태의 웹 형식의 조직 내 커뮤
니케이션 네트워크 시스템이 된다.

디지털화에 따른 기술적 모듈화는 단순히 기술적 차원에 그치는
것이 아니라 뉴스룸 조직과 구성원의 모듈화를 추동하는 하부구조로
서 작동하고 있다. 모듈 조직은 물론 인적, 물적 공정의 모든 생산
체계의 구성요소에 적용되는 개념이며, 이러한 모듈화가 유연성을
좌우하고 있다. 신문기업의 모듈시스템은 조직은 물론 인적, 물적 공
정의 모든 생산체계의 구성요소에 적용되고 있다. 모듈화는 디지털
이 갖는 내재적인 기술속성이므로 기술혁신이 추동하는 조직적 변화
를 신문기업 뉴스룸에 내재화하려면 신문기업 뉴스면 조직의 모듈화
가 선행되어야 할 부분이다.

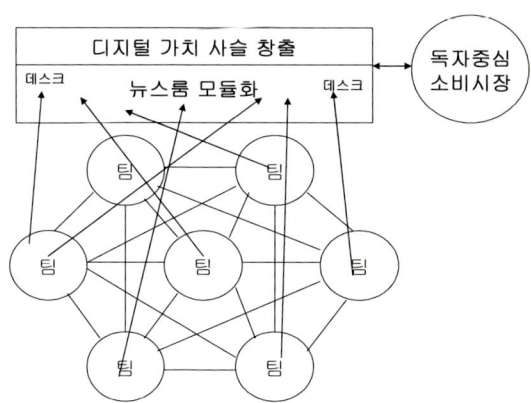

〈그림 3-5〉 뉴스룸 모듈화 개념도

뉴스룸 조직의 모듈화는 조직의 위계적 구조의 수평적 구조로의 전환, 의사결정 단계의 축소, 팀제를 통한 임무(task)중심의 역할분담, 수평적 커뮤니케이션 구축, 공정의 표준화, 기자와 데스크 멀티플레이어화, 탄력적인 인력 운용을 가져오는 하부구조가 된다.

조직과 구성원의 모듈화는 개별적 요소들이 매단계마다 아키텍처를 구성하는 시스템으로 작동하는 기본이다. 그런 점에서 뉴스룸의 기술적, 조직적, 인적 아키텍처는 모듈시스템 구성요인이다. 이러한 기술 조직 인적 요소의 모듈화 조건이 충족될 때 기존의 종이신문 기반의 뉴스룸은 종이신문만이 아닌 다양한 파생상품으로서 디지털콘텐츠를 생산하는 유연한 다플랫폼 생산체계로 변화하게 된다.

제2장에서 논의한 대로 디지털기술적 차원에서는 이미 인터넷 웹 기술과 CTS시스템의 융합이 기술적 플랫폼은 물론 뉴스룸의 시스템을 모듈러 시스템으로 변화시켰다. 1980년대부터 국내 신문사에 도입된 CTS기술은 문제점을 개선하여 1993~1995년 사이 시스템의 안정화가 이뤄져 1995년부터는 인터넷 웹 기술과 함께 모든 중앙일간지에서 디지털통합네트워크를 구축하는 원천이 되었다. 기술적 모듈화가 이제는 조직과 인적 시스템의 변화를 추동하고 있는 것이다. 이미 T1 → T2 → T3의 시간경과에 따라 계속 업그레이드되면서 뉴스룸의 제작공정은 지난 10년간 기자와 데스크 등 구성원의 역할분화와 통합의 과정을 진행시켜 왔다.

〈표 3-10〉 CTS 도입 후 뉴스룸 기능 분화

| 취재기능 | 데스크 | 편집기능 | 교열기능 | 조사기능 |
|---|---|---|---|---|
| 원고지 및 팩스 대신<br>온라인 기사전송<br>타이핑 및 PC관리<br>자유로운 취재 이동<br>인트라넷 데스크연락<br>PC 매뉴얼숙지<br>완전 원고 전송<br>기사작성과 수정용이<br>디지털사진 전송 | 인트라넷 매뉴얼숙지<br>스크린데스킹작업<br>타이핑 능력제고<br>데스킹 공정 숙지<br>전송 및 기사관리 | PC매뉴얼 숙지<br>온라인 편집<br>CTS 직접 편집<br>에디터 축소<br>기사화상DB 작업<br>모듈러디자인<br>패턴편집 | 온라인 교열<br>자동교열<br>S / W숙지<br>교열 조직축소<br>아웃소싱 | DB구축<br>자동검색기능<br>조사부 통폐합<br>기자역할 축소 |

　　신문기업의 모듈시스템 가동은 제작공정의 매뉴얼화를 앞당겼고 공정의 표준화를 통해 제작인력과 편집인력, 취재기자의 역할의 분화와 재통합을 가져왔다. 이는 노동인력의 숙련도 비중을 크게 낮췄고, 모듈편집시스템이 도입되면서 기존의 세로쓰기는 가로쓰기 편집으로 전환되었다.


## 2) 역할의 모듈화

### (1) 취재기능

　　원고지에 기사를 작성하던 취재기자들은 불과 10여 년 만에 개인 노트북 컴퓨터를 통해 전화선 또는 인터넷망을 통해 각 사 인트라넷으로 기사를 온라인 전송하게 되었고, 자사 데이터베이스를 통해 출입처 등에서도 실시간으로 각종 자료를 열람할 수 있게 되었다. 외근기자도 신문사에 들어오지 않고도 자신의 취재업무를 수행할 수 있다. 또 기사작성 및 전송시간이 짧아진데다 기사의 수정이 매우 용이해졌고 데스크나 다른 기자와의 의사소통 및 정보교환도 온라인 상에서 할 수 있게 되었다. 취재기자의 기사를 관리하는 게이트키퍼로서 데스크 역시 온라인 집배신시스템에서 취재지시 및 데스킹을 하고 1~2차 데스킹과 기사를 편집부에 전송하는 동시에 실시간 현장상황을 보고받을 수 있는 시스템이 구축되었다.

디지털화로 사진부의 변화도 컸다. 디지털기술은 음성 문자와 더불어 화상을 전송하는 커뮤니케이션 수단을 디지털화된 형태로 통합시켰다.[36] 1999년 전후 디지털카메라 보급으로 모든 신문기업들은 디지털카메라로 사진을 촬영하여 노트북을 이용해 현장에서 사진파일을 전송하고, 신문사 화상시스템에서 파일형태의 사진을 내부 이동시켜 최종적으로 신문제작에 활용하고 있다. 특히 디지털카메라를 사용하면서 종래의 아날로그적 시스템인 암실도 사라져버렸다. 지면에 사용된 사진 혹은 보관할 필요가 있는 자료사진은 각 사 아날로그 디지털 DB시스템에서 보관, 검색, 관리 등을 할 수 있게 되었다. 과거 아날로그 사진을 사용하고 보관하던 시절보다 손쉽게 검색하여 신문제작에 재사용할 수 있게 되었다.

---

36) 1999년 디지털카메라 개발초기에 신문사진 분야에서 필름을 현상할 필요가 없고 사진을 인하하는 암실장치가 없어도 노트북을 이용해 현장에서 직접 본사로 사진파일을 전송하는 시스템이 구축되었다. 사진영상의 해상도가 개선되었고 카메라 기능이 향상되면서 고가의 필름이나 인화지를 사용하지 않는 디지털 카메라의 경제성은 매력적이었다. 노재덕(2000), '디지털시대의 신문사진', 「관훈저널」 제94호 봄호, p.158.

〈표 3-11〉 사진부 공정의 시기별 변화

| 구 분 | T1 | T2 | T3 |
|---|---|---|---|
| 제작공정변화 | 아날로그카메라<br>필름사용<br>암실 인화작업<br>스캐닝 작업<br>CTS 입력<br>선형편집<br>조사부 분류<br>선택적 DB자료화 | 아날로그와 디지털<br>시스템 공존<br>디지털카메라 도입<br>노트북 전송<br>사진파일 외부전송<br>화상DB 저장<br>부분적 비선형편집 | 500만 화소 이상<br>디지털카메라 사용<br>노트북 이메일 전송<br>실시간 화상DB저장<br>비선형 편집기능<br>이미지 변형가능<br>화상DB전담인력 |

<표 3-11>에서 보듯이 디지털기술은 필름-귀사 후 인화-스캐닝-CTS입력의 제작공정을 재편해서 취재-노트북전송-화상DB-CTS입력으로 단순화시켰다. 1995년 CTS 도입 이후에도 불완전한 디지털시스템은 디지털기기 간, 또는 아날로그-디지털기기 간 호환성이 없어 디지털기기가 도입되어도 별도의 제작공정이 필수적이었다. 하지만 T2에서 제작공정의 단계를 단축하고 이를 재편 통합함으로써 신문사 사진부는 필름과 암실이 없는 '디카사무실'로 변모하였다. 초기 디지털카메라 도입비용이 소요되지만 암실과 필름을 사용하지 않음으로써 인력 및 필름 인화비용을 절감하는 경제적 효과도 나타났다.

## (2) 모듈러 편집과 원맨 시스템

디지털화는 편집기자의 기존 역할과 기능에 커다란 변화를 가져왔다. 종이신문에 제목을 달고 레이아웃을 하던 기존의 역할에서 직접 조판을 하고 화상데이터베이스에서 이미지를 끌어다 온라인 편집을 하는 다중역할자로 변화하였다. 편집기자 혼자 온라인 편집과 데이터베이스 운용, 기사전송을 담당하는 동시에 가로쓰기 편집체계로 전환하면서 소위 모듈러디자인(modular design)[37]을 하게 되었다.

이 같은 모듈러디자인은 다년간 숙련된 편집기자의 경험을 필요로
했던 활조판이나 세로짜기 시대와 달리 초심자도 편집을 할 수 있도
록 작업공정을 표준화 내지 매뉴얼화하는 것이다. 이에 따라 모듈러
디자인은 곧 패턴편집[38]을 의미하기도 한다. 모듈러디자인은 원래
그래픽디자인에서 오랜 역사를 가지고 발달한 사물 간의 최적 공간
배치 방법이라는 사각형(module)을 이용한 디자인 개념을 신문에 도
입한 것이다.[39]

따라서 편집기자는 CTS제작을 보조하는 전문 오퍼레이터나 볼펜
으로 쓴 기안서를 컴퓨터로 작성해 주는 전문 보조원의 도움 없이 스
스로 1인 3역을 해야 하는 원맨 시스템에 적응해야 했다. 아날로그
제작공정 당시 편집기자가 지난 호 신문지 위에 붉은 색연필로 레이

---

37) 모듈(module)은 하나의 시스템이 하부구조들로 조립 분해되는 단위다. 따
    라서 모듈은 기본적으로 끼웠다 뺐다 할 수가 있다. 이 같은 모듈개념
    을 지면에 적용해 정형화된 틀 안에 하부부품을 끼워 넣었다가 뺐다 할
    수 있는 신축성을 갖추는 것이 필요하다. 이런 모듈러 시스템을 지면제
    작에 적용한 결과 가로짜기의 정형은 모든 기사단위가 사각형의 모양을
    갖는 모듈러디자인이다. 국내 신문사들은 가로짜기로 전환한 후 대부분
    모듈러디자인을 하고 있다. 모듈러디자인은 편집기자가 4각형 단위로
    기사를 나눠 제목을 붙인 뒤 유닛(unit)을 조합하는 것이다. 이에 따라
    가로짜기는 세로짜기보다 작업공정이 단순하고 용이하다.
38) 패턴편집은 전문 페이지 디자이너가 가로짜기를 전제한 지면모델을 사전
    에 만들고 편집자는 그 지면모델에 맞춰 취재부서에서 넘어온 기사를
    대입만 하면 지면이 완성되도록 한다. 신문사마다 차이는 있지만 보통
    10개 정도의 지면모델을 만들어 요일별, 기사가치별로 지면모델을 바꾸
    는 편집이다. 하지만 이 같은 패턴편집은 신문편집의 개성을 떨어뜨리
    는 요인이 된다는 지적도 있다.
39) 신문의 모듈러디자인은 하나의 신문지면 평면 전체를 직사각형 또는 정
    사각형의 기사조합으로 분할하는 것으로 신문기사를 마치 크고 작은 여
    러 크기의 사각형 박스를 쌓아놓은 형태로 배열하는 것을 의미한다. 모
    듈러편집을 위해서는 당연히 기사는 모두 사각형의 모양을 가져야 한다.
    정태철(1999), 미국신문연구, 커뮤니케이션북스, pp.347~348을 참고.

아웃을 구상하고 전문 오퍼레이터가 편집기자가 넘긴 기사제목을 레이아웃해 주며 판짜기를 돕는 시스템이 사라지는 공정의 변화가 일어났다. 조판 당시 식자담당-조판-편집 등 3명의 역할을 편집기자 한 명이 담당하는 경우가 늘어났고 종이신문에 하던 레이아웃 작업이나 제목달기 작업은 모두 온라인상에서 이뤄졌다. 이에 따라 마감시간에 임박해서 제목이나 기사를 수정할 경우 전문 오퍼레이터를 거치는 공정 단계가 축소되어 컴퓨터 자판만 두드리면 되는데다 몇 번씩 종이에 썼다가 지웠다 하거나 수정제목을 데스크에게 승인을 받을 필요가 없는 '실시간 제작 시스템'(realtime production system)이 도입되었다.

편집기자의 '원맨 시스템'(one-man system)의 기자조판제는 컴퓨터 제작 시스템이 도입된 후 국내 전 신문사에서 부분적으로 편집-제작조직에 적용하기 시작한 기술적 변화가 낳은 변화상이다.

〈표 3-12〉 기자조판제 실시 현황

| 신문사 | 실시여부 | 도입시기 | 편집부인력(명) | 비 고 |
|---|---|---|---|---|
| 경향신문 | 계획 없음 | − | 39 | 95-98년 간지 면 부분 도입 |
| 국민일보 | 전면실시 | 1999 | 31 | |
| 내일신문 | 전면실시 | 2000 | − | 취재기자의 편집 및 조판병행 |
| 동아일보 | 도입검토 | − | 45 | 기자조판제 도입논의 중 |
| 문화일보 | 부분실시 | 2001 | 22 | |
| 서울신문 | 계획 없음 | − | 34 | 2001년 도입검토 |
| 세계일보 | 부분실시 | 2005.9 | 35 | 2005년 6월 조판교육실시 |
| 조선일보 | 부분실시 | 2000 | 42 | |
| 중앙일보 | 부분실시 | 2004 | 45 | 전면도입 추진 |
| 한 겨 레 | 부분실시 | 2005 | 31 | |
| 한국일보 | 전면실시 | 2004 | 30 | |

출처: 한국기자협회보 2005년 6월 29일 5면

신문기업 내에서 기자조판제를 시행할 경우 기자가 직접조판을 시행함으로써 디지털환경 아래서 제작공정은 획기적으로 효율성을 높일 수 있을 뿐 아니라 기자 개개인에게 직접조판의 역할을 부여하였다.[40] 이미 1990년대 중반 유럽은 물론 일본, 미국의 신문사들은 풀페이지네이션(Full Pagination) 시스템을 도입해 사실상 기자조판을 시행했고, 뉴욕타임스 등 미국의 신문사들도 1997년 이후 지면제작 시스템을 현대화했다. 국내 신문사들도 CTS의 업그레이드에 힘입어 1997년 기자조판제 도입이 이루어지기 시작했다.

기자조판제는 편집기자가 오퍼레이터를 두고 하던 협업작업(cowork)을 단독으로 수행할 수 있어 업무효율성을 높이는 동시에 창의적이고 자유롭게 면을 구성하는 장점을 갖고 있다.

초기 CTS제작 시스템이 도입되었던 지난 1992년 제주신문(현 제주일보)에서 국내 최초로 도입한 기자조판제는 디지털기술의 발전에 따른 당연한 변화상이었다. 하지만 인터넷 도입과 CTS체계가 안정화된 이후 편집기자의 역할변화 시도는 초기 시행단계부터 벽에 부

---

40) 편집기자가 직접 조판을 할 경우 얻어지는 편리함은 대체로 3가지로 정리된다. 첫째, 편집기자의 지면구도를 확실하게 반영한다. 지면구상은 편집자가 하고 조판은 오퍼레이터가 하던 일종의 분업체계가 초를 다투는 신문사 제작공정상 비효율적이고 마감 직후에 들어오는 레이아웃된 기사를 순식간에 변화시키는 유연성에서 유리하다. 둘째 편집과정의 중간체크 작업을 간소화한다. 편집기자가 직접 조판을 하고 마감시간 전후로 긴급뉴스가 들어오거나 상급자의 수정지시가 있을 경우 오퍼레이터를 통하지 않고 직접 모니터를 통해 중간 중간에 제목이나 기사를 수정할 수 있다. 셋째, 편집기자의 전문화와 창의성이 촉진된다. 편집기자가 과거 컴퓨터를 다루는 오퍼레이터로 전락하는 것이 아니라 컴퓨터 응용능력이 향상되고 오히려 편집제작의 전문성이 증대된다. 임준수(2002), "기자조판의 합리적 방향: 국내 신문의 현실과 외국의 사례", 제31차 전국일간신문 편집기자 세미나 주제발표 내용. 한국편집기자협회(http://edit.or.kr) 편집자료실 참고.

딪치면서 지금까지도 정착되지 못하고 있는 것으로 나타났다. CTS 시스템이 이미 디지털패러다임에 걸맞게 기사집배신 등의 작업시스 템이지만 편집기자들의 반발에 부딪혀 시행되지 못하는 역설적 상황 이 지속되었다.[41]

국내 신문사들이 1990년대 초부터 제4세대 CTS 등 선진제작 시 스템을 도입하고도 다음 단계인 기자조판에서 차질을 빚는 이유로는 4가지 원인이 지적되었다. 첫째, 기자조판제를 전면 도입할 경우 해 고가능성 등 고용불안을 느끼는 이해당사자들인 편집기자들의 반발 이다. 둘째, 업무량과중이라는 주장 이면에 전통적으로 화이트칼라인 편집기자가 블루칼라(납 활자 시대는 정판원, CTS는 오퍼레이터)가 맡아오던 궂은일을 담당하기 어렵다는 화이트칼라 의식이 깔려 있다. 셋째, 신문사 경영진의 이해부족을 들 수 있다. 기자조판제가 고품질 의 지면을 제작하는 유용한 수단이 아니라 적은 인력으로 많은 생산 효과를 내자는 단순경영논리로 추진하기 때문이라는 것이다. 넷째로, 컴퓨터세대가 아닌 편집기자들의 미숙련도와 고령화가 오퍼레이터들

---

41) 대표적인 사례로서 문화일보가 1997년 8월 부분적인 편집기자 조판제 를 실시하려는 방침이 알려지자 편집기자들이 '준비소홀'을 이유로 집단 반발해서 무산되기도 했다. 당시 사측은 기자조판제 설명회를 갖고 '기자 조판제가 시대적 흐름'으로 3-4개 면에 한해 시범 실시하려 했다. 그 러나 편집기자들은 "편집기자 조판제가 근무조건 및 업무형태에 상당 한 영향을 끼치는데도 불구하고 회사 측이 사전의견수렴 없이 졸속으로 이를 추진하고 있다"고 반발했다. 하지만 기자들은 회사 측에 기자조판 형식과 편집기자의 신분, 실시일정 등 3개 항을 질의함으로써 사실상 무산되었다가 2001년에야 오피니언 면과 방송가이드 면에 부분 도입되 었다. 경향신문은 1995년 5월 기자조판제를 시행키로 했다가 4개월 후 인 그해 9월 무기 연기했으며 간지 면에 한해 부분적으로 기자조판제 를 실시하면서도 2005년 현재까지도 시행하지 못하고 있다. 서울신문도 지난 2000년 11월 단계적인 기자조판제 도입을 검토했다가 편집기자들 의 반발에 밀려 유보하였다.

만큼의 숙련도를 낼 수 없어 마감시간과 강판시간을 제대로 맞추기 어렵다는 일종의 '기술적 저항'이 작용하였다. 이 중에서도 디지털화에 따른 인력 구조조정에 대한 고용불안감은 기자조판제 정착을 지체시켜 온 가장 큰 요인으로 나타났다.[42]

당초 기자조판제는 고도의 숙련도가 필요한 이전과 달리 제작단계의 공정을 매뉴얼화하고 표준화함으로써 언제든지 해당 제작공정에 다른 인력을 투입할 수 있는 유연성을 확보하는 방안이었다.

이에 반해 편집기자들은 자신의 작업을 타인으로 대체하는 모듈시스템은 자칫 자신의 고용을 불안케 한다는 점에서 표준화 및 매뉴얼화보다는 제작공정에서 자신의 숙련도가 더욱 중요하다는 점을 역으로 더 부각시켜야 하였다.

신문기업들은 CTS라는 디지털시대에 적합한 기술 인프라를 조기에 구축하고도 고용불안을 느낀 편집기자들의 반발에 부딪혀 디지털시스템에 맞는 모듈작업공정을 제대로 운용하지 못하고 있다.

---

42) 실제로 분석기간인 1995년부터 2005년까지 신문사의 조직과 인력은 디지털화로 조직의 슬림화 및 인원감축을 가져온 것으로 드러났다. 12개 중앙일간지 종사자 수는 지난 1995년 1만 678명이었으나 2004년 7월 현재 6665명으로 무려 37.6%인 4013명이 줄어들었다. 이러한 고용변화는 1998년에 닥친 IMF 외환위기로 신문업계는 구조조정을 단행해 인원이 줄었으나 이는 잉여인력을 줄이는 차원이었다. 따라서 디지털화 등 기술적 변화에 따른 경영합리화 차원에서 인원감축이었지만 IMF 사태가 CTS 도입 등 디지털기술 도입으로 미뤄왔던 잉여인력을 감축하는 계기를 마련해 주었다는 견해가 지배적이다. 한국신문방송연감(2005년도) 통계.

## (3) 가로쓰기 편집

아날로그시대 신문기업들이 사용했던 세로쓰기 편집(종조, 縱組)은 CTS 도입 등 디지털화에 따라 전면 가로쓰기 편집(횡조, 橫組)으로 전환되었다. 세로쓰기는 디지털 속성상 모듈편집에 적절하지 않는 구조적 한계를 갖고 있었다. 세로쓰기는 CTS제작상 제작공정이 매우 복잡하고 표준화하지 못하는 문제점을 갖고 있는데다 이로 인해 추가적인 인적, 물적 부담이 증가하게 되었다.

이러한 CTS기술공정상의 문제로 중앙일보를 시작으로 가로쓰기 공정이 새로운 기자의 역할로 부여되었다. 즉 가로쓰기는 '읽는 신문'에서 '보는 신문'으로 전환을 가져오는 기술공정 진화의 필연적 산물이었다.

그럼에도 중앙일간지들은 제호 및 편집은 여전히 세로쓰기를 하는 관행을 유지하다 1995년 이후 각 신문사별로 시차를 두고 가로쓰기로 연쇄적으로 전환하였다. 이는 기술진화에 따른 신문제작공정의 단축과 이로 인한 자원의 효율화라는 차원에서 중앙일간지로서는 피할 수 없는 선택이었다.

〈표 3-13〉 중앙일간지 가로쓰기 편집 전환[43]

| 연   도 | 1995년 | 1996년 | 1997년 | 1998년 | 1999년 |
|---|---|---|---|---|---|
| 신문사 | 중앙일보<br>(10월) | 서울신문<br>(10월) | 경향신문<br>(4월) | 동아일보(1월)<br>한국일보(3월)<br>국민일보(4월) | 조선일보(3월)<br>세계일보(5월) |

---

43) 1988년 창간한 한겨레신문과 국민일보는 중앙지로서는 처음 가로쓰기를 시작했다. 그러나 국민일보는 1년 후 세로쓰기로 전환했다가 1998년 가로쓰기를 재도입했다. 조선일보와 동아일보는 가로쓰기 편집 전환 후에도 세로쓰기 당시의 제호를 그대로 사용했다.

<표 3-13>에서 보듯이 중앙일간지들은 1995년부터 1999년까지 세로쓰기 편집에서 예외 없이 가로쓰기 편집으로 전환한 사실을 알 수 있다. CTS와 인터넷 웹 기술의 진화는 신문사 가로쓰기 편집의 공정 변화를 추동하였다는 점을 말해 준다. 제4세대 CTS가 1995년 이후 전 중앙일간지에 도입된 후 텍스트 위주의 지면제작에서 사진 등 이미지 위주의 모듈편집 시스템으로 전환하면서 '비주얼 편집'이 오히려 효율성을 가졌기 때문이었다.44)

결국 CTS기술이 진화할수록 제작기술이 단순화되고 공정이 단축되어 세로쓰기 편집은 더 이상 유용성을 갖지 못하게 되었다.

## (4) 교열·조사기능

교열기자 역시 온라인 자동교열 시스템의 등장으로 과거와 달리 부서의 비중이 낮아져서 신문기업마다 아웃소싱을 하거나 아예 편집부에 소속시켜 부분적으로 교열기능을 하도록 하고 있다.

조사기자 역시 디지털 데이터베이스 구축 및 자동검색이 발달하면서 부서가 폐지되거나 기초적인 기능만을 남겨두고 사실상 사라졌다. 각 신문기업 조사부는 디지털화에 따라 편집국에서 벗어나 국(局)이나 실(室), 또는 독립된 뉴미디어국 내지 데이터뱅크국 등으로 확대 개

---

44) 메이저신문들은 세로쓰기에서 가로쓰기 전환을 할 경우 세로쓰기에 길들여진 고령층 독자들에게 심적 부담감을 줄 수 있고 제호라는 브랜드 효과에 역효과가 날 것을 우려해서 가로쓰기 편집의 효용성이 높다는 사실을 알면서도 시도를 하지 못했다. 그러나 메이저신문인 중앙일보가 1995년 전격적으로 전환하자 눈치만 살피고 있던 마이너신문들의 가로쓰기 전환이 연쇄적으로 이어졌다. 종합일간지 중 한겨레신문은 1988년 창간 이후 가로쓰기를 계속하고 있고 국민일보는 창간 당시 가로쓰기 편집을 하다가 1년여 만에 세로쓰기로 전환하였다가 1988년 가로쓰기로 재전환하였다. 이들 신문을 제외하면 중앙일간지 중 가로쓰기를 선도적으로 주도한 신문은 중앙일보였다.

편되었다. 아날로그 시기 기사스크랩, 서적과 정기간행물의 열람관리 등의 역할을 담당하던 조사부는 뉴스정보와 이미지 등을 저장 보관 관리하는 부서로 탈바꿈했다.

표 <3-14>는 모든 정보를 수집 분석 제공 재생산하는 정보센터의 역할로 변화한 사실을 보여준다.[45] 즉 종전에 기자들에게 뉴스정보를 수작업으로 검색해 주는 뉴스룸 내 '백과사전'의 역할을 하던 조사부 기자는 디지털화에 맞는 새로운 역할인 정보수집기능과 정보분석을 담당하게 되었다.

기존의 조사부 업무는 정보사업화로 변화하면서 신문기업의 모든 정보를 데이터베이스에 저장, 보관, 관리, 유통하는 다중적 역할로 변화하였다. 더욱이 정보의 데이터화 및 전자화와 컴퓨터 통신기술 등의 발달에 의해 DB화한 정보를 이용해 보도하는 DB저널리즘이 갈수록 확대되는 새로운 추세를 보였다.[46]

---

45) 오수정(1996), '멀티미디어시대 조사기자', 「신문과 방송」 2월호, pp.56~61.
46) 중앙일보가 조사기자의 역할변화와 소위 DB저널리즘의 전범을 보여주었다. 1994년 10월 '대학순위가 바뀌고 있다'는 시리즈는 자체 인물DB의 정보를 수개월간 가공 편집 취재해서 사회유명인사의 출신대학을 양적으로 집계한 것이었다. 10년 후인 2005년 10월 조인스닷컴의 인물DB를 분석해 한국사회에서 영향력 있는 인사의 출신지역과 출신 중·고교, 대학명을 불과 며칠 만에 분석 보도했다.

〈표 3-14〉 조사부서 편제의 변화

| 신문사 | 1988년 | 1996년 | 2005년 |
|---|---|---|---|
| 경향신문 | 조사연구실 조사자료부 기획위원 심의위원 | 정보사업본부 조사자료팀 뉴미디어팀 | 미디어전략연구소 정보자료팀 |
| 국민일보 | 편집국 조사부 | 편집국 조사부 | DB팀(분사) |
| 동아일보 | 조사연구실 조사부 자료전산부 여론조사부 연구부 | 데이터뱅크 조사부 데이터베이스부 | 지식정보센터 조사연구팀 |
| 문화일보 | (창간 전) | 편집국 조사부 | 편집국 내 조사팀 |
| 서울신문 | 편집국 조사부 | 심의자료실 조사부 | 편집국 DB팀 |
| 세계일보 | (창간 전) | 편집국 조사부 | 조사국 조사1부 조사2부 |
| 조선일보 | 편집국 조사부 | 편집국 조사부 디지틀조선일보정보자료실 DB팀 | 미디어콘텐츠국 (인물DB 뉴스DB DB기술팀 정보지원팀) |
| 중앙일보 | 데이터뱅크국 조사부 사진조사부 정보개발부 | 뉴미디어 데이터뱅크국 조사정보팀 DB팀 | CRM실 조사연구팀 |
| 한겨레신문 | (창간 전) | 편집국 조사자료부 | |
| 한국일보 | 편집위원실 조사부 편집디자인부 사보편집부 | 홍보자료실 홍보부 조사부 | 정보지원실 자료조사부 |

　　이상에서 보았듯이 신문제작공정이 디지털시스템으로 바뀌면서 신문기업의 변화는 물론 신문지면, 조직체계에 중대한 변화가 발생하였다. 편집국의 경우 기자와 데스크 편집기자의 업무는 이전보다 편리하고 신속하게 이뤄진 반면 개인의 역할은 이전보다 더 많아졌다. 기술의 진화가 조직구성원의 다중적 역할을 부여했으며, 결국 인력감축을 초래해 향후 분사 및 아웃소싱 여부를 둘러싼 노사갈등의 요인이 되기도 했다.[47] 공무국과 제작국에서 담당하던 업무가 편집국

47) 신문사 조직 중 1995년부터 2004년 말까지 10년간 제작공무부문의 인력은 절반이 넘는 56.4%가 감소한 것으로 조사됐다. 제작공무는 1997년

으로 이전되면서 새로운 부서들이 신설되고 기존의 부서가 대폭 축소되는 현상이 나타났다.

　이같이 디지털화에 따른 조직의 모듈화와 기술의 혁신은 경영 측면에서 공정의 단축과 아울러 인원감축 등에 의한 비용절감의 효과를 가져왔지만 기자들의 업무부담을 가중시켰다.


# 5. 디지털환경 적응과 학습비용


## 1) 조직의 적응성

　경영진은 디지털환경의 변화에 조직과 구성원들이 신축적으로 유연하게 적응하도록 하는 전략을 추진하게 되었다. 더 이상 환경 변화에 둔감하거나 경직화된 조직은 생존하기 어렵기 때문이다. 그런 점에서 CEO들이 밝힌 종합콘텐츠정보회사로 이행하려면 변화를 능동적으로 수용하는 개방성과 유연성, 그리고 이러한 환경 변화에의 적응이 무엇보다도 중요할 수밖에 없다.

　무엇보다도 적응은 조직변화에 필요한 요소들을 조직 내 메커니즘에 이식하려는 조직 내의 능동적이고 적극적인 마인드의 형성이다.

---

　초 1530명에서 IMF 외환위기 이후인 1998년 1130명으로 20%가 줄었고 이후 2000년까지 매년 10%가량 감소했다. 신문사마다 인쇄부문을 분사한데다 편집기자를 보좌하던 오퍼레이터 등 조판인력이 대폭 줄었기 때문이다. 미디어오늘 2005년 4월 9일자 참고.

조직변화를 위한 변화의 방향성이 확정되면 이를 내적으로 흡수하여 적응하는 변화의 수용능력이기도 하다.

이를 위해서는 신문기업 특유의 조직적 폐쇄성을 없애고 소비시장의 모든 변화를 흡수하는 '열린 조직', 즉 개방성이 중요하다. 따라서 특종 위주 내지 뉴스속보 중심의 위계적 조직체계에서 다양한 가치를 받아들이고 내보낼 수 있는 수평적 조직체계로 전환하여 개방성을 확보하는 것이 필수가 되었다. 디지털화는 신문기업 중심의 정보의 독점이 아니라 정보의 공유가 더욱더 가치가 증대되는 네트워크 효과를 갖도록 한다. 그럼 점에서 개방성은 뉴스정보의 가치를 하락시키는 것이 아니라 디지털미디어네트워크를 통해 새로운 정보의 사실(fact)을 추가함으로써 통합된 뉴스정보와 콘텐츠를 제공해 준다.

디지털환경 변화에서 중요한 변화요인은 조직과 구성원이 갖는 변화에 대한 태도이다. 디지털기술이 추동하는 급격한 미디어환경 변화와 시장의 불확실성에 대해 조직과 기자 등 구성원들이 변화하려는 마인드이다. 과거에 안주하려는 태도가 아닌 새로운 변화를 능동적으로 바라보는 시각과 그에 대한 적응은 조직변화의 속도를 가속화시킬 수 있다.

유연성은 디지털기술의 변화에 언제 어디서나 어떤 방식으로든 적응할 수 있는 조직의 탄력성이다. 비선형 생산 공정이 확대되어 가는 디지털패러다임에서 경직된 사고와 행동은 의도하지 않은 결과를 낳는다. 기획 제작단계에서 모든 변수를 담아내야 하는 자기 완결적 생산 공정은 '제한적 합리성'[48]을 갖는다. 즉 모든 조직과 구성원이

---

48) '제한적 합리성'(bounded rationality)란 현실적으로 경제행위주체로서 인간은 완전하게 자신의 환경을 이해할 수 없고 따라서 최적의 선택(optimal choice)을 하거나 이를 실천에 옮길 수 없다는 의미이다. 따라서 완전경쟁모델 등 전통경제학에서 소비주체로서 인간은 항상 자신의 환경과 이

모든 정보와 이성을 동원해도 미래의 불확실성을 완전히 제거할 수
는 없을 것이며 결국 이를 최소화하는 것만이 최선의 선택이다.

　불확실성은 곧 미래시점에서 의도하지 않은 결과물이 생산될 가능
성이 높아진다는 의미다. 따라서 불확실성이 내포하는 부정성을 최
소화하는 메커니즘은 끊임없는 피드백 시스템이다. 따라서 항상 피
드백이 가능한 유연한 조직체계 구축이 미래에 대한 위험성을 최소
화하는 가장 중요한 메커니즘이다.

　유연성도 디지털사회에서 조직의 성패를 가르는 가장 중요한 요인
중의 하나다. 디지털에 기반을 둔 기술적 혁신에 적합하도록 유연한
조직을 구축하고 이를 통해 새로운 가치창출을 하는 것은 미디어기
업에 생존의 변수가 아닐 수 없다.

　디지털이라는 동일 기술적 플랫폼에 기반을 둔 신문기업도 역시
하부구조로서 디지털의 기술적 속성에 적합한 조직, 행위, 커뮤니케
이션 체인, 자원의 재분배, 투자 등에서 새로운 관점의 변화가 요구
되고 있다.

## 2) 임파워먼트 : 학습비용과 인센티브

　임파워먼트는 곧 새로운 디지털 사고방식과 이를 배우고 현장에
적용하는 학습비용을 수반하지만 디지털패러다임에 대한 내부 구성

---

해관계의 갈등을 완전히 알고 이성적이고 합리적으로 판단하고 최적의
선택을 한다는 전제와 정반대이다. 제한적 합리성을 전제로 복잡계 접
근(Complexity Approach)은 비선형 네트워크를 받아들이는 것이다. 장용
호(2003), "Complexity Approach to New Media market", Newmedia
Forum (2002.6.23) 발제문 참고.

원의 이해와 동의, 참여를 도출하고 뉴스룸 조직시스템을 전환할 수
있는 현실적인 동인(動因)이다.

블록(Block, 2001)은 미디어경영에서 기존의 미디어 조직 내 구성
원들의 '새로운 의식모델'(New Mental Model)을 제시하고 구성원들
의 의식모형을 수정하는 일종의 패러다임 이동(paradigm shift)이 필
요하다고 지적했다. 그는 언론사 조직 내 종사자들의 의식의 변화가
있지 않는 한 어떤 패러다임의 변화도 있을 수 없으며, 이런 복합적
이중고리 학습모델이야말로 혁신과 창조성의 초석이라고 강조했다.

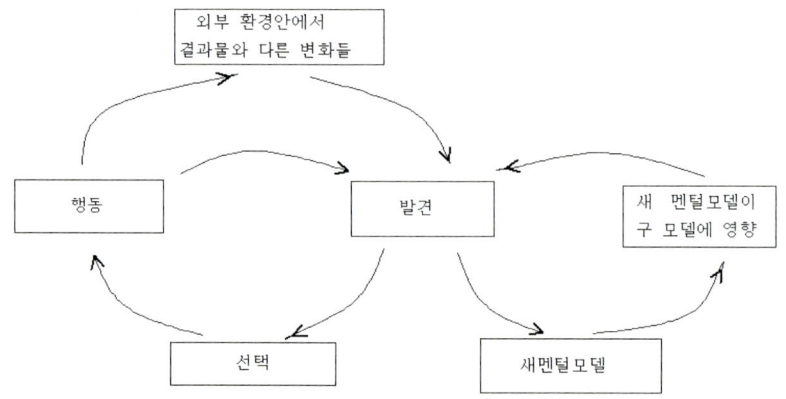

출처: Block. Peter(2001), Complex Double-loop Learning, pp.193~195

〈그림 3-6〉 복합 이중고리 학습모델

다시 말하면 기존의 아날로그시대에 구축된 종이신문 기반의 경직
된 생산체계를 유연하게 변화시켜야 한다는 것이다. 이러한 유연성
은 전술한 대로 수직적 구조를 수평적 구조로 전환하고 전체 콘텐츠
생산체계 역시 모듈러 시스템으로의 재편이 필요한 것이다.[49]

새로운 디지털패러다임의 변화에 적응하는 정도를 넘어서 구성원의 능동성을 이끌어내지 않는 한 조직전환은 쉽지 않다. 임파워먼트 과정은 곧 기자와 데스크 등 구성원들의 '학습의 과정'을 수반한다. 새로운 디지털미디어의 변화의 메커니즘을 '배우면서 적응하는' 과정(learning by doing)이다.[50] 더구나 기자의 멀티플레이어화는 재교육 등 기존의 방식과는 다른 새로운 학습과정이 필요하다.

---

49) 21세기 성공적인 조직은 첫 번째로 유연화전략(strategy of flexibility)에 의존하고 있다. 전략이 유연해지고 무한경쟁에서 이익을 추구하려면 전략적인 리더십이 필요하며 역동적인 핵심적 자본을 만들고 인적자원에 초점을 맞추고 발전해야 하며 정보기술을 효율적으로 이용하고 다양한 전략을 구사해야 한다. 나아가 새로운 조직구조를 수행하여 수직적 구조를 수평적 구조로 재편해야 한다. 수직적 구조는 신상품을 출시하는 데 시간과 노력이 많이 소요되고 시장실패에 큰 영향을 받는다. 반면에 수평적 구조는 유연한 구조를 갖춰 신상품과 새로운 시장에 쉽게 적응하기가 용이하다. Michael A. Hitt, Barbara W.Keats, and Samuel M.Demarie(1998), Navigating in the new competitive landscape: Building strategic flexibility and competitive advantage in the 21st century. *Academy of Management Executive,* vol.12. pp.22~42.

50) 조직구성원이 디지털학습을 하는 학습은 과거의 정신교육 위주의 학습 비용과는 다르다. 구성원의 디지털디바이드, 정보격차를 줄이고 모듈화된 자신의 직무를 수행하면서 조직단위로서 디지털환경을 끊임없이 수렴하고 적응해 가는 새로운 학습과정이다. 대표적인 사례가 중앙일보의 재교육 과정이다. 이미 2000년 2월 언론사 최초로 사장부터 일반직 기자까지 전 사원을 상대로 컴퓨터과정을 체득하기 위한 'e-test'에 참여시켜 전원 3급 이상을 획득하도록 했다. 특히 인터넷 등 디지털기술에 소극적인 부국장 등 간부급 47명에 대해 1차로 e-test에 참여시켜 1-3급 이상을 취득시키도록 했다. 또 '종이 없는 사무실'의 일환으로 2000년 4월 편집회의를 '페이퍼리스'회의로 바꾸어 편집국 간부들이 무선 LAN 시스템 환경을 구축하고 온라인 회의를 하도록 하는 한편 개인관련 정보를 타인과 공유하도록 했다.

〈표 3-15〉 신문사 재교육 필요성

| 구 분 | 전혀<br>필요 없다 | 별로<br>필요 없다 | 대체로<br>필요하다 | 매우<br>필요하다 |
|---|---|---|---|---|
| 중앙일간지 | 0.0(0.5) | 2.1(0.0) | 29.2(27.1) | 68.7(72.5) |
| 경제지 | 0.0(0.0) | 1.8(1.3) | 29.8(28.9) | 68.4(69.7) |
| 스포츠지 | 0.0(0.0) | 8.3(7.3) | 33.2(34.5) | 58.5(58.2) |
| 지방일간지 | 0.0(0.5) | 2.5(2.8) | 30.9(33.5) | 66.6(63.2) |

출처: 한국언론재단, 「한국의 언론인 2005」를 재구성. (  )은 2003년

조직변화의 각 요인 중 조직내부 종사자의 역할과 마인드의 변화가 곧 전환비용이고, 이는 임파워먼트 비용이다. 임파워먼트 비용은 재교육을 포함한 학습비용의 총합이기도 하다. 급변하는 디지털환경에 대처해서 경쟁력을 갖추려면 탄력적인 구조개편을 통해 조직 내 의사결정단계를 축소하고 그 단계가 감소하지만 1인이 통제해야 할 관리대상 인원이 증가해 결론적으로 임파워먼트가 없이는 효율적인 관리가 어려워질 것이다.[51] 하지만 <표 3-15>에서 보듯이 기자들의 재교육 필요성은 갈수록 커지지만 신문기업 차원의 재교육은 제대로 이루어지지 않고 있다.

더구나 고객과 시장을 중시하는 기업정책이 정착되려면 자율경영이 선행되어야 하고 구성원 역시 자율성을 갖고 능동적으로 자신의 임무를 수행하는 것이 필요하다.

디지털정보 시스템을 갖춘 디지털조직으로 진화하는 신문기업 조직의 경우는 구성원인 기자와 데스크 등은 독자의 요구변화를 앞서 읽고 그 변화를 신속하고 탄력적으로 내부로 흡수하고 재구성하는 자체 변환능력(conversion capability)이 다른 여타 조직보다 더욱 커야 한다.[52]

---

51) 조영춘(2002), p.18을 참고.

이러한 정보시스템 조직의 인적자원을 관리하는 방안으로 임파워먼트를 도입하는 것이 현실적인 필요성을 갖는 것도 그러한 이유에서다.

　대표적인 예로서 중앙일보가 JES시스템 등을 조직에 도입하는 등 새로운 뉴스룸 구조개편에 나설 수 있는 것도 내부 구성원들에 대한 임파워먼트 전략의 결과로 분수 있다.[53] 즉 중앙일보는 디지털기술의 도입 시 구성원 전원에 대한 임파워먼트 개념을 적용했고 이를 통해 조직변화와 구성원 간의 공정상의 괴리를 줄일 수 있었다. 하지만 나머지 신문기업의 현실은 그렇지 못하다.

　"신문사의 재교육 프로그램이 뭐 있나. 그저 남의 돈 갖고 해외연수 잠시 1년 갔다 오는 건데 그것도 아무나 보내주는 것도 아니고. 차라리 안식년 제도라도 하면 좋겠다. 예를 들어 10년차는 6개월, 15년차는 1년 이런 식으로……기자생활 10년차 정도 되면 스스로 이런 부분에서는 좀 부족하고 이런 부분은 재미있는데 시간에 쫓겨 다녔으

---

52) 뉴밀레니엄 시대에 신문사가 살아남거나 발전하려면 전략적으로 신문에 있는 편집이나 내용, 제작방식을 혁신시켜야 하고 온라인과 병행한 운용을 해야 한다는 지적이 제기되었다. 즉 기자들은 온라인과 신문에 같이 기사를 공급해야 하는 시스템은 물론 기사작성 외에 오디오, 비디오, 애니메이션, 그래픽 그리고 독자와의 상호 제작 시스템 활용도 하도록 하는 교육시스템이 갖춰져야 한다는 것이었다. 최명호(2000), '디지털시대와 신문의 미래', 「기자통신」 9월호, p.65.

53) 중앙일보는 컴퓨터과정 등 새로운 기술변화에 대한 구성원들의 교육훈련이 제도화되어 기술변화와 조직구성원 간의 간극을 줄이기 위한 노력을 기울여왔다. 한 예로서 2000년 2월 언론사 최초로 사장부터 일반직 기자까지 전 사원을 상대로 컴퓨터과정을 체득하기 위한 'e-test'에 참여시켜 전원 3급 이상을 획득하도록 했다. 특히 인터넷 등 디지털기술에 소극적인 부국장 등 간부급 47명에 대해 1차로 e-test에 참여시켜 1-3급 이상을 취득시키도록 했다. 또 '종이 없는 사무실'의 일환으로 2000년 4월 편집회의를 '페이퍼리스'회의로 바꾸어 편집국 간부들이 무선 LAN 시스템 환경을 구축하고 온라인 회의를 하도록 하는 한편 개인관련 정보를 타인과 공유하도록 했다.

니 연구를 좀더 해야겠다는 생각이 든다. 여러 가지 관심사를 갖게
마련인데 그런 게 없다. 지금도 사람이 없어 난리들인데 무슨 안식년
이 되겠나. 그러니 도저히 안 되니까 경비절감 차원에서 시행하는 무
급휴직을 자기개발의 기회로 활용하는 사람이 늘어나더라."(E차장)

"수습기자를 하면서 만난 다른 메이저신문의 수습동료를 보면서
'내가 너는 이길 수 있다'고 자신했다. 실제로 현장에서 내가 더 능력
이 낫다고 판단했다. 그런데 그 회사(중앙일보)는 중간에 배낭여행식
해외연수도 보내고 내부 자체 교육도 하면서 몇 년간 여기저기 사내
교육프로그램에도 참여시켰다. 그리고 7-8년이 지난 지금 그 기자를
만나니 한마디로 내가 얼마나 경쟁력이 떨어졌는가 생각하지 않을 수
없더라. 이게 바로 재교육의 효과라고 생각했다."(K기자)

이와 같이 이상적인 디지털조직 전환을 위해서는 기자 데스크 등
조직구성원들이 새로운 변화에 대한 마인드를 갖고 디지털환경 변화
에 대한 능동적 수용, 그리고 자신과 환경의 간극을 메우려는 끊임
없는 피드백 과정이 이루어지도록 해야 된다. 여기에 구성원에 대한
인센티브 비용도 소요된다.

〈표 3-16〉 기자들의 디지털마인드의 차이

( ): %

| 항 목 | 매우<br>그렇다 | 대체로<br>그렇다 | 보통<br>이다 | 별로<br>그렇다 | 별로<br>그렇지<br>않다 | 전 체 |
|---|---|---|---|---|---|---|
| 오프라인 기자도 온라인용 기사를<br>써야 한다. | 15<br>(7.2) | 79<br>(38.0) | 78<br>(37.5) | 33<br>(15.9) | 3<br>(1.4) | 208<br>(100) |
| 내 블로그를 운영하고 있다. | 13<br>(6.3) | 48<br>(23.1) | 35<br>(16.8) | 48<br>(23.1) | 64<br>(30.8) | 208<br>(100) |
| 메신저나 버디로 온라인 대화를 한다. | 49<br>(23.6) | 83<br>(39.9) | 33<br>(15.9) | 25<br>(12.0) | 18<br>(8.7) | 208<br>(100) |

<표 3-16>에서 보듯이 온라인기사를 써야 한다는 설문에서 45.2%만이 긍정적인 반응을 보였고 신문기업들이 장려하고 있는 블로그를 운영하고 있다는 응답은 29.4%에 그쳐 매우 대조를 보였다. 그러나 사이버커뮤니티나 개인적 용도로 많이 쓰이는 메신저의 경우 63.5%가 사용하고 있었다. 이는 자신들의 디지털미디어의 기술적 장벽보다도 자신들의 필요성이 마인드 변화의 변수가 된다는 점을 시사해 주고 있다.

〈표 3-17〉 신문사별 인터넷과 메신저 사용시간

( ): %

| 구 분 | | 경향신문 | 국민일보 | 동아일보 | 문화일보 | 서울신문 | 세계일보 | 조선일보 | 중앙일보 | 한국일보 | 한겨레 | 기타 | 전체 |
|---|---|---|---|---|---|---|---|---|---|---|---|---|---|
| 하루 평균 인터넷 이용량 | 2시간 미만 | 11 | 12 | 10 | 11 | 12 | 4 | 7 | 7 | 3 | 10 | 3 | 90 |
| | | (12.2) | (13.3) | (11.1) | (12.2) | (13.3) | (4.4) | (7.8) | (7.8) | (3.3) | (11.1) | (3.3) | (100) |
| | 2시간 이상 | 11 | 10 | 15 | 7 | 16 | 12 | 15 | 13 | 13 | 5 | 1 | 118 |
| | | (9.3) | (8.5) | (12.7) | (5.9) | (13.6) | (10.2) | (12.7) | (11.0) | (11.0) | (4.2) | (0.8) | (100) |
| | 전체 | 22 | 22 | 25 | 18 | 28 | 16 | 22 | 20 | 16 | 15 | 4 | 208 |
| | | (10.6) | (10.6) | (12.0) | (8.7) | (13.5) | (7.7) | (10.6) | (9.6) | (7.7) | (7.2) | (1.9) | (100) |

$x^2 = 16.803$, df = 10, p > .05

| 구 분 | | 경향신문 | 국민일보 | 동아일보 | 문화일보 | 서울신문 | 세계일보 | 조선일보 | 중앙일보 | 한국일보 | 한겨레 | 기타 | 전체 |
|---|---|---|---|---|---|---|---|---|---|---|---|---|---|
| 하루 평균 메신저 이용량 | 30분 미만 | 13 | 9 | 12 | 11 | 15 | 7 | 15 | 11 | 7 | 7 | 3 | 110 |
| | | (11.8) | (8.2) | (10.9) | (10.0) | (13.6) | (6.4) | (13.6) | (10.0) | (6.4) | (6.4) | (2.7) | (100) |
| | 30분 이상 | 9 | 13 | 13 | 7 | 13 | 9 | 7 | 9 | 9 | 8 | 1 | 98 |
| | | (9.2) | (13.3) | (13.3) | (7.1) | (13.3) | (9.2) | (7.1) | (9.2) | (9.2) | (8.2) | (1.0) | (100) |
| | 전체 | 22 | 22 | 25 | 18 | 28 | 16 | 22 | 20 | 16 | 15 | 4 | 208 |
| | | (10.6) | (10.6) | (12.0) | (8.7) | (13.5) | (7.7) | (10.6) | (9.6) | (7.7) | (7.2) | (1.9) | (100) |

$x^2 = 6.531$, df = 10, p > .05

신문기업별로 디지털미디어 이용량 차이를 살펴보기 위하여 인터넷과 메신저 사용시간에 대한 교차분석($x^2$)을 실시한 결과 통계적으로

는 유의미한 차이가 없는 것으로 나타났다. 이는 각 사별로 인터넷 이
용이나 메신저 사용이 보편화되어 사실상 신문사별로는 차이가 없다는
것을 의미한다. 이미 메신저와 인터넷 등은 취재의 도구이자 기자들의
정보원으로서 뉴스룸 안에 보편적으로 자리잡았다는 점을 보여주는 것
이다. 인터넷이나 메신저 등의 사용이 보편화되면서 인력난이 가중되
자 오히려 기자들은 디지털미디어를 통한 간접취재를 늘리고 있다.

이와 같이 임파워먼트의 과정은 구성원 간 디지털디바이드의 격차
를 축소하는 일련의 학습과정도 필요하지만 디지털미디어의 접근성을
높이되 이를 통한 현장취재를 병행하도록 개인의 의욕을 고취시키는
인센티브 과정이 매우 필요하다. 따라서 임파워먼트에 소요되는 총학
습비용은 그대로 전환비용으로 대체될 수밖에 없다.

지금까지 보았듯이 뉴스룸의 조직전환은 기술적 요인 외에도 경제적
요인과 함께 조직문화, 구성원 의식 등 다차원 변수들의 중층적 결정
(the decision of overdetermination) 귀결물이라고 볼 수 있다.

〈표 3-18〉 디지털조직 변화의 방향

| 능률지향 | 주요 측면 | 창조지향 |
|---|---|---|
| 원가최소화 | 조직목표 | 혁 신 |
| 계층적 조직 | 조직구조 | 평면조직 |
| 관리적 | 리더십스타일 | 기업가적 조직 |
| 고도의 정형화 | 일상작업 | 자유스러움 |
| 연공서열의 체계화 | 승 진 | 능력에 기초 |
| 상벌위주 | 개인평가기준 | 개발위주 |
| 공식적 | 의사소통 | 비공식적 |
| 동질적 | 조직구성원 | 이질적 |
| 양 | 성과, 제품, 서비스 | 질 |
| 조직목표 | 목표지향 | 조직+개인 목표지향 |

<표 3-18>에서 보듯이 신문기업들은 다른 기업과 같은 디지털조직의 경영 차원에서 조직적 인적 혁신을 시도하고 있지만 조직과 인적 차원의 진화속도는 다른 기술이나 경영부문보다 더딘 일종의 지체현상을 보이고 있다. 기술적 또는 물적 토대로만 작동하는 생산시스템이 아니라 인적자원의 힘이 가장 크다는 사실을 보여준다. 따라서 인적 요소를 적재적소에 배치하는 조직구조가 어떻게 짜이느냐가 경쟁력으로 나타난다.

미디어조직 혁신의 시발점은 기자 등 종사자의 마인드의 변화, 즉 임파워먼트가 가장 중요한 요소이며 경영전략의 주요부분을 차지하게 된다. 조직구조 내에서 역할을 담당하는 구성원들이 모듈체계에서 스스로의 존재와 조직의 위치를 규정하고 디지털환경에 맞는 사고방식과 역할을 담당하느냐가 가치창출에 역점을 두는 경영전략의 핵심이 되고 있다.

# 제 4 장

## 뉴스룸 디지털화와
## 조직의 전환비용

## 1. 디지털기술 기반의 제작체계 구축

앞서 살펴보았듯이 인터넷 웹 기술과 CTS는 디지털기술을 뉴스룸에 접목시켜 '종이 없는 편집국'을 실현시킨 중요한 기술변화의 요인이었다.

CTS(Computerized Typesetting System)는 현재 컴퓨터를 이용해 기사취재, 지면편집, 교정 및 인쇄용 원판을 만드는 신문제작의 전 과정을 지칭하는 말로 사용되고 있다.[1] 이 같은 CTS화는 정보화 시대에

---

[1] CTS는 당초 '전자사식시스템'이라는 신문제작과정의 전산화체제로서 과거 신문의 조판작업에 뜨거운 납을 사용하지 않는다는 의미로 'Cold Type System'의 약자로 사용되었다. 그러나 컴퓨터 기술이 도입된 후 'Computerized Typesetting System'을 의미하는 용어가 되었다. 하지만 현재에는

걸맞게 신문의 질을 높이고 뉴스정보를 종합적이고 지속적으로 가공·축적·관리하는 데 목적이 있었다. 이런 점에서 신문사의 뉴스생산시스템의 진화는 곧 CTS기술의 진화라고 해도 과언이 아니다.

CTS기술은 1980~1990년대 초반까지 제1~4세대를 거쳐 '업그레이드 CTS'에 이어 코러스(CHORUS)와 뎁스(DEPS) 등으로 진화하면서 신문기업 뉴스룸의 생산 공정에 결정적인 변화를 가져다주었다.[2] 기자와 데스크, 기자와 기자들 사이의 커뮤니케이션이 사내통신망(LAN) 또는 컴퓨터 인트라넷[3]으로 이뤄지는 기사집배신 시스템이 가동되었

---

기사의 수집과 데스크 온라인 편집과정을 포괄하는 신문제작의 전 과정을 의미한다. 이용준(1999), 디지털혁명과 인쇄매체, 커뮤니케이션북스.
2) 1980년대 중앙종합일간지들은 초기단계의 CTS시스템을 도입하기 시작해서 1994년 제4대 CTS가 들어오면서 디지털시스템으로 전환되기 시작했다. 세대구분은 일본의 CTS제작사들이 CTS기술발전에 따라 구분한 것이다. 제4세대 이후 CTS기술은 각 신문사 자체 또는 일본 도시바와 미국 IBM 등 관련회사들의 제휴 아래 계속 진화를 했지만 더 이상 세대구분은 하지 않게 되었다. 다음은 국내 중앙의 종합일간지가 1-4세대 CTS를 도입한 시기이다.

⟨표 4-1⟩ 중앙일간지 CTS 도입 현황

| 신문사 | CTS 세대 | 납품회사 | 시 기 |
|---|---|---|---|
| 경향신문 | 3 | 서울시스템 | 93.1 |
| 국민일보 | 4 | IBM 서울시스템 | 94.5 |
| 동아일보 | 4 | 삼성-도시바 | 94.4 |
| 대한매일 | 1 | 샤켄 | 85.1 |
| 세계일보 | 1 | 샤켄 | 89.2 |
| 조선일보 | 4 | IBM | 92.9 |
| 중앙일보 | 4 | 삼성-도시바 | 92.3 |
| 한겨레신문 | 2 | 한국컴퓨터그래픽 | 88.5 |
| 한국일보 | 2 | 한국컴퓨터그래픽 | 93.6 |

자료: 한국전산원, 국가정보화백서, 1994, p.283.

고 기사작성과 입력에서 지면조판 작업 등 전 공정의 온라인화, 레이아웃의 전산화, 풀 페이지네이션 편집 등이 가능해졌다. 이러한 과정을 거쳐 신문사는 단순한 종이 외의 인터넷, DB, CRM 등과 결합하는 네트워킹 디지털시스템으로 진화하였다.

이 같은 기술진화의 추동력은 기술자체에 내재한 문제해결(problem solving) 과정이며, 이러한 문제해결 과정은 기술혁신의 새로운 요인으로 작용하는 순환의 흐름을 보였다.

## 1) 제작기술체계의 이식

신문기업들은 1990년대 초반부터 증면과 전국동시인쇄, 섹션경쟁이 불붙자 경쟁적으로 첨단 CTS기술을 뉴스룸에 이식하였다. 조선과 중앙 동아일보 등 메이저신문들이 경쟁차원에서 첨단 CTS시스템을 도입하였으나 이식시점의 차이가 있을 뿐 종국에는 기술적 차이가 크게 드러나지 않았다.

CTS는 모방과 시행착오 속에 1996년에서야 각 신문기업에 정착되

---

3) 인터넷의 기술을 응용하는 기업 내 전용 컴퓨터 네트워크로 기업의 각종 정보를 표본화하여 서버를 통해 공유하는 기업 내의 인터넷. 인터넷의 표준통신규약인 TCP / IP를 기반으로 인터넷과 동일한 검색 프로그램(브라우저), 통신장비, 소프트웨어를 사용하여 서버를 통해서 전자우편, 업무협약, 전자결재, 상품개발정보교환 등을 한다. 사용자는 사용자번호(ID)와 비밀번호(PASSWORD)가 있어야 접속이 가능하게 하고 불법적인 외부침입에 의한 기업 내부정보의 유출을 방지하기 위하여 접속을 제한하는 방화벽(fire wall)이 설치된다. 인트라넷의 통신규약과 정보검색 프로그램이 인터넷과 동일하므로 인트라넷의 사용자는 바로 인터넷에 접속하여 정보를 탐색할 수 있다. 한국정보통신기술협회, 정보통신용어사전, p.889.

었다.4) CTS는 당초 IBM과 도시바 등 미국과 일본의 제작사들이 1970년대부터 미국 항공우주국(NASA)의 사진투영 및 변형기술을 신문제작 시스템에 적용해 기존의 신문제작공정을 자동화하기 위한 목적으로 도입한 기술이다.

자동조판을 위한 식자기를 도입하는 초보적인 수준에서 도입된 CTS기술은 1994년 제4세대 CTS까지 업그레이드되어 신문기업 제작공정에 혁신을 가져오는 핵심요인이 되었다.

이 같은 기술혁신을 통해 납조판 공정의 단축(제1세대) → 텍스트 중심의 지면제작(제2세대) → 텍스트와 흑백사진 제작(제3세대) → 텍스트와 컬러사진 동시제작(제4세대)의 진화과정이 이루어졌다.5)

CTS기술의 진화는 1995년 MS의 '윈도우즈 95'(Windows 95)가 개발되면서 결정적인 혁신의 시기를 맞게 되었다. 1992년 9월 중앙일보가 일본 도시바와 제휴를 맺어 첨단 CTS시스템을 도입하고 지방분공장에 지면을 실시간 전송하는 풀 페이지네이션 시스템을 구축하여 본격적인 제3세대 CTS시대를 앞당겼다.

기존에 컬러 지면제작이 제대로 되지 않았던 CTS기술은 광고 원판을 스캔해 직접 배치하고 팩시밀리를 이용한 전송출력이 가능해져 단번에 지면필름이 나오는 일괄공정을 실현했다. 이에 따라 조선일보와 동아일보 등 중앙일간지들도 1994년까지 4세대 CTS로 대부분 전환하면서 자체 개발한 CTS에 자사의 명칭을 붙이고 본격적인

---

4) 조병길(1996), 'CTS 현황과 과제', 「신문과 방송」 11월호. pp.42~46.
5) 텍스트와 흑백사진을 동시에 지면에 제작하는 제3세대 CTS는 1980년대 중반에 16비트 컴퓨터를 기반으로 개발되었다. 1개 면에 들어가는 문자는 총 4000자로서 약 8K바이트 용량이지만 흑백사진은 이보다 57배인 40－50K바이트에 달해 사실상 16비트 컴퓨터의 용량을 초과했다. 그러나 일본의 CTS개발사들은 해상도를 909dpi에서 452dpi 수준으로 낮추어 이러한 한계를 극복하여 본격적인 제3세대 CTS시대를 열었다.

CTS업그레이드 경쟁에 돌입했다.[6]

CTS공정 혁신으로 신문기업은 새로운 기술에 적합한 조직의 변화를 시도하였고 신문제작 공정에서는 인적, 물적 환경 변화가 일어났다. 즉 단순히 활자의 채자 대신 컴퓨터에 저장된 신문사에 사용하는 서체들을 출력해 이를 따서 붙이는 이른바 전산사식의 개념에서 출발하여 화상을 제외한 텍스트 부분의 출력에 지문, 컷, 도안, 화상, 자료 등 텍스트를 보다 진보된 방식으로 제작하는 변화가 일어났다. 이로 인해 각종 사진이나 컷 등 화상 자료까지 처리, 광고를 뺀 신문 상단부 전체의 동시출력이 가능해졌다.

이와 같은 CTS시스템이 가져온 당시 신문제작상의 변혁은 대략 3가지로 요약되었다.[7]

첫째, 취재 분야의 전산화로써 휴대용 노트북 컴퓨터로 기사를 작성한 뒤 공중통신망을 통해 이를 회사 내 데스크로 보내게 되었고 둘째, 컴퓨터의 편집용 소프트웨어의 활용이 광범위하게 이루어졌고 셋째, 취재 편집 교열의 전산화를 하나의 신경망으로 이어주는 네트워크가 구축되었다.

하지만 CTS시스템은 초기에는 취재기자들이 노트북을 전화선으로 팩시밀리에 연결하고 기사를 전송하면 신문사 내에서 데스킹을 거쳐

---

6) 중앙일보는 1992년 3월 말 일본 도시바와 제휴로 '중앙 텔스타'(Telstar) 라는 CTS시스템을 구축하고 풀 페이지네이션을 실현했다. 그러자 증면 경쟁을 벌이던 조선일보는 1992년부터 일본 아사히신문의 IBM 제품을 한글화시킨 '코러스2'(Chorus2)를 도입했고 동아일보는 중앙일보의 CTS 시스템이 안정화되자 1994년 '델타2'(Delta2)라는 이름으로 도시바의 CTS를 들여왔다. 이로써 1995년부터 조선 중앙 동아 등 메이저신문은 컬러 풀 페이지네이션 제작이 가능해졌다. 이 외에 한국일보는 자체 개발한 CTS를 사용하였고 국민일보는 IBM과 대만이 공동 제휴한 '제온시스템' 을 사용하여 출력한 서울시스템을 사용하였다.
7) 김현덕(1993), '제작전산화에 대한 연구', 국민일보 노보 7월 22일자 9면.

다시 제작국에서 오퍼레이터들이 입력 작업을 다시 한 뒤 인화지를 신문지면용 대장(臺帳)에 칼로 오려 붙이는 분절된 수작업 공정이 잔존하였다.

그런 상황에서 중앙일보가 1994년 제4세대 CTS시스템인 델타2 시스템을 도입한 이후 아날로그 제작의 선형적 구조가 점차 비선형적 구조로 변화하였고, 제한적이나마 네트워크를 구축하는 공정의 진화가 일어났다.

즉 납조판과 달리 CTS는 기사집배신시스템을 연결해 취재 편집 교열기능이 네트워크로 연결되어 비로소 '원고지가 없는 편집국' 환경이 도입되기 시작하였고 제판(制版), 광고, 제작 등 관련부서 간의 통합도 시도되었다.

중앙일보는 당시 컬러처리시스템을 도입하고 화상입출력 시스템을 업그레이드하였다. 조선일보는 컬러사진과 컬러광고 컬러지문제목 등 모든 신문제작을 컴퓨터 온라인화하고 909dpi로 출력하던 컬러물을 1200dpi로 찍어내는 획기적인 기술을 개발하였다.

여기에 1995년도 윈도우 95가 개발되고 컴퓨터도 486급이 보급되기 시작하면서 당시 종합일간지들은 CTS시스템과 문서편집소프트웨어, 문헌정보DB를 하나로 묶는 CTS 네트워크를 본격적으로 구축하기 시작하였다.[8]

---

8) 서울시스템은 1985년 설립된 1세대 기술벤처로 코스닥 공모 1호 기업으로 등록하였으며 국내 최초로 신문제작 및 전자출판용 소프트웨어를 개발하였으며 중앙일간지 대부분이 서울시스템의 CTS를 도입하거나 일부는 서울시스템과 유사한 자체 CTS시스템을 개발하기도 하였다.(매일경제신문 2003년 2월 18일자 참고)

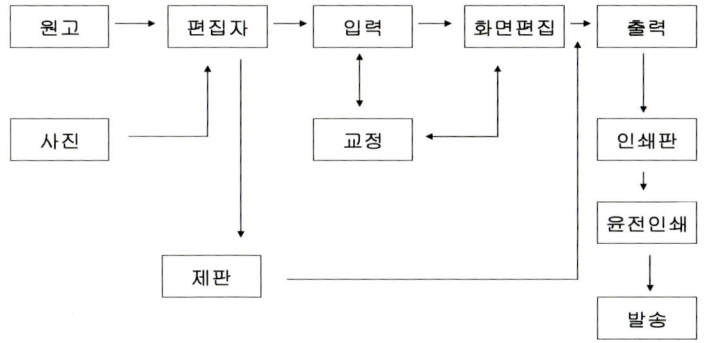

〈그림 4-1〉 4세대 CTS제작 공정

    <그림 4-1>에서 보듯이 CTS공정은 디지털화가 부분적으로만 이뤄진데다 디지털네트워크가 제대로 작동하지 않아 각 단계마다 '아날로그+디지털 제작공정'이 공존했다. 취재기자가 노트북으로 기사를 전송하면 편집자는 이를 인화지로 빼서 조판식 편집을 한 뒤 다시 필름으로 떠서 윤전기로 넘기는 공정이 남아 있었다. 따라서 CTS제작실에는 기사를 인화지로 옮기는 오퍼레이터들이 재입력하고 온라인 편집을 준비하는 이중 공정이 남아 있었다.

〈표 4-2〉 디지털화에 따른 제작체계 변화 인식

(　): %

| 항 목 | 매우<br>그렇다 | 대체로<br>그렇다 | 보통<br>이다 | 별로<br>그렇지 않다 | 전혀<br>그렇지 않다 | 전체 |
|---|---|---|---|---|---|---|
| 편집국 디지털화 기술이<br>계속 발전되었다 | 40<br>(19.2) | 120<br>(57.7) | 33<br>(15.9) | 15<br>(7.2) | — | 208<br>(100) |
| 디지털뉴스제작방식의 효<br>율성이 높아졌다 | 25<br>(12.0) | 111<br>(53.4) | 54<br>(26.0) | 18<br>(8.7) | — | 208<br>(100) |
| 디지털화가 CTS와 인터<br>넷기술을 발전시켰다 | 46<br>(22.1) | 120<br>(57.7) | 31<br>(14.9) | 10<br>(4.8) | 1<br>(0.5) | 208<br>(100) |

하지만 1997~1998년을 전후로 각 신문사는 아날로그 공정을 대폭 줄이고 호환성이 높아진 네트워크 시스템을 재구축하였다. 연합통신(연합뉴스의 전신)을 통해 전송되는 뉴스기사는 물론 디지털사진전송기와 디지털카메라의 등장으로 화상 자료까지 전송은 물론 제작 시스템에 통합되어 신문제작 시스템의 통합네트워크가 가능해졌다. 이와 같이 디지털화는 신문기업의 생산시스템 전반에 획기적인 변화를 가져왔다. <표 4-2>는 이같이 디지털기술변화에 대한 기자들의 인식을 보여주고 있다.

하지만 지배기업인 조선과 동아 중앙일보가 선도적으로 도입하였던 CTS는 마이너신문은 물론 신문제작 전산화에 대한 해박한 지식이 없는 지역 언론사들이 장비만 도입하면 된다는 안이한 사고방식에 젖어 많은 혼란을 자초하여 아날로그-디지털제작방식이 병존하는 과도기적 현상이 잔존하였다.

## 2) 기술모방 프로세스: 제작기술의 동질화

조선 동아 중앙 등 메이저신문들은 컬러사진 동시편집이 가능해진 4세대 CTS시스템을 자체 개발하며 기술적 우위를 유지하려 하였다. 그러나 CTS기술이 첨단 기술이 아닌데다 마이너신문들이 메이저신문의 생산시스템을 모방함으로써 '기술적 동질화'(technological uniformity)가 발생하였다.

기술적 동질화는 신문기업의 경쟁력의 요인이 기술적 혁신의 우위에 있는 것이 아니라는 사실을 말해 준다. 특히 기술적 우위를 통해 시장선점을 추구했던 메이저신문들은 1999년 기사와 화상의 송수신,

정보조회가 가능한 집배신시스템으로 업그레이드하였으나 2000년 이후 기술적 우위를 통한 경쟁을 접었다. 이전까지 조선 중앙 동아 등 3개 메이저신문들 간의 상호 모방프로세스는 지속적으로 이루어졌다.

하지만 1999년 조선일보와 중앙일보, 동아일보가 Y2K 대응차원에서 CTS시스템을 과거와는 완전히 다른 새로운 시스템으로 전면 교체하였다. 일본의 CTS를 부분 업그레이드했던 조선일보도 CTS코러스를 매킨토시의 '쿼크 익스프레스'(Quark Express)로 교체하였고, 중앙일보도 양재미디어 시스템을 도입했다. 또 동아일보 역시 디지웨이브의 DEPS를 도입해서 메이저신문을 중심으로 PC 기술 기반의 CTS 시대가 시작되었다. 특히 컴퓨터 성능이 486급에서 펜티엄으로 개선되고 MS사의 윈도우 2000, NT 2000 등이 출시되면서 CTS기술은 혁신적 변화를 하게 되었다. 이 CTS시스템은 부분적인 업그레이드를 거쳐서 2005년까지도 그대로 이용되었다.

특히 IMF 위기 직후인 1999년 범정부차원에서 추진된 광통신과 IT 기술의 발전으로 유닉스 기반의 CTS는 본격적인 PC수준으로 대폭 상향 조정되었다.[9] 여기서 종합편집 기능은 물론 기사 사진, 컷 광고 등이 담긴 지면 전면을 분(分)공장에 전송하고 뉴미디어 확장이 가능한 토털시스템(Total System)을 갖추었다.[10] 화상의 취재전송도 다양화되어 제작공정을 단축하고 편집기자가 직접 조판할 수 있는

---

9) 1999~2000년 이전의 CTS의 기반이 되었던 유닉스(unix)는 컴퓨터가 아닌 일종의 툴(tool)이었다. 따라서 기존의 납 활자 제작을 담당했던 정판원들도 이 툴만 조금 익히면 무리 없이 CTS제작이 가능했다. 하지만 PC기반으로 CTS기술이 전환되자 그야말로 컴맹현상이 발생하여 작업 공정에 지장이 초래되었다. 이에 따라 IMF에 따른 구조조정 차원으로 PC작업이 어려운 기존의 인력들은 대거 퇴출되었다.

10) 김성옥(1999), "일간신문 CTS 편집프로그램 개선연구", 「기자통신」 9월호, pp.77~81.

시스템이 가능해졌다.

〈표 4-3〉 PC기반 CTS 특성과 서브체계(1999)

| | |
|---|---|
| 기사처리시스템 | 초기 CTS의 기사의 입력 수정 조판시스템의 전송 기능 각종 서비스의 주체로 작업량과 활용범위 확대 |
| 화상처리시스템 | 이전의 화상처리 비교해 양적 질적인 변화 전자신문과 뉴미디어 등장으로 발전 추세 |
| 편집처리시스템 | 전문 오퍼레이터 조판 대신 기자조판제 가능 조판기능의 단순화 및 사용자 위주의 조판기능 |
| 광고처리시스템 | 단순 광고제작기능 외에 광고주에 대한 관리기능, 광고행정업무와 연계된 토털시스템 |
| 공정관리시스템 | 이전에 신문제작기능 그 자체만을 목적으로 공정 관리했으나 신문제작의 모든 과정을 한눈에 파악. |
| 뉴미디어시스템 | 고급정보를 외부(인터넷, 전자신문)로 서비스할 수 있도록 변환하는 과정. 외부에서 얻어진 정보를 신문제작에 반영할 수 있는 시스템 |

출처: 경향신문의 DTPS 프로그램 업그레이드

실례로서 경향신문 CTS시스템인 DTPS는 기사와 화상정보를 송수신하는 즉시 간이DB화가 가능하도록 설계되었다. 경향신문이 1999년 기사와 화상의 송수신 및 정보조회 등이 가능하도록 구축된 집배신시스템은 종합편집기능은 물론 기사, 사진 및 광고 등의 전면을 분공장에 전송하는 시스템으로 뉴미디어로의 확장이 가능한 토털시스템이었다.

중앙일보 등은 2000년 4월 페이퍼리스(paperless) 편집회의를 갖는 등 기존의 뉴스룸 회의방식도 개선하였다.[11] 페이퍼리스는 CTS와 인터넷 웹 기술의 통합네트워크가 구축된 것을 의미한다. 즉 페이퍼리

---

11) 미디어오늘 '중앙, 페이퍼리스' 편집회의, 2000년 4월 20일자 참고.

스를 위해 무선 LAN 환경을 구축하고 무선통신이 가능한 개인용 노트북PC를 내근기자들에게도 지급해 사실상 온라인 회의결과를 축적하고 서버 내에 부서파일이나 취재원 파일 등을 기자 개인이 관리하고 있는 정보를 공유하게 되었다.

2000년을 기점으로 기술적 우위를 통한 경쟁력을 확보하려던 신문기업들은 인터넷 웹 기반의 뉴미디어 생산시스템으로 전환하여 신문사의 기술 기반은 그다지 큰 차이를 나타내지 않았다.


## 3) 인터넷 웹과 CTS 통합

1999년 첫 개발된 디지웨이브의 DEPS(Distributed Editorial Publishing System)[12]와 양재미디어의 CTS는 취재-송고-편집-전송-인쇄의 전통적인 공정을 통합시킨 디지털시스템이었다.

CTS는 인터넷 웹 기술이 유기적으로 통합되어 다매체 다채널 시대를 맞은 현재의 신문사 뉴스생산시스템의 뼈대를 이루는 획기적인 기술진화를 보였다.[13]

---

12) DEPS는 신문제작 전문업체인 디지웨이브(digiwave)사가 납품한 첨단 신문제작 솔루션으로서 국내에서는 경향신문과 국민일보 동아일보 스포츠투데이 파이낸셜뉴스가 디지웨이브의 신문제작 솔루션을 사용하고 있다. 타사는 자체 개발한 CTS시스템을 쓰고 있다. DEPS는 1999년에 개발되어 2000년부터 국내 신문사들에 보급되기 시작하였다.

13) 2000년을 전후로 신문사 CTS시스템을 제공하는 국내 업체는 서울시스템과 양재미디어, 디지웨이브 등 3개 사로 압축되어 현재까지 CTS시장을 주도하고 있다. 조선일보는 매킨토시의 '쿼크 익스프레스'(quark express)로 전환했으나 다른 신문사들은 다음과 같은 국내업체의 시스템으로 전환했다.

　　DEPS는 하나의 편집물을 여러 작업 그룹이 공동으로 제작할 수
있는 비선형 제작환경을 제공해 주는 분산출판 및 출판시스템의 구
현을 목표로 설계되었으며 기존 CTS시스템이 갖고 있는 문제점과
개선사항을 업그레이드하였다. DEPS는 다매체 신문 제작환경을 지
원하기 위해 시스템 설계 시 '출력매체 독립적'[14] 신문제작환경을
구현하는 기본개념으로 구축되었다. 다시 말해 다매체 신문 제작환
경을 지원하기 위해 시스템 설계 당시부터 최종출력물이 종이든, 인
터넷 파일이건, CD-ROM이건 상관없이 모두 출력이 가능한 독립
적 신문제작환경 구현을 기본 개념으로 한 것이었다. 이는 원소스
멀티유즈 개념을 생산플랫폼에 적용한 것이다. DEPS는 인터넷 파일
포맷으로 모든 데이터를 처리하도록 설계되어 본지 제작에 따라 만
들어진 파일을 현재 신문제작 시스템에서처럼 폐기시키지 않고 그대
로 다른 매체 제작에도 사용할 수 있도록 설계되었다.[15]

〈표 4-4〉 CTS제작사별 보급현황

| CTS제작사 | 해당 신문사 |
|---|---|
| 서울시스템 | 스포츠조선 매일경제신문 지방지 |
| 영재미디어 | 중앙일보 한겨레신문 해럴드경제 한국일보 농민신문 |
| 디지웨이브 | 동아일보 국민일보 스포츠투데이 파이낸셜뉴스 경기일보 데일리줌 |

14) 출력매체 독립적이란 말은 최종 출력물이 종이나 인터넷파일, CD-ROM
　　이건 어느 것이나 상관없이 출력이 가능하다는 것을 의미한다. 출력매
　　체가 독립적이 되면 온라인신문의 제작이나 CD-ROM 제작 시에 추가
　　경비가 들지 않고 제작시간도 대폭 단축되는 동시에 종이신문과 온라
　　인신문, 인터넷 등이 상호 호환되는 장점이 있다.
15) DEPS=CTS+HTML(XML)+Groupware이다. 여기에 'WWW서버'를 채
　　택하고 DB사용, 흘림기사 자동 포맷팅 알고리즘, WWW 브라우저용
　　뷰어(Viewer)로서 자동지면 병합처리 및 출력기술 구현이 가능하고 유
　　니코드(Unicode) 및 다국어 지원버전도 가능했다. 그룹웨어(Groupware)
　　는 여러 명의 사용자가 네트워크상으로 서로 협력하며 하나의 프로젝
　　트를 수행할 수 있도록 도와주는 소프트웨어를 말한다. 그룹웨어는 e-메
　　일과 공동서류개발, 일정관리, 검색과정 등을 통합한다.

CTS진화는 CTP라는 공정의 혁신을 이루었다. CTP(Computer To Plate)는 레이저 프린터로 최종 확인된 대장을 인쇄시설의 전단에서 제판의 공정이 필요 없이 PS판으로 바로 출력하는 시스템이다.

기존 시스템에서는 지면을 온라인 화면 위에서 직접 지면을 짜서 전송한 후 지면필름을 인화한 다음 '옵세트 PS판'을 만들어 윤전기에 걸고 인쇄하는 공정인 반면 CTP는 필름 인화 없이 옵세트판을 제작할 수 있어 필름인화 공정이 단축되었다.[16] 이 시스템은 편집조판과 동시에 인터넷신문도 같이 자동으로 만들어지고 있고, 곧바로 윤전기로 전송되어 종이신문을 인쇄할 수 있어 기존의 제작공정을 더욱 단축시켰다.


## 4) 공정혁신과 비용절감

CTS와 웹 기술은 종이신문의 공정혁신을 가져와 인력감축과 공정단축에 따른 비용절감의 경제적 효과를 가져왔다. 기술의 혁신은 신문기업의 고정비용을 절감시키는 주요 요인이었다.

T1의 제작공정은 아날로그시스템이 디지털로 전환되는 과도기여서 생산 공정은 아날로그＋디지털의 생산 공정이 혼재되어 있는 구조였다. 도입초기에는 CTS와 DB, 단말인 취재기자의 노트북PC와의 호환

---

16) 2005년 CTP의 단계도 지나가고 필름인화, 옵세트판 제작의 두 단계를 뛰어넘는 모델이 개발되어 실용화를 앞두고 있다. 2004년 네덜란드 암스테르담에서 열린 세계신문 산업기술박람회의 '이프라(IFRA)엑스포'에서 스위스의 비팩사의 '이볼루션 471'은 CTP 시스템으로 레이저를 통해 윤전기에 직접 판형을 제작해 인쇄할 수 있다.(중앙일보 '신문인쇄술 급속진화, 레이저로 판형 찍어' 2004년 12월 9일자)

이 제대로 이뤄지지 않은데다 CTS작업을 오퍼레이터들이 재입력하는
방식이어서 사실상 비효율적인 생산 공정이 남아 있었다. 제작방식
역시 컨베이어 시스템과 같이 선형적 구조로 이뤄져서 제작공정이
매우 복잡하고 작업처리시간도 기대만큼 단축되지 못하였다.

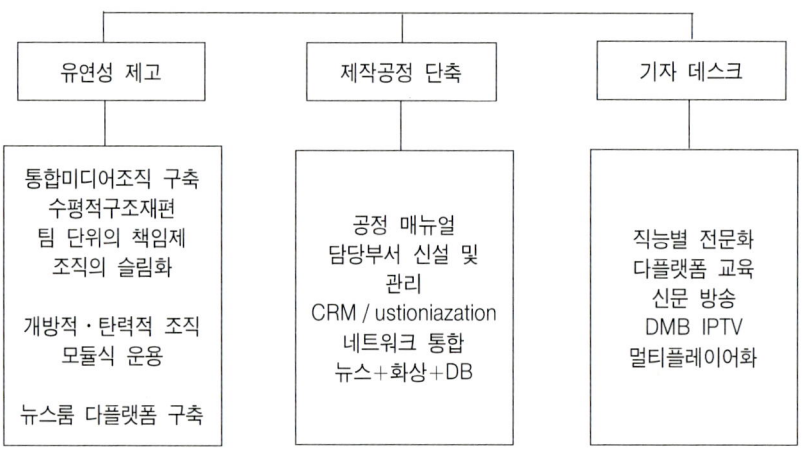

〈그림 4-2〉 디지털화에 따른 뉴스룸내 변화

하지만 CTS의 문제점이 발견되고 호환성이 증대되어 점차 통합네
트워크가 구축되면서 이러한 선형적 작업공정은 개선되었다. 1990년대
후반 디지털네트워크가 구축되면서 비선형 작업이 늘어나면서 선형
작업공정은 상대적으로 줄어들었다. 인터넷 웹과 CTS의 통합은 <그
림 4-2>와 같이 뉴스룸 내 공정의 변화를 가져왔다.

T2시기에 개발된 DEPS 프로그램은 자기완결성이 높아져 사실상
거의 비선형 작업공정으로 업그레이드되었다. 다만 화상DB 구축과
디지털카메라의 구입비용 등 완전 디지털화에 소요되는 추가투자 여
력의 차이에 따라 사진부의 시스템은 각 사별로 차이를 보였지만 대부

분 2000년 이후 비선형 작업공정이 정착되었다. 이는 뉴스제작공정이 순차적인 단계별 작업에서 무작위적 비선형 작업으로 진화했다는 사실을 보여준다.[17] 생산 공정도 비연속적이거나 분절적이기보다는 중첩적인 과정이 두드러졌다. 다시 말해 아날로그 생산 공정의 특징인 선형 작업공정에 디지털화가 진행되면서 비선형 공정이 확대되어 점차 비선형 작업 중심으로 생산 공정이 이행했다는 것이다.

<그림 4-3>의 스테이지 게이트 모형(Stage-Gate Model)은 선형적 작업공정이었다. 이는 순차적으로 각 단계별로 작업공정이 이뤄지고 기획단계에서 미래의 불확실성을 예측하여 이에 따른 위험요인을 사전에 최소화하는 자기완결성을 갖지 않으면 안 되는 모형이다.

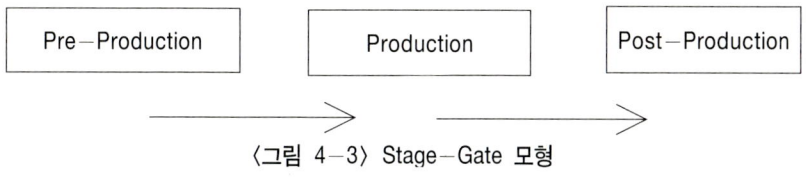

〈그림 4-3〉 Stage-Gate 모형

이 같은 스테이지 게이트 모형의 생산 공정이 작동하던 과거 편집국은 수직적 통합구조에 적합하고 내적 커뮤니케이션이 잘 이뤄지지 않으면 오히려 조직 내 갈등이 커지는 취약점을 안고 있었다. 초기단계 CTS시스템은 피드백 시스템이 제대로 작동되지 않고 지면제작 중간에 문제점이 드러나도 이를 즉시 수정하기 어려운 선형 공정이 적지 않았다.[18] 디지털시스템의 전형성을 보여주는 <그림 4-3>

---

17) (주)디지웨이브의 박상석 이사의 인터뷰 내용을 요약.
18) 1992년 도입된 제4세대 CTS 역시 아날로그 공정이 남아 피드백 시스템이 제대로 작동하지 못했다. 마감시간 직전 대지 작업 중 발견된 오타를 즉시 바로잡지 못하자 편집자가 볼펜으로 대지에 직접 수기할 수

과 <그림 4-4>와 같은 2개 모델은 뉴스룸 조직 내 공정의 변화에 그대로 적용되었다.

CTS기술의 진화는 이같이 Stage-Gate 모형에서 점차 중첩모형 (Overlapping Model)으로 이행하는 것을 의미했다. 기사송고에서 데스킹, 제작편집의 과정이 점차 비순차적인 과정으로 이행되었다.

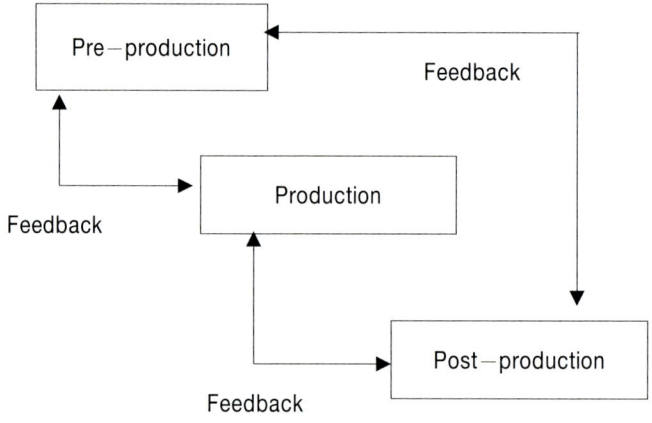

〈그림 4-4〉 Overlapping 모형

<그림 4-4>에서 보듯이 공정의 중첩모형은 A, B, C 각 공정마다 끊임없이 상호 정보교환과 피드백이 이뤄지는 유연한 시스템 모형이다.[19] 피드백은 사전생산(pre-production)에서 사후생산(post-production)의 사이에서도 피드백이 가능한 비선형 시스템으로서 각 공정

---

밖에 없는 상황이 가끔 벌어졌다. 대지작업 공정이 남아 있었던 당시 CTS에 대한 신문사들의 대대적인 홍보와 달리 내부적으로 많은 문제점들이 남아 있었다.(국민일보 편집부 기자 인터뷰)

19) 장용호(2004), '디지털콘텐츠 공정과정의 Overlapping 모형-IT산업의 사회적 영향', 정보통신정책연구원, 메가트렌드 프로젝트를 참고.

의 오류와 결점을 피드백하며 교정하게 된다. 중첩모형에서는 전혀 순차적인 공정일 필요가 없고 수시로 진행된 공정을 수시 수정할 수 있는 유연성이 확보되었다. 실례로 마감시간에 쫓겨 송고된 기사는 데스크 없이 곧바로 편집자에게 전송되고 교열로 넘겨지는 경우가 많았다. 이 경우 내근기자가 교열과정에서 데스크와 편집자가 데스킹과 레이아웃을 마지막 공정으로 넘겨 매우 짧은 시간에 정상적인 지면제작이 가능해졌다. 이 경우 기사전송 후의 공정, 즉 데스킹과 편집전송, 교열 공정이 단축되는 효과가 있다. 또 강판시간 직전 발견된 오류도 편집기자가 간단한 작업으로 수정할 수 있다. 이 같은 CTS진화는 어느 공정에서든 피드백이 순식간에 이뤄질 수 있도록 유연하고 탄력적인 디지털통합시스템의 구축을 의미하는 것이다.

이같이 업그레이드된 CTS는 제작시간을 단축하여 최신의 뉴스를 독자들에게 전달할 수 있는데다 제작과정을 단순화시키고 기술을 향상시켜 편집 작업을 효율적으로 할 수 있게 하였다. 기사의 편집 첨삭 수정 등의 변화도 단순해져 새로운 뉴스가 들어오더라도 최단 시간 내에 지면을 신속하게 변화시킬 수 있어 수작업으로 이뤄지던 광고 제작이나 주식시세표 등을 자동화시켰다.[20]

이에 따라 신문기업에서는 활판제작방식에 비해 거의 절반 정도의 인력으로도 신문제작이 가능하게 되었고 신문제작공정의 비용이 대폭 줄었다. 이와 함께 납 활자(Hot Plate Type)방식의 조판방식이 CTS로 바뀌면서 공정 작업환경이 대폭 개선되었고 활자를 보관하는 공간이 사라지는 공간비용도 절감되는 효과를 가졌다. 또 지방의 분공장이나 위성을 활용하여 지방이나 외국의 독자들이 보다 빠르게

---

20) 이용준(1999), pp.76~77과 장원홍(1994), '신문사의 전산화 현황과 과제', 「신문과 컴퓨터」, 한국언론연구원, p.155를 참고.

신문을 받아 볼 수 있게 하였다.

하지만 신문사 내 비선형 작업공정이 작동하기까지는 상당한 적응과정과 학습과정이 필요하였다. CTS 도입초기인 1990년대 초에서 T1 시점까지 각 신문사마다 새로운 시스템의 도입의 효율성을 둘러싼 논란이 거세었다.

이 당시 CTS 도입초기의 컴퓨터 수준은 286PC에서 386PC로 교체되던 시기였다. 이같이 CTS시스템의 디지털 전환은 기술적 측면뿐만 아니라 운용하는 기자 등 구성원들의 시행착오 속에서 상당기간 혼란양상을 보였다.[21]

특히 취재기자들에게도 상당기간 적응시간이 필요했던 탓에 CTS시스템의 정착은 1~3년의 시간이 소요되었다. 취재기자들에게 노트북을 첫 지급하던 T1 시점에 기자들의 거부반응도 적지 않았다. 즉 '기사는 역시 볼펜으로 써야 생각도 잘 떠오르는데 자판을 더듬거리랴, 취재메모를 보랴, 마감시간 지키기 어렵게 됐다'는 반응이 주류를 이뤘다.

편집기자의 경우 이전에 맡지 않았던 조판(組版 · Composition), 교정, 식자(植字)과정을 담당하게 되어 영역이 확대된 반면 책임도 그만큼 늘어났다. 이는 적은 인력으로 신문제작이 가능하도록 하는 비용절감 차원의 기자의 다기능화 효과를 가져왔다.

이같이 기술의 진화는 구성원 개인마다 다중적 역할을 부과했으며 결국 이는 인력감축을 초래하였다.[22] 신문기업 중 1995년부터 2004년 말까지 10년간 제작 공무부문의 인력은 절반이 넘는 56.4%가 감소한 것으로 조사됐다. 신문기업마다 인쇄부문을 분사한데다 편집기자를 보좌하던 오퍼레이터 등 조판인력이 대폭 줄었기 때문이다.

---

21) 이용성(1996), '내일의 CTS 방향을 위한 제언', 「신문과 방송」 11월호. p.47.
22) 미디어오늘 2005년 4월 9일자 참고.

납 활자 제작을 하던 1980년대 말에서 1990년대 초까지 메이저신문사마다 입력 및 정판 인력이 200여 명에 달했으나 1995년까지 100여 명, 이후에는 30여 명으로 감축되었고 1999년 전후에는 명예퇴직 등으로 퇴출당하고 PC를 상대적으로 잘 다루는 저임금 인력으로 대체되었다.[23]

신문사 조직 중 1995년 이후 10년간 가장 큰 변화를 겪은 곳은 제작 공무 뉴미디어정보사업 출판 등이었다. CTS가 도입된 후 제작 공무의 경우 1997년 초 1530명에서 IMF 외환위기 이후인 1998년 1130명으로 1년간 20% 이상 인원이 줄었고 매년 10%가량 인원이 감소했다.[24] 1996년 신문사 인터넷부문 종사자는 480명으로 폭증했다가 1999년 39명으로 급감해 각 신문사마다 분사를 단행하거나 아예 극소수의 인원만을 배치했음을 보여주었다.

CTS의 아키텍처 혁신은 신문제작공정의 표준화와 이에 따른 구성단위의 모듈화는 물론 과거에는 필수 불가결한 숙련된 노동력의 감축까지 가져온 주요 요인이었다.


## 5) 데이터베이스와 CAR

신문기업의 데이터베이스와 아카이브 구축은 제작공정에 큰 변화를 가져왔다. 단순한 정보의 보관이 아니라 원소스 멀티유즈의 자산기반

---

23) DEPS를 1999년 도입했던 동아일보는 그해 9월 기존의 계약직 인력을 퇴출시키고 당시 상업고교 3학년 재학 중이던 학생 30명을 투입해서 기존의 제작인력을 완전히 교체했으나 당초 우려했던 제작공정의 차질이 거의 일어나지 않았다. 이에 따라 각 신문사들은 PC를 능숙하게 다루면서 저임금인 고졸 학력의 제작인력을 충원하고 기존의 인력을 대체하기 시작했다.
24) 한국신문방송연감(2005)의 '연도별 종사자 현황' 통계를 참고.

으로 신문기업을 디지털미디어로 전환하는 동시에 새로운 수익원이 되었다. 신문기업들은 1995년부터 자사의 정보를 데이터베이스화하고 이를 다양한 형태로 가공하여 이용자에게 전달하기 시작하였다.[25]

데이터베이스 구축은 T1에서 취재지원 차원에 머물렀으나 T2 시점에서 각 신문사 내 개별 미디어의 콘텐츠를 저장하고 이를 유료화하기 시작했다. 가장 주목해야 할 것은 컴퓨터 기술 기반의 보도시스템(CAR: Computer-assisted reporting)이다. CAR은 컴퓨터에 들어 있는 정보를 취재보도에 이용하는 것을 가리킨다.[26]

<그림 4-5>는 CTS와 DB의 연관성을 흐름도로 나타낸 것이다. 신문기업들은 CTS를 종이신문 제작에만 쓸 것이 아니라 기사 사진 등에 대한 메타정보와 함께 데이터베이스에 저장해서 이를 유료화하는 수익모델을 구상하였다.

이는 콘텐츠의 유료화는 물론 새로운 CAR의 원천으로 사용하는 이중효과를 갖는 것이었다. 여기서 메타정보(Metadata)는 단순한 DB용 기사정리 자료만이 아니라 CAR의 주요콘텐츠가 되는 특성이 있다.[27]

---

25) 이광영(1995), '뉴미디어의 신문과 신문기자', 「신문연구」 제59호, pp.204-221과 김희중(1996), '미디어환경 변화와 신문의 대응', 「신문연구」 통권 63호. pp.75~80을 참고.

26) 1995년 이후 디지털기술이 신문사의 CTS와 같은 편집과 인쇄분야에 처음 도입되기 시작한 이래 편집국 기자들은 낮은 수준의 워드프로세서에서 흔글, 한글97 등 문서작성용의 기사작성용 소프트웨어에 의존했다. 즉 흔글로 작성된 문서를 전화선을 이용해 본사의 팩스에 송고하는 단순 송고시스템에서 점차 CTS기술의 발전으로 기사집배신 시스템에 동시 송고가 가능해졌고 이 과정에서 자체 송고 워드시스템도 업그레이드되면서 진화해 왔다.

27) 메타정보는 자료를 설명하는 자료를 말한다. 예를 들어 타이틀이나 주제, 저자, 자료의 크기 등이 포함된다. CTS의 경우 기사데스크에서는 기사 작성 기자와 입력자, 게재일자가, 화상데스크에서는 취재기자와 입력자, 게재일자 등의 자료정보가 추가되어 DB에 저장된다. CAR에서는 이 같은 자료관리 내용도 취재의 주요대상이 된다.

　개리슨(1996)은 CAR의 장점으로 첫째, 정보량이 증가하고 정보의 다양성을 이루게 했으며 둘째, 분산된 정보를 정리하고 새로운 통계상의 패턴을 발견할 수 있고 셋째, 지겹고 상투적인 관급 뉴스원으로부터 탈피하여 언론이 직접 오리지널 자료에 접근하여 남의 해석 없이 스스로 기사를 얻을 수 있으며, 넷째, 정보를 빠르게 얻을 수 있다는 점을 꼽았다.[28]

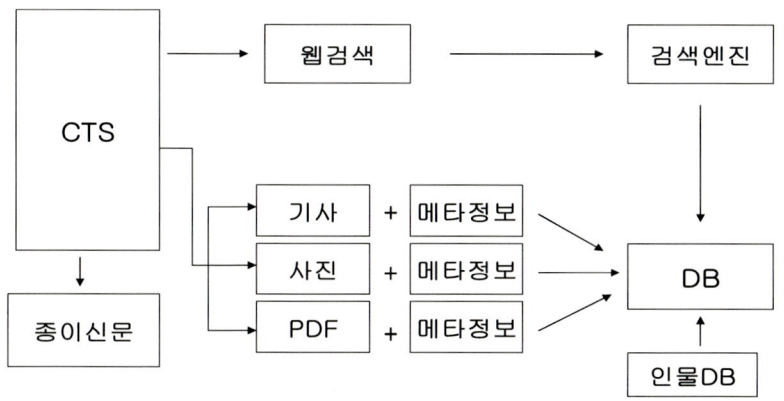

〈그림 4-5〉 CTS기반의 CAR와 DB의 연관도

　CAR는 신문사의 디지털화의 수준을 가늠하는 척도로서 디지털조직화의 핵심이라고 할 수 있다. 다시 말해 CAR의 진화체계는 곧 디지털화의 진화의 방향과 속도를 나타내는 가늠자인 셈이다. 한국 신문의 경우에도 디지털기술의 발전과 PC의 보급, 정보사회의 확산으로 인하여 사회과학 지향적 취재보도가 컴퓨터 지향적 취재보도, 즉

28) Garrison, Bruce(1996b),Computer-Assisted Reporting Tools, Editor and Publisher, April 27, pp.86～87, 102～104. 정태철(1999), 미국신문연구-공익성과 상업성 그리고 전문직 시스템의 이해, 커뮤니케이션북스, pp.429～430에서 재인용.

CAR로 발전하는 과정이 동일하게 드러났다.

〈표 4-5〉 신문사 CAR 진화과정

| T1 → | T2 → | T3 → |
|---|---|---|
| 온라인 서비스 제공<br>PC통신(천리안하이텔)<br>1단계 DB구축<br>인터넷서비스 주력<br>아날로그 / 디지털 혼재 | DB의 다각화 / 자산화<br>독자 검색 서비스<br>PDF서비스<br>콘텐츠의 완전디지털화 | DB의 유료화<br>(뉴스 / 인물정보 / PDF / RSS)<br>아카이브 구축 / 자산화<br>콘텐츠허브(HUB) 구축<br>원소스 멀티유즈 |

구독자는 수용자이자 소비자인 동시에 네티즌으로 매체적 속성에 따라 역할과 소비기술을 달리하는 주체다. 신문기업들은 무형 자산으로서 뉴스정보콘텐츠를 소유하고 있고 이러한 디지털콘텐츠를 자사의 뉴스창출의 자산으로 삼는 동시에 새로운 수익원의 원천으로 발전시켜 나가고 있다.

디지털시대 신문기자들에게 컴퓨터로 정보를 탐색하고 분석하는 능력은 필수적이며 CAR 취재보도가 일상화될 때 탐사보도의 능력이 향상된다는 사실이다.

이 같은 데이터베이스를 기반으로 한국의 신문기업들은 T1 → T2 → T3의 시간경과에 따라 온라인 서비스 기반 정보사업 → 데이터베이스 구축 검색서비스 → 통합아카이브 구축 및 유료화의 진화과정을 밟아왔다. 신문기업들이 콘텐츠 자산을 형성, 관리, 유지, 유통하고 유료화해서 수익모델을 창출하려면 고객관리시스템 구축이 필수적이다.

## 2. 뉴스룸 조직체계의 전환

### 1) 위계적 수직통합체계의 관성

신문기업 뉴스룸은 당초 종이신문을 생산하기 위해 설계되어 수십 년간 시행착오를 거쳐 구축된 효율적인 생산조직체계이다. 종이신문 위주 뉴스룸 생산체계는 과거의 조직요인과 관행으로 작동되어 여전히 효율성을 갖고 있다. 신문이 주류미디어였던 시절 효율성에 기반을 둔 뉴스룸 생산조직체계는 신문기업의 경쟁력을 결정하는 핵심정보생산 역량(core capability)이었다. 수십 년간 효율적으로 작동되어 온 위계적인 수직통합체계는 강한 조직력과 추진력으로 마감시간 내에 일사불란하고 효과적으로 뉴스취재 및 제작을 하는 장점을 갖고 있다.

하지만 디지털환경은 더 이상 효율성만으로는 신문이 경쟁력을 갖출 수 없는 그야말로 뉴스정보가 넘치는 다원화된 사회로 변화시켰다. 더 이상 효율성 중심의 기존 뉴스룸 조직과 관행은 디지털환경에서는 독자의 다양한 정보욕구를 충족시키지 못하게 된 것이다.[29]

오히려 신문기업 내에 잔존하는 보수성과 폐쇄성, 비민주성, 기자들의 전문성 부재 등의 단점은 극복해야 할 과제인 동시에 디지털환경에서 조직혁신의 전환비용으로 남아 있다. 이는 디지털화로 인해 뉴스룸 조직은 장점보다는 갈수록 단점을 확대 재생산하는 관성을 갖고 있다. 장점이 발휘되기보다 단점이 갈수록 커지는 조직체계라는 점을 뜻한다.

---

29) 김동규 · 김경호(2005), p.54.

〈표 4-6〉 뉴스룸 조직 및 관행의 특징

| 조직문화 | 장 점 | 단 점 |
|---|---|---|
| 편집국장 중심<br>1인 중심체제 | 빠른 뉴스가치 판단<br>신속한 의사결정<br>효율적 관리체계<br>일사불란한 통솔 | 권위주의적 관료화 독단 및 왜곡 발생<br>뉴스가치 판단착오<br>개인별 편차가 큼<br>국 참모 기능 미비 |
| 부(部) 중심체제 | 효율적인 취재 및 기사작성<br>마감시간 준수<br>책임주의 | 상명하복 및 하의상달 미비<br>보직우선주의<br>부서할거주의<br>뉴스의 획일화 |
| 연공서열·위계문화 | 조직력 및 추진력<br>강한 집단의식<br>교육훈련 효율화 | 경쟁의식 약화<br>패거리문화 양산<br>조직폐쇄성 증대<br>환경 변화에 둔감<br>전문성 약화 |

출처: 심층면접 결과 종합

아직도 신문기업의 생산체계는 다매체 다채널 환경에 맞는 새로운 구조로 전환되지 못하고 디지털환경에 적합하지 않은 과거 생산체계를 그대로 유지하고 있음을 보여주고 있다. 신문기업은 디지털시스템을 거쳐 종이신문이라는 아날로그 상품을 만들어내는 생산구조를 갖고 있다. 인터넷은 물론 디지털화한 방송 등 다른 미디어에 비해 신문기업은 여전히 최종상품으로서 종이신문에 생산구조가 구속되는 매체적 한계를 갖고 있다. 게다가 신문광고 축소 등으로 인한 신문기업의 수익구조가 악화되어 '저비용 고효율'의 논리가 발달되면서 인건비 절감 등 긴축정책으로 기존의 조직체계를 더욱 발달시키는 문제점이 드러났다.[30]

디지털기술의 발달로 신문기업은 뉴스생산체계가 이종매체 간의

---

30) op.cit,. pp.54-60.

교류가 손쉬운 다열적 체계로 변화되어야 함에도 높은 부서 간 장벽과 뉴미디어에 대한 몰이해, 지사적 저널리즘 가치관 등으로 좀처럼 협력적 내부관계가 형성되지 않고 있다.

이로 인해 과거 주류미디어 당시 종이신문 위주의 생산방식이 고착되고 관성을 재생산하는 구조적 이중성으로 인터넷, 모바일 등 이종매체 간의 뉴스콘텐츠 교환은 물론 상호의사소통, 조정의 협력적 문화가 구축되지 않고 극히 제한적인 수준에 머물러 있다.

앞에서도 보았듯이 뉴미디어사업이 추진된 1995년 초부터 신문기업들은 대대적인 조직내부 혁신과 체질개선을 추진했지만 그 시도는 번번이 좌절된 것도 이 같은 이유에서다. 일반기업은 물론 벤처기업들조차 유연하고 탄력적인 조직으로 대부분 전환했지만 신문기업은 뉴스룸의 폐쇄적 작업관행들을 혁신하지 못해 여전히 디지털환경에 적합한 조직체계를 갖추지 못하고 있는 실정이다.

이같이 위계적 수직통합 구조인 뉴스룸의 조직체계는 여전히 기능적으로 작동하고 있고 기자 개인의 자율성보다는 조직의 효율성만을 가장 우선시하는 공식적, 비공식적 관행들을 반복적으로 재생산하고 있다.

디지털환경이라는 외적 변화 속에서 여전히 관행에 발목 잡힌 신문사의 뉴스룸 생산구조는 갈수록 부정성을 높임으로써 독자이탈을 가속화시키고 디지털미디어시장에서 자리를 잃어가고 있다.

"신문이 아무리 애를 써도 매체환경 자체를 바꿀 수 없다. 그렇다면 신문이 줄 수 있는 걸 특화하거나 차별화해 신문을 '리포지셔닝'하는 게 유일한 대상이다.(중략) 그런 관점에서 한 가지 놀랍게 생각해야 할 점은 신문의 정보·지식 생산방식과 패턴이 인터넷 이전과 이후에 거의 달라지지 않았다는 사실이다. 고급인력이 모여 있는 신문

업계가 그걸 이상하게 생각하지 않는다는 게 너무 이상하다. 신문업
계 내부 경쟁이 모든 의식과 형태를 결정해 버리는 삶을 살아온 사람
들에게 업계 밖의 변화에 대처하긴 쉽지 않았을 것이다."[31]

10년 전부터 뉴스룸이 디지털기술 기반 위에서 전환되어 왔고 경
영합리화 차원에서 조직체계 변화를 끊임없이 시도하였음에도 지금도
종이신문이라는 최종상품의 매체적 속성에 제약을 받는 신문기업의
생산조직체계는 디지털패러다임에 적합한 형태로 전환하지 못하는
자기모순에 빠져 있다.

## 2) 조직 내 관행

### (1) 1인 중심의 관료적 체계

신문기업 내 현업종사자들은 여전히 위계적인 수직통합구조를 가
장 효율적이고 생산성이 높은 시스템으로 평가하고 있는 것으로 드
러났다. 디지털환경에 적합하지 않은 비능률적인 업무를 관습으로 여
기며 매일 반복하는 관행이 철저한 위계적 조직의 관료주의 구조로
고착화되어 있었다. 이러한 구습적 관행은 효율성이란 가치에 정당성
을 갖는 구조인 셈이다.

"여전히 일사불란한 편집국장 중심이다. 철저한 기수 중심의 상명
하복의 조직이다. 편집국장의 방침이 정해지면 기자들은 방침에 따른
다. 수십 년 동안 누적된 시스템이 동시에 작동한다. 비능률적이고 관
료화된 듯한 이런 조직시스템을 일상적으로 가동시키는 것이 편집국

---

31) 강준만(2005), ‘언론의 지식산업화’, 「인물과 사상」 10월호.

장의 역할이다."(D부장)

"조직 내 수직적 구조는 정말 문제가 많다. 새로운 미디어환경 변화에 능동적으로 대응해야 하는데 안 되는 게 문제다. 다른 것은 그래도 변하는데 정말 안 변하는 것이 이 수직적 체계에서 나온다."(H차장)

편집국의 수직적 통합구조는 이같이 부작용을 재생산하면서 디지털환경에 부정성을 확대시키는 메커니즘으로 작동하고 있다. 경영차원에서 조직혁신을 추진하지만 기존의 생산체계의 관성이 워낙 높아 혁신적 변화는 쉽게 일어나지 않고 있는 것이다.

오히려 광고시장의 하락 등으로 수익감소에 처한 신문기업들은 적은 인력과 투자로 기존의 생산조직의 효율성을 증대시키려다 보니 편집국 생산체계는 더 역행성이 발달하는 문제를 낳고 있다. 즉 디지털화 등 외부환경에 적응하기 위한 과정에서 인적, 물적 부족에 처한 신문기업들은 수십 년간 익숙한 조직의 효율성에만 함몰되어 오히려 효율성을 배가시키려 하는 역설이 남아 있다.

이러한 경직된 수직통합체계는 기자 등 구성원들의 창의성이나 다양성보다는 효율성에 기여하는 역할자로 변화시키려는 내부기제를 강하게 작동시키고 있다.

"연공서열 의식이 강한 우리나라에서 팀제는 성과측정을 굉장히 어렵게 만든다. 연공서열문화는 공채기수라는 의식에 뿌리 깊게 자리잡고 있다. 팀제의 성과를 계량화한다는 자체가 언론사로서의 특성을 모르고 하는 소리다."(K기자)

"철저하게 능력위주로 인사가 이뤄져야 하는데 그렇지 못하다. 약간의 시기 차이일 뿐 연공서열로 승진을 한다. 다만 1차에서 탈락이

된 사람은 엄청난 반발을 하고 이로 인해 조직의 엄청난 후유증을 줄 뿐이다."(D차장)

"파격인사가 필요하긴 하다. 하지만 지금의 파격인사는 인적 구조 조정에 가깝기 때문에 변화보다는 공포와 조직의 피로감을 더할 가능성이 많다."(E차장)

이같이 경직된 사고를 재생산하는 수직적 통합체계는 연공서열과 도제식 교육, 상명하복, 일사불란함, 용이한 지휘통솔의 장점을 더욱 부각시키고 기자들은 이러한 효율성을 유지하는 관행에 익숙해져 있다.
따라서 외부적 변화요인이 커지면 커질수록 조직변화의 욕구는 조직 내에서 효율적으로 기능하는 메커니즘과 충돌을 일으키는 이중성이 발견되고 이상과 현실의 괴리가 더욱 커지고 있다.

"신문사 조직이라는 게 뭐 어떻게든 바뀔 수는 있을 것이다. 그런데 취재편집을 이제부터 다르게 한다는 것 자체가 정말 어렵다. 선배들이 수십 년간 해온 것을 하루아침에 어떻게 바꿀 수 있겠는가?"(K기자)

"옛날부터 부장중심체제이다. 부장중심의 조직체제가 가장 합리적인 것 같다. 국장이 부장에게만 이야기하면 바로 일사불란하게 돌아가는 체제다.(중략) 그래서 부장중심체제가 가장 효율적인 구조다. 부장 시스템을 어떻게 효율적으로 운영하느냐는 것이 바로 편집국장의 능력이다."(D부장)

현장의 목소리는 아직까지도 신문사들이 외적 환경 변화에 따른 조직변화보다는 효율적으로 작동하는 위계적 수직구조를 선호하고 있음을 보여주고 있다. 위계적 수직통합체계는 이같이 편집국 생산체계에 고착되어 있어 효율성 기반의 관행을 끊임없이 재생산하며 기자들의 가치의식과 작업관행을 지배하고 있다.

## (2) 생산체계의 관행: 뉴스생산기술

신문기업 뉴스조직은 마감시간 내에 종이신문 제작을 가장 효율적으로 하기 위해 설계된 뒤 수십 년간 시행착오를 거친 생산체계이다. 효율성 위주의 과거 생산체계는 취재나 글쓰기와 데스킹, 편집, 제작 등의 모든 공정에서 끊임없이 기존의 '뉴스생산기술의 관행'(inertia of news production skill)이 작용하게 된다.

따라서 기자와 데스크 등 현업종사자들은 외부변화의 수용보다는 오히려 기존의 위계질서 중심의 수직적 게이트 키핑 구조와 도제 중심의 교육과 연공서열 및 기수 중심 문화가 가장 효율성이 높다고 생각하고 있다.

> "수습기자로 들어오면 절대적인 상명하복 구조에서 선배들의 노하우를 무조건 따라 배우도록 강요된다. 수습기간 6개월간 모방하며 체득하고 극기 훈련을 받는다. 6개월 후 '나'라는 존재는 없어지고 조직의 구성원으로서만 존재하게 된다."(N기자)

기사작성이라는 기본적인 작업관행 역시 효율성에 기반하고 있다. 한정된 신문지면에 많은 뉴스정보를 축약해 넣어야 하는 탓에 종이신문 중심의 작업관행을 학습하는 도제식 교육은 조직의 목표에 개인의 창의성이나 개성을 함몰시켜 버리고 있다. 선후배 중심의 상명하복의 조직문화에서 의사결정 과정 역시 상향식의 민주적인 커뮤니케이션이 상대적으로 이뤄지기란 어렵다.

따라서 개인의 자율성보다는 조직적 요구가 우선됨에 따라 위계적

게이트 키핑 과정에서 사실이 왜곡되기 쉬운 '보이지 않는 왜곡의
메커니즘'으로 작동하고 있다.

> "기사보고를 하면 차장과 부장이 '이야기가 된다. 안 된다'는 식으
> 로 '야마'(주제)를 잡아준다. 내 마음대로 취재하고 기사를 쓰는 것이
> 아니다. 일종의 주문생산이라고 할 정도로 기사는 내가 쓰지만 결국
> 에는 데스크의 방향과 마음을 맞춘 기사가 지면에 나온다."(N기자)

이같이 편집국 내에는 비정상적인 뉴스가치의 판단과 게이트키핑
과정이 잔존하고 있고 정보의 신속한 전달에 가치를 두던 과거의 기
사체가 남아 있어 다매체 다채널 시대의 독자들의 다양한 뉴스정보
욕구를 따라가지 못하고 있다.

TV 인터넷 등에 비해 신문은 정보전달매체가 아니기 때문에 과거
와 달리 잡지와 같이 컨텍스트를 넣어주고 독자들에게 읽는 재미를
주는 스토리를 말해 주는 방식, 즉 스토리텔링(Storytelling, 맥락을
따라서 이야기를 말해 주는 기법)으로 바뀌어야 한다는 점을 기자들
이 인식하면서도 마감시간 내 취재와 기사작성이 이뤄져야 하는 물
리적 한계로 과거의 방식을 그대로 답습할 수밖에 없는 실정이다.

> "요즘은 모든 사람이 신문을 처음부터 본다고 가정하지 않아야 한
> 다. 아직 기자는 어떤 주제든 오늘 처음 보는 것처럼 보도하라고 하
> 지만 이 방법도 아직 과도기적이다. 지금은 웬만하면 컨텍스트를 넣
> 어야 한다. 점점 신문을 안 보는 것은 더 이상 신문에서 정보를 얻으
> 려 하지 않기 때문이다. 더 이상 신문은 정보전달 매체가 아니다. 단
> 순 정보전달에 머물러 있으면 곧 한계에 도달한다."(A대표)

그럼에도 인터넷과 방송매체를 통해 실시간 뉴스정보가 전달되는 다매체 상황에서도 신문기자 상당수는 여전히 6하 원칙이라는 효율성의 가치에 매달려 고답적인 틀에 갇혀 기사를 작성하고 있고 데스크 역시 이 틀에서 벗어나지 못해 독자에게 식상함을 주는 요인이 되고 있다. 6하 원칙은 과거에는 정보전달에는 가장 효율적이고 경제적인 틀이지만 신문의 정보전달 기능이 떨어지는 상황에서는 이제 스토리텔링으로 변화해야 할 필요가 있다는 지적이다.

"신문사가 수십 년간 비슷하게 해온 것이 제한된 지면에 정확하게 정보를 전달하는 그런 기사의 틀을 만든 것이다. 지금은 스트레이트 기사는 그런 틀이 필요하지만 박스기사를 쓰거나 기획기사를 쓸 때 사실 그런 틀이 필요 없다고 생각한다. 워낙 지면이 넓으니까……그런데 지금 가장 중요한 것은 독자들이 처음부터 끝까지 중간에 포기하지 않고 읽게 만드는 것이다. 원고지 20매 되는 것을 다 읽게 만들려면 재미있고 유익하다는 생각이 들어야 하고 솔직히 눈에 들어오도록 해야 한다. 잡스러운 지식일 수 있는데 독자가 읽지 않으면 아무 소용이 없지 않은가. 이제 기사의 틀도 많이 바뀌어야 한다. 그런데 지금도 일선기자들이 창의적으로 기사를 쓰면 사실 (선배들이)막 뭐라고 한다."(C논설위원)

"미국은 우리보다 (신문의 위기가) 먼저 왔지만 왜 많이 읽히느냐 하면 신문이 무슨 정보를 전달하는 것보다는 재미있는 이야기책이다. 우리 신문도 재미를 추구해야 된다. 정보와 읽는 재미를 모두 추구하고 단순 사건전달에 급급해선 안 된다. 재미있는 이야기를 해야 하고 뉴스를 창출하고 만들어내지 않으면 안 된다. 그 재미를 만들어내려면 신문만이 가지는 인터랙티브 파워[32])가 새로운 것을 창조해 내는

---

32) 취재기자와의 충분한 상의와 보완취재, 사실 재확인 및 추가 등의 과정을 제대로 할 경우 서구형 리라이트 시스템으로 정착될 수 있다. 중앙일

것으로 가지 않으면 안 된다. 내부에 있는 인터랙티브 파워를 집중적으로 해서 깊이 파고들어야 (독자들이) '신문을 봐야 하겠구나' 하지 그렇지 않으면 안 된다."(A 대표)

취재기자의 기사가 가다듬는 정도를 넘어서 아예 문장 자체를 완전히 새로 바꿔 쓰는 경우도 비일비재하다. 이럴 경우 자칫 취재기자의 기사작성 의도가 왜곡될 수도 있고 기자 개인의 창의성이 무시되고 획일성만 남을 수도 있다. 연공서열을 앞세워 기사를 리라이트 하다가 오히려 아무런 메시지도 전달하지 못하는 경우가 있는가 하면 취재기자 스스로도 자기가 쓴 기사임을 알지 못하는데 실명을 달고 지면에 반영되기도 한다.

"기자들 사이에 과장 뻥튀기를 넘어서 '소설'에 가까운 기사를 쓰는 수도 있다. 그래서 기자들 사이에선 '현장을 안 가본 기자가 더 기사를 잘 쓴다' '현장을 보면 기사를 제대로 쓸 수가 없다'는 우스갯소리가 있다. 이는 그만큼 우리가 팩트 위주로 기사를 쓰지 않고 있다는 이야기다. 그런데 그런 기사를 쓰는 기자가 사내에선 정말 '글발'이 좋은 기자로 통한다. 설사 뻥튀기를 한 사실을 알아도 '초 잘 치는 기자'라는 말로 우스갯말로서 통상적인 글쓰기 범주로 치부해 버린다."(F 차장)

이 같은 리라이트 관행은 게이트키핑의 메커니즘과 맞물려 완성도는 높일 수 있지만 반대로 현장에 있는 취재기자의 사실을 체계적으로 왜곡할 가능성도 높은 것으로 지적되었다. 단선형의 수직적 체계 아래에

보의 경우 1면부터 3면까지 부국장 등 2명의 '라이팅 에디터'(writing editor)가 취재기자의 기사의 완성도를 높이는 시스템을 가동하고 있고 성과를 내는 사례이다. 그러나 한국 신문사의 내적 구조상 엄격한 의미에서 미국 신문사의 리라이터와는 기능 면에서 차이를 갖는다.

서 이뤄지는 게이트키핑은 일상적인 작업관행에서 인력부족현상을 가중시켜 데스크의 부실과 사실왜곡을 초래하는 위험성을 내포한다.

아직도 신문사 내에는 이른바 '초치기'라는 과장표현이나 일종의 사실왜곡 행위가 그다지 도덕적으로 문제시되지 않는 불감증이 남아 있다. 심지어 없는 사실을 만드는 왜곡된 기사 쓰기 행위는 엄격한 잣대가 적용되어야 함에도 이 같은 과장 표현을 쓰는 초치기 글쓰기는 정상은 아니라도 용인되는 비정상적인 시스템이 여전히 작동하고 있다.

이와 함께 독자에게 강렬한 메시지를 주기 위한 주제 잡기 및 선정주의 보도가 여전해서 독자들로 하여금 착각과 불신을 주고 있는 것으로 드러났다. '세상은 조용한데 신문은 온통 어지럽다'는 비판이 여기서 연유한다.

> "극단적인 표현을 쓰는 것 자체는 잘못이 아니다. 현실이 극단적이면 극단적으로 표현하는 수밖에 없다. 문제는 극단적이 아닌 일을 극단적으로 표현하는 것, 즉 극단적 언어로 과장하는 행위다. 독자나 시청자의 관심은 과장된 표현 때문에 끌려오는 것이 아니라 기사의 본질적 중요성 때문에 생겨나는 것이다."[33]

> "이젠 독자들이 기자들의 취재와 기사 쓰기 스타일을 다 알고 있다. 오히려 인터넷을 접하는 독자들은 기자들이 쓴 기사의 문제점을 얼마 안 가서 정확히 알게 된다. 옛날이나 지금이나 언론의 원칙은 똑같다. 독자에게 사실을 전달하는 데 충실해야지 내가 원하는 대로 독자를 끌고 가겠다는 것은 안 된다. 이는 일제시대 우국열사들이 하는 것이지 지금은 안 된다. 기자는 독자에게 사실을 전달해 주는 심부름꾼이라는 생각을 가져야 한다. 이러이러하게 가야 한다는 기자들의 생각이 마치 일반대중의 생각인 것처럼 기사를 쓰는 것은 이제 웃음거리다."(B본부장)

---

33) 임태섭, '보도언어 이대로 좋은가' http://www.kpf.or.kr/publish/newsbook.

디지털화에 따라 수용자들은 다양한 매체를 통해 실시간으로 다양한 뉴스를 접하고 있다. 그래서 인터넷의 등장으로 기자들이 특정주제를 갖고서 기사를 쓰는 경우 과연 얼마나 전문성을 갖고 있느냐가 그대로 노출되는 탓에 기사의 정확성 내지 신뢰성이 시차를 두고 드러나게 된다. 기자가 쓴 기사의 오류는 불과 몇 시간, 인터넷에 전송될 경우 불과 몇 분 안에 샅샅이 드러나 기자의 지식수준이 평가된다.

> "신문의 위기는 종이신문의 위기가 아니고 지금까지 갖고 있는 기자들의 사고방식이 초래한 위기다. 새로운 매체가 출현하고 정보가 실시간 공개되어 금세 기사의 진위 여부가 밝혀지는 세상에서는 기존의 기자들의 사고방식은 안 통한다. 취재원을 정확히 밝혀야 하고 취재원이 원하지 않더라도 독자들이 신뢰할 수 있을 정도로 어느 정도 취재원을 밝혀야 하는데도 여기저기서 주워들은 것을 종합해 그걸 사실로 써버린다. 기사들을 보면 지금도 확인 불가능한 사실을 마치 확인한 것처럼 써버린다. 그러나 독자들은 금세 그러한 기사가 어떻게 나왔는지 알아차리는데 유독 기자들만 모른다는 게 진짜 문제다."(J차장)

기사가치를 감(感)으로 판단하고 편집하면서 체득한 경험에서 '틀짓기'의 원리는 보이지 않는 매뉴얼과 같은 관행으로 남아 있다. 이같은 관성으로 틀에 박힌 편집이 이뤄지고 차별화가 이뤄지지 않는 요인이 되고 있다.

> "(편집기자의) 기사가치에 대한 판단은 경험의 축적에 나온다. 조직에 처음에 들어가서 선배들이 하는 것을 따라 배우며 자신의 머릿속에 기사판단의 메커니즘을 하나씩 만들어간다. 처음 할 때엔 제목이 좀 벗어났다가 들어왔다가 하는 과정을 수없이 겪으면서 차츰 '이렇

게 하면 다른 신문과 별 차이가 없겠다' 하는 가이드라인이 생긴다. 케이스 바이 케이스로 신문지면을 생각한다. 그런데 편집기자들은 크게 벗어나는 모험을 하지 않고 다른 신문과 비슷한 형태로만 나오면 된다는 생각이 깊숙이 깔려 있다. 대략적인 매뉴얼은 있긴 하지만 이것은 큰 테두리의 지침일 뿐이다. 기자마다 가이드라인인 감을 찾아내기 위해서는 집단적인 문화 즉, 선후배들과 술 먹고 동고동락하는 집단화 과정이 필수적이다."(J차장)

  인력난과 마감시간, 수직적 게이트키핑, 지면확대로 인한 업무부담, 기자의 다중적 역할 등이 맞물려 기자들의 기사 쓰기 방식이나 편집이 과거 양식과 관행에서 아직도 크게 벗어나지 못하고 있다.


## 3) 조직 간 관행

  기자들은 여전히 출입처 중심의 취재관행으로 동일한 뉴스원에 접근하는 탓에 획일적인 뉴스정보를 양산하고 있다. 더구나 개방형 브리핑제노가 도입된 후에도 가장 많은 기사를 생산하는 사건팀 등 일부에서는 여전히 기자실 중심의 관행이 남아 있다. 기자실 중심의 출입처제도는 그동안 효율적인 취재를 위해 점진적으로 발달해 하나의 관행에서 굳어진 것이다. 수십 년간 출입처제도는 효율적인 취재보도 시스템으로서 당연히 받아들여지는 취재의 메커니즘으로 자리잡아 왔다.[34]

---

34) 과거에는 출입처 기자실 기자단이라는 개념이 거의 동일하게 사용되었다가 80년대 말부터 개념적 분화가 이뤄졌다. 1988년 한국은행의 기자단이 기자단 해체를 결의함으로써 기자단의 역기능을 해소하려는 노력을 시도했다. 그러나 취재질서가 깨지고 과열경쟁이 빚어지는 등 부작용

"출입처는 기자들이 쉽게 정보를 파악할 수 있는 곳이다. 통상관련 업무에 대한 정보가 집계되는 곳이다. 그리고 인맥이 중요하다. 그런 것을 무시할 필요는 없다. 더구나 인원도 부족하지 않은가."(E기자)

이같이 출입처 관행은 2003년 개방형 브리핑제도가 도입된 후에도 쉽게 변화하지 않아 새로운 브리핑 제도와 기자들의 출입처 개념에서 상호충돌이 빚어지고 있다. 출입처 중심 취재는 취재기자의 사고 영역을 축소하는 역할을 할 뿐만 아니라 언론의 기본적인 감시능력을 무력화하는 역기능을 갖고 있다는 비판을 해결하기 위해 도입된 브리핑제 역시 기존 관행에 밀려 정착되지 않고 있는 것이다.

"(취재시스템의) 변화를 느끼기에는 아직도 의문이 남는다. 실제로 이런 취재환경 변화는 출입처 벽을 넘어서 미션중심으로 가야 한다. 예를 들어 건설교통부에서 부동산 이야기를 하면 부동산 담당기자가 가야 하고 환경이야기가 나오면 환경 담당기자가 가야 한다. 즉 이슈 중심으로 자기 전문분야를 맡아서 출입처의 벽을 넘어가야 한다는 것이다. 그것이 가장 이상적인 것인데 출입처의 벽을 넘기란 쉽지가 않다. 몸이 몇 개가 되는 것도 아니고……그래서 해당부서에서 토스를 해주면 그것을 다른 부서에서 합치고 해야 하는데 손이 얼마나 가는지 모른다. 그래서 인력여건상 그게 말같이 쉽지가 않다."(D부장)

"기자들끼리는 보이지 않는 정보네트워크가 있다. 어떤 정보가 있

---

이 드러나자 기자단을 부활했다. 이어 1993년 보건사회부 촌지파동이 터지면서 각 신문사는 기자단 탈퇴를 선언했으나 출입처로서 기자실을 여전히 출입했다. 이 사건으로 취재원이 외유성 해외취재나 기자실 운영비를 부담하는 관행들이 서서히 줄어들기 시작했지만 기자실은 여전히 신문과 방송 등 주류 언론사의 담합의 영역으로 남았다. 노무현 정부 출범 후 브리핑제 도입으로 과거 개념의 기자실은 점차 사라지고 있지만 여전히 취재영역 개념으로서 출입처는 신문사의 관행으로 남아 있다.

으면 타사 기자들 간의 선후배 또는 동료의식으로 엮어진 공생구조가 바로 정보네트워크로 작동한다. 뉴스정보를 공유한다든가 심지어 자신이 쓴 기사를 타사의 같은 기자들에게 전달해서 안으로 송고하도록 하는 정보네트워크는 일종의 품앗이다. 학연 지연이 밀착의 요인으로 작용한다. 이는 곧 작은 기사라도 물먹지 않는 안전장치이며 일종의 타사 기자들에 대한 보험적 성격이 강하다."(O기자)

출입처라는 곳은 아직도 기자들이 쉽게 정보를 파악할 수 있는 곳이다. 경쟁자이자 동업자 의식이 강한 기자들 간의 공생구조가 쉽게 형성되는 출입처제도는 신문사입장에서 효율적으로 비공식 거래 관계를 작동시키는 주요 접점이 되는 셈이다.

"정부부처의 기자실이 이젠 브리핑 룸으로 다 바뀌어 누가 누구인지 기자들 이름조차 모른다. 그런데 공무원들도 마찬가지다. 그러다 보니 기자나 공무원이나 내밀한 대화를 하기가 어렵다. 브리핑 룸이라는 것은 보도 자료를 받고 받아쓰는 외에는 취재에 그다지 도움이 안 된다. 그러니 국장 이상 급 고위간부들은 유력 신문사의 고참기자들을 엮어서 따로 별도의 자리를 갖는다. 물론 이전보다는 많이 줄었지만 실질적인 고급정보나 취재거리는 그런 사석에서 나온다."(G차장)

신문기자는 취재와 보도라는 작업과정에서 독립적으로 활동하기보다는 서로 간에 상호 의존하는 생산구조를 갖고 있다. 기자들은 똑같은 사람과 사건을 취재할 뿐만 아니라 아이디어나 뉴스가치에 대한 판단을 할 때 서로 의존하게 된다. 이에 따라 브리핑 룸제가 도입된 후에도 획일성을 초래했던 발표저널리즘의 관행을 더욱 공고히 하는 요인으로 부작용이 일어나고 있다. 발표저널리즘이란 사실 확인과 정밀한 분석, 다양한 해석의 기능을 포기하고 취재원이 제공한

정보와 그러한 정보에 대한 분석 및 해석, 취재원이 규정한 현실을 그대로 보도하는 행태를 말한다.[35)]

그러나 인력이 부족한 상황에서 하루 종일 발표내용을 받아 적다 보면 심층보도나 발표배경 등에 대한 추가 취재가 사실상 봉쇄되는 데다 조직내부의 출입처 중심 사고와 맞물려 결국 기사는 발표내용이 주류를 이루게 되는 셈이다. 이 경우 브리핑 룸에 있는 기자는 특정주제에 대한 분석과 해석을 일방적으로 취재원에 의존함으로써 단순 전달자의 역할만을 하게 된다.

> "정부 각 부처에서 브리핑 룸에 수많은 뉴스정보를 공개한다고 한다. 그러나 사실 자세히 들여다보면 그렇지가 않다. 공무원들은 아직도 민감한 부분에, 자신들에게 불리한 정보는 절대 공개 안 하는 습성이 몸에 배어 있다. 그런데 무슨 단서가 되는 뉴스자료를 주어도 문제는 출입기자들이 이해를 못하고 넘어간다. 기자들이 제대로 훈련도 안 된 채 현장에 투입되고 출입처는 정확히 정보를 주지 않아 결국 독자들은 알고 싶은 정보를 제대로 알지 못하는 경우가 많다. 탐사보도니 기획취재니 뭐니 해도 정부부처의 자료를 근거로 문제점을 찾아가는 단서로 삼아 공무원들을 추궁하고 추가 자료를 요구해야 하는데 무조건 받아쓰는 게 요즘 기자들이다."(F차장)

기자들은 현장에서 자주 만나는 특성상 상호간 교류를 많이 갖게 되고 보이지 않는 카르텔을 형성하는 비공식 조직체계를 구축하고 있다. 출입처 중심으로 풀기자단 내지 사진기자 간 협조체계가 가동되면서 유사한 기사와 비슷한 사진들이 각 신문의 지면을 채우게 됨으로써 차별화가 아닌 동질화를 낳고 있다.

---

35) 안병찬, '발표저널리즘 반성과 대안', 「관훈통신」 73호, 관훈클럽
   http://kwanhun.com.

디지털환경에서 인터넷매체의 시장진입 비용이 급격히 낮아지고 신문광고시장의 축소로 인해 무한경쟁에서 신문기업들은 기존의 아날로그 생산방식에 의한 생산의 효율성을 극대화할 수밖에 없는 환경에 놓여 있다. 이는 조직전환이 기존 체제의 효율성 저하로 연결되어 자칫 어렵게 유지해 온 기득권마저 놓칠 수 있다는 조직과 구성원들의 보수적 경향과 관행 의존적 판단으로 디지털환경에 맞는 새로운 조직변화의 선택을 더욱 어렵게 하고 있다.

# 3. 뉴스룸 전환비용의 메커니즘: 이카루스 역설

## 1) 조직전환의 함수

디지털기술 도입에 따른 뉴스룸의 변화는 전환비용을 결정하는 복합적 차원의 관성(inertia) 크기에 달려 있다.[36] 종이신문 제작이라는

---

36) 전환비용은 당초 기존에 쓰던 방식이나 기기에서 새로운 방식이나 기기로 전환하는 과정에서도 발생한다. 보통 휴대폰 등 신상품의 출시에 맞춰 구휴대폰기기를 변경하는 전환행위가 발생하려면 시장가격이나 제품차별화 표준화 상품정보 등 다양한 변수가 동시에 개입하게 된다. 신상품을 선택하다는 전환실패의 사례는 현재의 QWERTY식 키보드를 들 수 있다. 이는 손가락의 움직임을 볼 때 결코 최적의 상태는 아니다. 그럼에도 'QWERTY'보다 빠르고 효율적인 'DVORAK' 키보드는 새로운 방식을 배워야 한다는 부담을 느낀 소비자들의 외면으로 소멸되어 버렸다. Utterback(1994), Mastering Dynamics of Innovation, 김인수 공역(1997) pp.29~32.

습관적 관행에 익숙해진 신문기업의 조직관성은 여전히 과거의 관행에 의존하는 고착효과(lock‐in effect)를 재생산하고 있다.

신문기업 뉴스룸에는 아날로그시대부터 매우 효율적으로 작동하던 기존 작업관행들이 여전히 디지털환경 아래에서도 잔존하려는 조직적 관성들이 강하게 작동하고 있다.

이러한 관성들은 고스란히 전환비용으로 대체됨으로써 인터넷은 물론 방송이나 다른 미디어에 비해 상대적으로 전환비용을 높이는 원인이 되고 있다.

이미 디지털기반의 기술전환이 이뤄졌음에도 조직체계의 전환이 제대로 이뤄지지 않는 것은 기술 외적 원인들이 전환비용으로 강하게 작동하고 있다는 사실을 말해 준다.

그런 점에서 신문기업 뉴스룸 조직의 전환비용은 복수의 독립변인들이 복합적으로 작용하는 다차원적 특성(multidimensional characteristics)을 나타낸다.

신문기업 뉴스룸 조직의 전환비용은 다음과 같은 다차원적 요인들이 복합적으로 상호 작용하는 함수관계로 표시할 수 있다.

**평균 전환비용** $f(x) = \dfrac{\sum(ax_1 + bx_2 + cx_3 + \cdots + zx_n)}{N}$

a = 신문사크기  b = 독자충성도

c = 조직구조    z = 생산체계

뉴스룸 조직전환을 가로막는 장애요인은 신문사의 크기,[37] 조직구

---

37) 신문사의 크기는 자본동원력과 매출액, 독자의 수, 시장점유율을 포괄하는 개념으로 사용되었다. 2003년 기준으로 연간매출이 3000억 원 이상인 조선일보(4300여억 원)와 중앙일보(3700여억 원), 동아일보(3300여억

조와 조직문화, 인적 요소, 생산기술, 소비시장, 독자충성도, 종사자 의식과 규범 등의 다차원으로 구성된다. 그동안 신문기업들이 시도 한 뉴스룸 조직전환이 성공적이지 못한 것도 이러한 장애요인들이 중층적으로 가로막는 전환비용이 높았기 때문이다.

〈표 4-7〉 미국 내 뉴스룸 통합 장애요인 차원

| 차 원 | 전환장애내용 |
|---|---|
| 기술적 | 올드미디어와 뉴미디어 간 기술의 차이와 이해부족에서 발생. 웹 기술 등 디지털기술을 체득하지 못해 단절이 발생. |
| 문화적 | 마감시간 중심의 오프라인 중심사고. 마감시간 후 기사작성과 글쓰기 중단함. 반면 뉴미디어는 끊임없이 업데이트 필요. |
| 인지적 | 뉴미디어 종사자를 기자적 가치나 목표가 부족한 기술자로 인식. 올드미디어 종사자는 새로운 세계에 기여 못 하는 힘없는 반대자 |
| 태도적 | 올드미디어와 뉴미디어 간 시각차올드미디어 종사자는 인터넷상 신변 잡기성 기사나 사진이 뉴스가치가 없다고 판단. |
| 윤리적 | 광고가 많은 웹페이지에 대한 올드미디어 종사자들의 불만. 올드미디어 저널리스트는 뉴미디어 종사자를 포용하기를 꺼림 |
| 세대적 | 뉴미디어와 올드미디어 종사자의 연령 차이에서 발생. 뉴미디어 종사자가 올드미디어 종사자보다 평균연령이 낮음. |
| 조직적 | 이질적인 경영조직과 문화가 존재. 뉴미디어조직을 분사하고 뉴스생 산메커니즘을 분리함으로써 단절이 발생 |
| 영역적 | 올드미디어 종사는 뉴미디어를 자신의 영역과 범위, 직무에 대한 침 입자로 인식. 뉴미디어에 대해 방어적이어서 영역다툼이 발생. |

출처: Nora Paul(2001), 황용석(2003) pp.40~42에서 재인용

  신문기업들이 본격적으로 온-오프라인 뉴스룸 통합을 추진 중인 미국 내에서도 뉴스룸 생산체계 전환 시 장애요인이 다차원으로 나

  원)가 메이저 또는 지배기업으로 포함되고 나머지 7개 신문기업은 마이 너 또는 한계기업으로 분류되고 있다. 한국신문방송연감, 2004년도 신 문사 매출액 자료.

타나고 있다는 사실이 확인되고 있다. 일례로 <표 4−7>과 같이 미국 내 신문기업들에서 뉴스룸 조직전환을 결정하는 차원은 기술, 문화, 인지, 태도, 윤리, 세대, 조직, 영역 등으로 나뉘어 역시 복합적으로 작용하고 있음을 보여주었다.

이 같은 뉴스룸 조직전환의 장애요인은 폐쇄성이 상대적으로 강한 국내 신문기업에서 더욱 발달되어 있다. 이미 종이신문이나 TV, 인터넷 등 온라인과의 통합에는 기존의 오프라인 기반의 관습이나 태도, 의례 등이 조직 통합의 장애요인으로 작용하고 있다.

## 2) 뉴스룸 조직의 전환비용 차원

뉴스룸 조직체계와 규범, 문화, 관행 등을 묻는 30개 설문항목의 결과를 대상으로 요인분석을 실시한 결과 다음 <표 4−8>과 같은 5개의 요인이 추출되었다.[38] 분석 결과 뉴스룸 조직과 조직문화, 가치와 규범, 관례, 기술에 대한 태도 등 뉴스룸을 구성하는 변인들은 5가지 요인, 즉 뉴스생산체계와 조직 내 관계, 조직변화, 뉴미디어, 조직의 개방성으로 구분되었다. 5개 차원의 요인들의 특성은 다음과 같다.

<요인1>인 뉴스생산체계는 오랫동안 각 신문기업의 노하우(know−how)

---

38) 5개 요인들은 전체 변량의 46.9%를 차지하였다. 요인분석에서 고윳값(eigen value) 1을 넘는 9개의 요인인자가 추출되었으나 스크리차트(scree chart) 분석결과 변량 값이 큰 5개 요인을 분석에 사용하였다. 요인회전은 변수별로 열(column)의 요인적재량을 제곱한 값의 분산을 최대화시켜 각 요인을 극소화하는 배리맥스(varimax) 방법을 이용하였다. 요인 항목 간 유사 값을 갖는지를 측정하기 위해 크론바하의 알파(Cronbach's α)의 값을 이용하였다. 이 값은 0에서 1 사이의 값을 가지며 일반적으로 0.8 이상이면 신뢰성이 매우 높은 것으로 볼 수 있다.

로 체득된 생산기술(production skill)이다. 이는 기자와 데스크 등 뉴스룸 구성원의 창의성이나 조직 내 상하 간 의사소통, 현장의 의견 반영, 스토리텔링, 게이트키핑 등의 조직 내 변화특성을 함축하고 있다. 다시 말해 기자와 데스크 간 유기적 협조관계가 원활히 가동되어 뉴스의 경쟁력을 높이는 뉴스생산체계를 결정하는 변인군이다.

〈표 4-8〉 뉴스룸 조직체계 요인분석

| 항 목 | 요 인 | | | | |
|---|---|---|---|---|---|
| | 1 생산 체계 | 2 조직 내 관계 | 3 조직 변화 | 4 뉴미디 어화 | 5 개방성 |
| 기자 개인의 창의성이 발휘되고 있다 | 0.851 | 0.119 | 0.178 | −0.011 | −0.026 |
| 데스크와 기자 간 의사소통이 잘 이뤄지고 있다 | 0.823 | −0.008 | 0.091 | 0.037 | 0.046 |
| 일반기자들의 의견이 잘 반영되고 있다 | 0.643 | 0.202 | 0.216 | 0.120 | 0.115 |
| 하의상달이 잘 이뤄지고 있다 | 0.598 | 0.370 | 0.007 | 0.099 | 0.004 |
| 스토리텔링(story telling) 기사 쓰기가 늘어났다 | 0.590 | 0.052 | 0.139 | 0.093 | 0.164 |
| 편집국 부서 간 협조가 잘 이뤄지고 있다 | 0.570 | 0.363 | 0.359 | 0.094 | −0.054 |
| 부/차장의 데스킹이 잘 이뤄지고 있다 | 0.528 | 0.263 | −0.045 | 0.047 | 0.203 |
| 편집국이 개방적으로 변화하고 있다 | 0.288 | 0.261 | 0.162 | 0.280 | 0.111 |
| 도제식 교육시스템이 바뀌고 있다 | 0.181 | 0.698 | 0.178 | 0.071 | 0.018 |
| 기자 능력을 향상시키는 재교육이 늘어나고 있다 | 0.261 | 0.597 | 0.302 | −0.035 | 0.070 |
| 기획탐사보도가 잘 이루어지고 있다 | 0.371 | 0.481 | 0.075 | 0.061 | 0.051 |
| 조직 내 상명하복의 관계가 사라지고 있다 | 0.206 | 0.481 | 0.070 | 0.230 | −0.104 |
| 현행 기자 채용방식이 바람직하다 | 0.094 | 0.459 | 0.181 | −0.240 | −0.114 |
| 기자들의 전문성이 높아졌다 | 0.296 | 0.441 | 0.245 | 0.302 | −0.032 |
| 능력 위주로 인사가 이루어지고 있다 | 0.377 | 0.385 | 0.242 | 0.084 | 0.236 |
| 6하 원칙의 기사 쓰기 방식이 바뀌었다 | 0.314 | 0.378 | 0.056 | 0.316 | 0.107 |
| 출입처 중심 취재방식이 줄어들고 있다 | −0.015 | 0.362 | −0.071 | −0.046 | 0.154 |

| 항 목 | 요 인 | | | | |
|---|---|---|---|---|---|
| | 1<br>생산<br>체계 | 2<br>조직 내<br>관계 | 3<br>조직<br>변화 | 4<br>뉴미디<br>어화 | 5<br>개방성 |
| 디지털화로 편집국의 위계조직이 변하고 있다 | −0.007 | 0.198 | 0.673 | 0.225 | −0.071 |
| 전문기자제가 정착되고 있다 | 0.223 | 0.067 | 0.660 | −0.072 | 0.301 |
| 편집국의 최근 조직개편이 잘 이뤄졌다 | 0.205 | 0.302 | 0.642 | 0.074 | 0.011 |
| 온라인과 오프라인 순환근무가 이뤄지고 있다 | 0.213 | 0.006 | 0.606 | −0.096 | 0.097 |
| 인터넷 등 뉴미디어부서가 중요부서가 되었다 | 0.020 | −0.069 | 0.382 | 0.686 | −0.100 |
| 기사가치에 대한 관념이 변하고 있다 | 0.104 | 0.388 | −0.199 | 0.621 | 0.032 |
| 편집국도 벤처기업 같은 유연성이 필요해졌다 | 0.119 | −0.232 | −0.030 | 0.602 | 0.288 |
| 편집국 내 관행들이 개선되고 있다 | 0.362 | 0.400 | 0.160 | 0.412 | −0.059 |
| 팀장 중심의 팀제가 효율적이다 | 0.109 | 0.082 | −0.029 | −0.064 | 0.631 |
| 전문기자는 외부채용이 필요하다 | 0.104 | −0.051 | 0.255 | 0.073 | 0.614 |
| 온라인과 오프라인 편집국이 통합되어야 한다 | 0.101 | −0.095 | 0.192 | 0.220 | 0.558 |
| 게이트키퍼의 역할이 줄어들었다 | 0.001 | 0.380 | −0.055 | −0.052 | 0.486 |
| 기자는 능력이 있다면 수시 채용해야 한다 | 0.012 | 0.072 | −0.170 | 0.410 | 0.442 |
| 초기 고유값(eigen value) | 7.055 | 2.003 | 1.760 | 1.597 | 1.426 |
| 설명된 변량(%) | 13.84 | 10.9 | 8.57 | 7.11 | 6.48 |
| 누적 변량(%) | 13.84 | 23.93 | 32.50 | 39.61 | 46.09 |
| 신뢰 계수($\alpha$) | .8272 | .6659 | .6885 | .6023 | .5351 |

　　따라서 이 같은 뉴스재료의 선택과 뉴스가치의 결정, 기사작성 및 데스킹, 편집의 공정과정에서 나타나는 상호 유기적 협조관계는 마감시간 내 뉴스생산에 가장 결정적인 변인이 되고 있다. 이는 뉴스 기사 생산체계의 효율성을 나타낸다. 뉴스생산체계의 변화 여부는 기사가치나 기사스타일, 환경 변화의 수용여부에 결정적인 영향을 미치는 요인이다.

　　<요인2>는 뉴스룸 조직 내 관계를 나타내는 변인군이다. 즉 도제식 교육이나 채용방식, 재교육, 상명하복, 연공서열, 출입처제도 등

기존의 신문사에서 가장 관행이 잘 발달해온 부문이다. 이 같은 조직 내 관계는 오랜 시간 누적된 생산체계로서 뉴스룸의 조직전환에서 핵심적 전환요인으로 작용하게 된다.

<요인3>은 디지털화에 따른 조직변화의 요인이다. 위계적 조직이 수평적으로 변화하고 기자 등 구성원들의 전문성이 잘 구현되며 온-오프라인 간 순환근무가 잘 이뤄지는 디지털환경에 적합한 뉴스룸 조직이다.

<요인4>는 디지털화에 따른 인터넷 등 뉴미디어와 온-오프라인의 기사가치의 변화성, 조직의 유연성, 오프라인 중심의 관행 타파 등 뉴미디어화 변인군이다. 뉴미디어에 대한 인식의 변화는 온-오프 통합체계 구축에 결정적인 영향을 미치는 요인이다. 이러한 벤처마인드의 이식과 인터넷부서에 대한 인식의 변화, 그리고 뉴미디어에 대한 기자들의 관심은 뉴미디어의 비중을 가늠하는 척도가 된다.

<요인5>는 팀제나 채용방식, 게이트키퍼의 역할 등의 변수들이 모인 조직의 개방성을 다루는 변인군이다. 그동안 외부에 폐쇄적으로 운용되었던 신문기업 뉴스룸의 문제점을 극복하는 방법으로 얼마나 외부변화를 신축적으로 수용하는가를 파악하는 지표가 된다. 대표적으로 공채기수 중심이 아닌 탄력적인 외부인사의 신규채용, 기자의 개성과 창의성을 제고하고 게이트키핑 중심의 뉴스 가공단계의 축소, 온-오프라인 생산조직의 통합 등 조직의 개방성을 측정하는 변인군이다.

## 3) 인지적 독자충성도

소비시장에서 독자의 충성도는 신문기업의 수익기반인 동시에 시장지배력을 결정하는 주요요인이다. 그런 점에서 신문기업 뉴스룸 조직전환의 주체가 되는 기자와 데스크 등 구성원들은 독자시장의 변화와 이에 따른 시장지배력의 변화를 민감하게 받아들일 수밖에 없다. 따라서 독자충성도와 시장지배력의 변화는 경영진과 기자에게 조직개편의 실효성을 판단하는 기준점이 된다. 신문기업 조직구성원들이 평가하는 자사 신문의 독자충성도는 뉴스룸 조직전환의 주요 변인이 된다. 독자충성도는 뉴스룸 조직전환에 미치는 영향력이 매우 클 수밖에 없으며 이는 전환비용으로 작용하게 된다.

전환비용 기반의 독자충성도의 특징은 강한 고착효과를 생산한다는 사실이다. 습관적 소비를 하는 독자들은 상품의 효용성과 가치를 인지하고 이를 다른 상품으로 전환했을 때 드는 시간적, 경제적, 탐색적 학습비용의 추가지출을 두려워한 나머지 기존의 신문을 지속적으로 구독하고자 하는 경향이 있다. 이 독자충성도는 많은 탐색비용을 들여 쌓아올린 지식과 교양, 습관, 오락 등을 특정한 대가나 계기가 없이는 쉽게 전환하지 않으려는 '독자의 관성'이라고 할 수 있다. 앞서 이루어진 신문소비시장의 독자충성도에 대한 연구조사들은 조선, 중앙, 동아 등 메이저신문과 한겨레신문, 국민일보가 상대적으로 시장에서 독자들의 충성도가 높다는 사실을 보여주고 있다. 한계기업 중에서 한겨레신문은 진보적 성향의 독자들이 결집하고, 국민일보는 기독교 중심의 크리스천이 독자층을 형성하여 상대적으로 높은 독자충성도를 나타내고 있다.

미디어 전문조사기관인 닐슨미디어리서치(Nielsen Media Research)가 2005년 5월 10~24일까지 실시한 신문시장 조사 결과 가정구독률은 조선일보 10.74%로 가장 높았고, 2위는 중앙일보(10.47%), 3위 동아일보(8.80%)로 나타났다. 이 밖에 4위에 한겨레신문(1.26%), 5위

국민일보(1.08%), 6위 경향신문(0.82%), 7위 한국일보(0.73%), 8위 서울신문(0.38%), 9위 세계일보(0.34%), 10위는 문화일보(0.07%)로 집계되었다.[39] 가정구독률은 독자충성도와 깊은 연관성을 갖고 있으며 신문기업의 주요한 무형의 자산이다.

또 2003년 한국언론재단이 경향신문과 조선일보, 중앙일보, 한겨레신문, 한국일보 등 5개 종합일간지에 대한 구독지속의향을 조사한 결과에서도 신문기업별 독자충성도는 한겨레-조선-중앙-한국-경향 순으로 나타났다.[40] 이 같은 조사결과에서도 볼 수 있듯이 독자충성도에 대한 기존의 연구조사 결과는 거의 일치성을 보이고 있다.

이같이 경영진은 물론 기자와 데스크들의 자사 신문의 독자충성도에 대한 인식은 편집국 조직변화의 주요변수로 작용하고 있다. 이는 조직변화를 시도할 경우 독자의 이탈과 이에 따른 소비시장의 변화를 기자 등 구성원들이 매우 민감하게 받아들일 수밖에 없으며 구성원들의 독자충성도 인식이 독자소비시장의 변화와 긴밀한 관계가 있음을 보여준다.

---

39) 닐스미디어리서치의 통계자료는 제주를 제외한 전국 15개 시도의 15~69세 남녀 1500명을 상대로 전화 면접조사를 한 결과이다. 이 통계수치는 95% 신뢰수준에서 최대허용오차는 ±1.06%였다. 조사결과 전체 신문열독률은 5년(2000. 12.~2005. 5.) 사이 19%(감소율 31.6%) 감소한 것으로 나타났다.

40) 한국언론재단이 2003년 10월 서울시내 20세 이상 남녀 500명을 대상으로 가정 방문해서 경향 조선 중앙 한겨레 한국 등 5개 지의 구독지속 의향을 조사한 결과 전체응답자의 43.3%가 '다른 신문으로 바꿀 생각이 별로 없다', 12.7%는 '다른 신문으로 바꿀 생각이 없다'고 답해 전체의 56.0%의 응답자가 강한 충성도를 나타냈다. 이 조사는 전체 10개 종합일간지를 대상으로 한 것이 아니라 5개 사만 한정하여 동등하게 비교할 수는 없으나 구독지속 의향, 즉 신문에 대한 충성도가 아주 높은 성숙시장임을 의미하며 그만큼 전환비용이 높다는 것을 보여준다. 김영욱 외(2003), '신문의 위기', 한국언론재단·한울, pp.357~389.

더구나 편집국 조직변화의 주체인 기자와 데스크 등 구성원들은 소비시장의 독자충성도를 민감하게 반영하고 있으며 이를 기준으로 조직변화의 득실을 판단하게 될 것이다.

따라서 기자들이 판단하는 독자충성도는 실제 소비시장에서 산출한 독자충성도는 아니지만 조직변화의 주체인 기자 데스크의 인식을 지배하는 변인이라는 점에서 신문 소비시장의 독자충성도를 간접 반영하는 지표라고 할 수 있다.

〈표 4-9〉 기자가 인지한 독자충성도

| 1그룹 (낮은 그룹) | 평 균 | 2그룹 (높은 그룹) | 평 균 |
|---|---|---|---|
| 서울신문 | 3.25 | 조선일보 | 3.96 |
| 세계일보 | 3.19 | 한겨레신문 | 3.87 |
| 경향신문 | 2.96 | 국민일보 | 3.77 |
| 문화일보 | 2.94 | 동아일보 | 3.60 |
| 한국일보 | 2.44 | 중앙일보 | 3.40 |

* 전체 충성도 평균=3.37

설문조사를 통해 기자들이 자사 신문의 독자충성도에 인식을 조사한 결과 전체 신문기업의 평균은 3.37이었다. 이를 기준으로 10개 신문기업 중 평균치 미만인 경향신문, 문화일보, 서울신문, 세계일보, 한국일보는 '충성도가 낮은 그룹'(1그룹), 평균치보다 높은 국민일보와 동아일보, 조선일보, 중앙일보, 한겨레신문은 '충성도가 높은 그룹'(2그룹)으로 분류하고 평균값을 비교하였다.

이어 디지털화에 따른 전반적인 편집국 조직변화에 대한 설문에서 30개 항목에 대한 개인별 점수를 합산하고 이를 충성도가 높은 그룹과 낮은 그룹의 평균을 산출한 결과 충성도가 낮은 1그룹의 평균은

90.19로 나타난 반면 충성도가 높은 2그룹의 평균은 85.99로 나타났다. 여기서 평균점수가 높을수록 편집국 조직변화 가능성이 더욱 높다는 사실을 의미한다. 단순 평균값만 비교해보면 충성도가 높은 2그룹이 디지털조직 변화에 상대적으로 소극적인 태도가 많다는 사실을 보여준다. 즉 충성도가 높은 신문기업 그룹이 충성도가 상대적으로 낮은 신문기업 그룹보다 디지털조직으로 변화하는 전환비용이 더 높다고 볼 수 있다. 과연 이러한 차이가 통계적인 의미가 있는지를 알아보기 위하여 두 그룹 간 평균차에 대한 t-검증을 실시하였다.

〈표 4-10〉 2개 신문그룹의 조직변화 t-검증

| 구 분 | N | 평균 | t값 | df | 평균차 | p |
|---|---|---|---|---|---|---|
| 2그룹<br>(충성도 높음) | 100 | 85.99 | 2.518 | 202 | 4.20 | 0.013 |
| 1그룹<br>(충성도 낮음) | 104 | 90.19 | | | | |

*p < .05

t-검증은 뉴스룸의 조직변화를 측정하는 설문 2-1부터 2-30까지 30개의 항목에 대한 응답자들의 평가를 각 항목별로 합산하여 새로운 변인을 만들고 이를 충성도가 높은 그룹과 낮은 그룹으로 구분하여 2개 그룹 간 평균값을 측정하는 순서로 실시되었다.

t-검증 결과 다음 표 <4-10>과 같이 t값이 2.518, 유의확률 p값은 .013으로서 p<.05 수준에서 유의미한 결과를 보였다. 즉 충성도가 높은 신문사 그룹2와 충성도가 낮은 신문사 그룹1은 디지털패러다임에 대한 뉴스룸 조직변화와 마인드의 변화에서 차이가 있음을 알 수 있었다. 이 같은 분석결과를 놓고 볼 때 독자충성도가 높은

신문기업일수록 조직 내 구성원들은 뉴스룸 조직전환이나 관행의 혁신에 상대적으로 소극적이라는 사실을 알 수 있다.

실제로 종이신문 소비시장에서 독자충성도는 신문기업의 안정적 수익기반과 밀접한 관계를 갖기 때문에 조직변화 등 경영조직의 결정에 가장 주요변수로 작용하고 있다. 충성도가 높은 독자를 확보하고 있는 신문기업은 그렇지 못한 신문기업에 비해 비교적 안정적인 시장기반을 갖고 조직변화에 그만큼 신중한 태도를 보일 수밖에 없을 것이다.

경영진은 과연 조직변화가 독자충성도 기반의 소비시장에서 긍정적 효과를 보일 것인가 아니면 부정적 효과를 보일 것인가에 대한 정책판단을 할 수밖에 없다. 다시 말해 신문광고의 급감과 신문독자의 이탈이라는 이중위기를 맞은 신문기업으로서는 독자충성도가 경영정책의 핵심변수가 될 수밖에 없음을 말해준다. 신문기업들이 독자확장에 사활을 거는 것도 광고와 독자시장에 지배력을 안정적으로 확보하는 가장 중요한 방안이기 때문이다.

따라서 조직전환은 미래의 불확실성이 내포되어 있는 만큼 경영조직은 물론 내부종사자들은 불확실성을 최소화하려는 위험회피(risk hedge)의 현실적 방안을 모색할 수밖에 없다. 그것은 안정적인 수익기반을 그대로 유지하는 범위 내에서 조직변화를 추구한다는 점을 의미하며 결국 기존의 오프라인 자원에 기반을 두고(newspaper-installed base) 변화를 추구하는 구조적 한계점에 봉착한다.

그런 점에서 충성도가 높은 신문기업은 비교적 그렇지 못한 신문기업에 비해 안정적인 수익구조와 시장기반을 갖고 있어 그만큼 조직변화 결정에 독자충성도를 의식하지 않을 수 없게 된다. 메이저를 중심으로 한 충성도 높은 신문기업의 경영진들은 조직변화의 당위성을 더욱 절실하게 느끼고 안정적인 소비시장을 그대로 안고 전환하려는 조직혁신을 시도하려 할 것이다. 높은 독자충성도를 기반으로 조직전환을 강력하게 밀어붙일 수도 있는 반면 조직변화에 따른 위험회피를 피하려 할 경우 오히려 독자충성도는 조직구성원들이 조직변화에 대한 소극적인 태도를 갖도록 하는 마이너스 요인이 될 수도 있다. 이것은 '독자충성도의 이중성'이다.

디지털화가 가속될수록 신문기업의 조직전환은 온라인신문의 탄력성과 유연성 등 구조적 장점을 수용하려 하지만 여전히 종이신문 생산양식에 기반을 둘 수밖에 없는 현실적인 모순 상황에서 이러한 이중성은 커질 수밖에 없다는 사실을 말해준다.

실제로 신문 소비시장은 지배기업과 한계기업으로 이원화된 독특한 구조 속에서 특정신문에 대한 충성도를 기준으로 '충성적 독자층'과 '전환적 독자층'으로 이원화되어 있다. 독자충성도가 높은 신문은 장기적으로 또 지속적으로 습관적 소비를 하는 시장을 형성하고 있는 반면 독자 충성도가 낮은 신문은 다른 신문 구독으로의 전환이 발생한다.

충성도의 기준은 관성과 비용에 따라 구분할 수 있다. 즉 독자의 충성도가 높은 신문은 '관성과 강화의 효과'가 상대적으로 커서 좀처럼 전환이 발생하지 않는 특성을 갖고 있다. 달리 말하면 전환을 발생시키는 전환비용이 높아진다는 것을 의미한다. 충성도 높은 신문의 독자는 관성의 효과가 크고 전환비용이 높아 반복적이고 지속적 소비를 계속하는 시장인 반면 충성도 낮은 신문의 독자는 관성의 효과가 떨어져 비교적 전환비용이 상대적으로 낮은 만큼 전환이 용이할 수 있다.

따라서 지배기업이 기존의 충성도를 기반으로 안정적 시장지배력

을 확보하기 위해 끊임없이 전환비용을 높였던 강점이 이제는 약점
으로 작용하는 변수가 되었다는 것을 의미한다. 즉 전환비용을 높여
서 안정적인 독자시장을 확보해왔던 독자충성도가 높은 신문기업들
은 오히려 자신들이 높여놓은 전환비용으로 인해 디지털환경이라는
새로운 환경에 따른 능동적으로 적응하기 위한 조직혁신을 하지 못
하고 있다.

실제로 조선 중앙 동아 국민 한겨레 등 충성도가 높은 신문사들은
디지털환경에 적용하기 위해 여러 차례 조직개편과 기존 관행의 파괴
를 시도하였지만 지금까지 이렇다 할 변화의 결과를 가져오지 못하고
있는 것도 독자충성도가 부적(-) 요인으로 작용하고 있음을 보여준
다. 즉 종이신문 독자에 함몰된 신문사의 강력한 상명하복의 계서적
문화와 하향식 커뮤니케이션 구조, 편집국장-부장 중심의 강력한 1
인 지배체제가 변화의 걸림돌이 되고 있는 것이다. 특히 획일적인
조직문화와 상명하복의 기존의 뉴스룸 조직특성은 디지털시대에서는
혁신의 장애요인으로 전환되었다.

따라서 독자충성도가 높은 신문기업들은 독자이탈이 발생하지 않
는 범위 안에서 급격한 조직혁신보다는 전환비용이 비교적 낮은 다른
형태의 조직변화, 즉 변형된 형태의 조직전환의 변화를 모색하게 될
수밖에 없다.

시장지배력이 높은 신문기업들은 혁신적인 조직변화 자체가 어려
울 뿐만 아니라 설사 가능하더라도 전환비용이 워낙 높아 자칫 신문
기업 수익자산의 원천인 충성도 높은 독자시장의 변화가 가져올 부
작용을 우려하여 조직혁신을 지연시키게 되는 것이다.

## 4) 이카루스의 역설: 전환용이성

지배기업과 한계기업 등 전체 신문기업들이 뉴스룸 조직혁신에 성공하지 못하였던 것은 뉴스룸 조직의 내적 요인들이 갖는 관성이 여전히 강력하게 작용하고 있는 데에 주 원인이 있다. 이러한 뉴스룸 조직 내 요인들 간에 영향력을 미치는 상호인과관계를 알아보기 위하여 경로분석(path analysis)을 실시하였다. 이 분석을 통해 기자와 데스크의 인지적 차원의 요인 간 인과성을 보고자 하였다.

시장지배력과 매출액을 기준으로 한 신문사 규모, 그리고 기자들의 인지적 독자충성도를 독립변인으로 하여 요인분석 결과 추출된 5개 변인군 간의 상호인과성을 분석하였다. 5개 요인 간 사이 경로에서 변량분석을 실시하고 변인 간 회귀분석을 통하여 경로계수를 산출하였다. 경로계수는 회귀분석의 표준 회귀계수 베타값($\beta$)이 사용되었다.

신문기업의 크기를 메이저와 마이너로 구분하고 독자의 충성도를 변인으로 경로 분석을 실시한 결과 '조직변화'에 대해 독자충성도는 영향력을 강하게 미치는 반면 신문기업의 규모는 오히려 영향력이 없거나 부정적인 영향력을 미치는 것으로 나타났다. 다시 말해 신문기업의 규모는 조직변화와 생산체계 변화, 조직관계, 뉴미디어, 개방성에 부적(-) 관계를 갖고 있으나 인지적 독자충성도는 조직변화는 물론 생산체계 변화와 조직관계, 뉴미디어, 개방성에 상대적으로 정적(+) 영향력을 갖고 있다는 결과를 보여주었다.

조직변화에 미치는 영향력은 '생산체계의 변화' 요인이 .308로 가장 높은 수치를 나타냈고 독자충성도(.178), 조직 내 관계(.200), 개방성(.103), 뉴미디어화(.001)의 순으로 나타났다. 이는 뉴스룸 조직의 생산체계의 변화가 조직변화에 가장 영향을 주고 있는 사실을 보여주고 있다. 기존의 상명하복이나 도제식 교육, 수직적 조직체계 등 과거의 관행이 작동하는 조직 내 관계가 역시 중요한 조직변화에 영향을 주고 있는 것으로 해석할 수 있다.

〈표 4-11〉 뉴스룸 요인별 경로분석 통계표

| 독립변인 | 종속변인 | $\beta$ | $R^2$ | 독립변인 | 종속변인 | $\beta$ | $R^2$ |
|---|---|---|---|---|---|---|---|
| 신문사의 규모 | 생산 체계 변화 | -.003 | .003 | | 생산체계변화 | .308*** | .209 |
| 독자충성도 | | .255** | .064 | | | | |
| 신문사의 규모 | 조직 내 관계 | -.155** | .041 | | 조직 내 관계 | .200*** | .165 |
| 독자충성도 | | -.099* | .072 | 조직변화 | | | |
| 신문사의 규모 | 뉴미디어화 | -.242*** | .019 | | 뉴미디어화 | .001** | .046 |
| 독자충성도 | | .198* | .044 | | | | |
| 신문사의 규모 | 개 방 성 | -.067 | .011 | | 개 방 성 | .103** | .055 |
| 독자충성도 | | .196 | .043 | | | | |

*p<.05, **p<.01, ***p<.001

주목할 대목은 신문기업 규모가 조직변화에 직접 미치는 영향력은 마이너스 관계(-.203)로 나타났다. 바꿔 말하면 신문기업의 규모가 클수록 조직변화에 미치는 영향력은 그만큼 작아지고 있어 메이저신 문일수록 조직변화 등에 미치는 영향력이 작아진다는 사실을 의미한다. 특히 신문기업 규모는 조직 내 관계에도 마이너스 영향력(-.155)을 나타내어 규모가 클수록 조직 내 관계의 변화가 지체되고 있다는 점을 말해주고 있다. 즉 메이저신문일수록 잘 발달된 위계조직이나 전문기자제, 조직개편, 온-오프 통합 등의 조직 내 관계에 상대적으로 영향을 덜 미쳐 조직변화에 부정적이라는 사실을 알 수 있다. 이는 종이신문 중심의 기존 뉴스룸 조직의 관행적 특성을 보여주는 것이다. 그만큼 메이저신문사 내의 기자와 데스크의 고착효과가 마이너신문기업보다 상대적으로 더 크다는 사실을 보여준다.

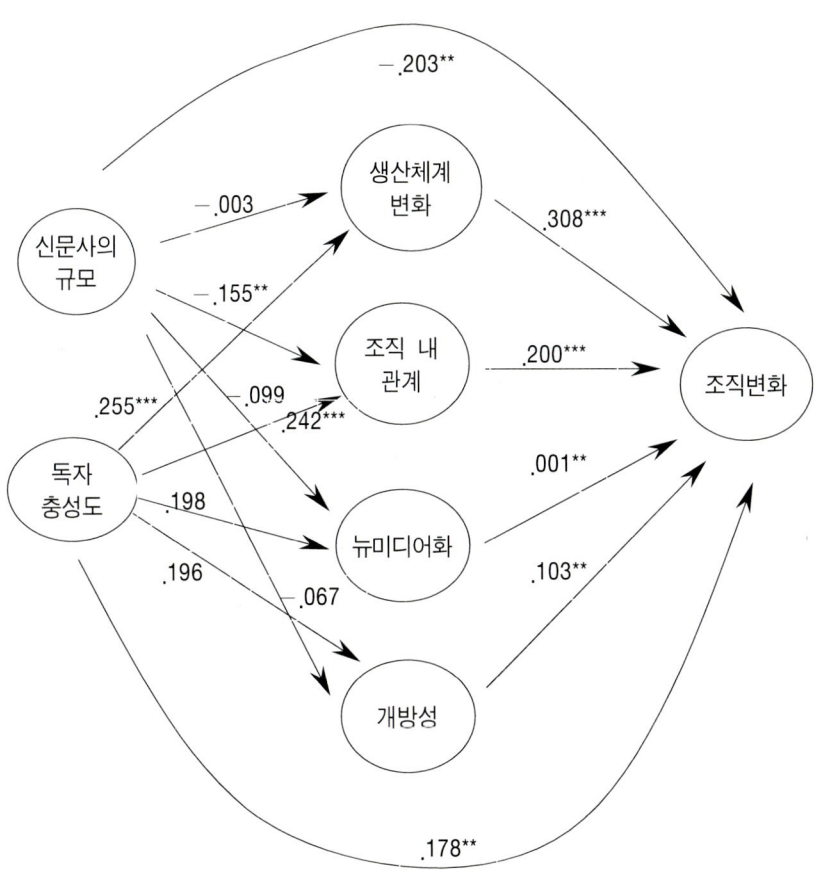

a) *p < .05  **p < .01  ***p < .001
b) 선형회귀분석으로 얻은 β값으로 경로계수 도출함

〈그림 4-6〉 뉴스룸 요인별 경로모형

신문기업의 규모의 뉴스룸 조직 내 뉴미디어에 대한 영향력도 -.099로 나타나 규모가 클수록 뉴미디어 변화에 부정적인 영향을 미친다는 사실도 알 수 있다. 즉 인터넷 등 뉴미디어 부서에 대한 중요성이나 기사가치에 대한 관념, 벤처기업과 같은 유연성, 기존의 편집국 관행들이 변화 등에 부정적인 영향을 미쳐 그만큼 변화가능성이 줄어드는 것을 의미한다. 신문기업 규모는 조직의 개방성(−.067)에도 마이너스 영향을 미치고 있었다. 개방성의 특징인 팀제나 전문기자 외부채용, 온−오프통합, 게이트키퍼 역할의 감소, 수시채용 등에 영향력이 떨어지는 것으로 나타났다.

다만 신문기업의 규모가 뉴스룸 내 생산체계 변화와 개방성에 미치는 영향력은 비록 마이너스 관계가 나왔지만 유의미하지는 않았다. 이는 신문기업 규모가 뉴스룸 내 생산체계와 개방성에 미치는 영향력이 확정적이지 않다는 사실을 의미하는 것이다. 독자이자 소비자들인 수용자들의 적극적인 뉴스생산참여와 견제, 경영조직의 선택이 변수로 작용할 경우 정적 영향력을 낼 수 있는 가변적 요인이다.

신문기업의 규모는 대체적으로 조직변화는 물론 생산체계와 조직관계, 개방성, 뉴미디어에 마이너스(−)적 관계를 갖고 있어 신문기업 규모가 클수록 조직전환이 상대적으로 더 어려우며 이는 그만큼 전환비용이 높다는 것을 말해준다. 이에 반해 신문기업의 규모가 작은 마이너신문일수록 조직변화는 물론 생산체계와 조직관계, 뉴미디어, 개방성에 정적 영향력을 미치고 있다.

이상과 같이 지배기업 등 규모가 큰 신문기업은 조직 내 관계, 즉 상명하복의 위계적 구조와 기자−차장−부장−부국장−국장의 조직 내 위계적 위치를 확고하게 하는 고착효과가 작동하고 있다는 사실을 알 수 있다. 규모가 큰 신문사일수록 뉴스룸의 혁신적 조직변화에 소요되는 전환비용이 마이너신문보다 높다는 사실을 의미한다. 또 신문기업 규모가 조직변화에 상대적으로 영향을 덜 주는 요인은 생산체계(−.003)와 개방성(−.067)으로 나타났다. 나아가 신문기업의 크기는 조직변화에 가장 영향을 덜 주는 수치(−.203)를 보여 뉴스룸 조직변화에 가장 낮은 영향력을 나타냈다.

이에 반해 기자의 '인지적 독자충성도'는 뉴스룸 조직변화에 미치는 영향은 물론 생산체계변화와 조직관계, 뉴미디어, 개방성 등에 영향력을 미치고 있음을 알 수 있다.

분석결과 인지적 독자충성도는 신문기업 내 생산체계 변화에 가장 영향(.255)을 주는 것으로 나타났으며 조직 내 관계(.242), 뉴미디어화(.198), 개방성(.196)의 순이었다. 종이신문의 시장지배력의 요인이 되었던 생산체계에 가장 강력한 영향력을 주고 있음을 보여준다. 이 분석에서 인지적 충성도가 다른 경로를 거치지 않고 조직변화에 직접 미치는 영향력은 상대적으로 낮은 수치(.178)를 보였다. 이는 인지적 충성도 자체가 조직변화에 직접적으로 미치는 영향력은 다른 요인들보다 상대적으로 낮다는 사실이다. 인지적 충성도가 다른 요인들보다 더욱 강력하게 조직변화를 추동하지는 않는다는 점을 의미한다.

경로분석 결과를 보면 신문기업 규모가 큰 뉴스룸 조직과 구성원들은 여전히 현상유지 관성을 강하게 나타내고 있어 조직변화의 장애요인이 되고 있다는 것을 보여준다. 이는 혁신적 변화보다는 관성의 진화과정을 통한 적응(adaptation)의 과정을 통해 조직변화가 이뤄질 수밖에 없음을 말해준다. 인지적 충성도 역시 다른 요인에 비해 조직변화에 대한 영향력을 상대적으로 덜 미치고 있어 전환비용을 높여주고 있음을 보여주고 있다.

따라서 지배기업인 동시에 인지적 충성도가 높은 신문기업의 경우 뉴스룸에 서구형 모델을 그대로 이식하는 급진적인 혁신이 적합하지 않다. 지배기업들이 급격한 조직전환을 선택하면 기업규모와 인지적 독자충성도가 갖는 부정성으로 인해 조직의 피로가 발생하여 오히려 '적응의 메커니즘'이 깨지는 부작용이 초래된다.

이 같은 사실로 볼 때 신문기업 규모와 독자충성도 등 과거 아날로그 시점에서 강력한 경쟁력이었던 신문기업들의 강점들이 디지털 패러다임에서는 오히려 약점인 경직성으로 변환되어 디지털환경에 적응하려는 신문기업들의 조직전환을 어렵게 만드는 요인이 되고 있다. 신문기업의 규모가 경쟁력으로 대변되었던 신문기업 규모가 조직변화에는 마이너스 요인으로 작용하는 일종의 이른바 '이카루스(ICARUS)의 역설'[41]이다. 한마디로 과거의 핵심정보생산역량(core capability)이 이제는 핵심취약점(rigid capability)으로 변해버렸다는 사실을 말해준다.

독자충성도가 높은 조선 중앙 동아 등 메이저신문기업과 국민일보 한겨레신문 등은 다른 신문과 달리 혁신적 조직전환을 시도하지만 성공적인 결과가 나타나지 않았던 것도 인지적 독자충성도의 보수성이 강하기 때문이다.

경로분석결과에서 보듯이 인지적 독자충성도는 조직변화와 함께 생산체계나 조직관계, 뉴미디어, 개방성 등에 영향을 주고는 있지만 다른 요인들에 비해 조직변화에 미치는 영향력은 상대적으로 낮았다.

지금까지 신문기업의 경쟁력은 기업규모와 독자충성도가 기반이 되었다. 신문기업 규모 자체가 강력한 경쟁력이었던 과거와 달리 디지털시대에서는 반드시 경쟁력이 되지 않는다. 오히려 과거의 익숙한 생

---

41) '이카루스의 역설'이란 용어는 강력한 인공양초 날개를 가지고 하늘 높이 올라갈 수 있었으나 너무 높이 올라가 태양에 근접하게 되자 그 열 때문에 날개가 녹아서 곤두박질하여 죽음에 이르렀다는 그리스신화에서 유래했다. Linsu Kim(1997), Imitation to Innovation, 임윤철 이호선 공역(2000), 모방에서 혁신으로, 시그마인사이트.

산체계의 효율성이 새로운 조직변화를 허용하지 않는 걸림돌로 작용할 수 있다는 사실을 보여주고 있다.

인적 물적 자본을 상대적으로 잘 갖춘 지배기업의 경영조직은 환경 변화에 대한 위기의식을 민감하게 느끼고 환경 변화에 적응하기 위한 조직전환을 시도하려 하지만 독자충성도와 신문기업의 규모에서 나오는 효율적 체계가 전환비용을 높여놓아 조직변화에 긍정적 결과를 가져오지 못하고 있다.

신문기업들의 조직혁신의 시도가 그다지 성공적이지 못하게 됨으로써 환경 변화에 적응하는 새로운 차원의 조직변이의 현상이 나타날 수밖에 없다. 디지털콘텐츠 시장이 이미 통합된 새로운 미디어상황에서 조직전환에 성공하지 못한 지배기업은 기존의 뉴스룸 조직을 변형하는 일종의 조직변이를 통해 환경에 적응하려 할 것이다. 즉 조직전환에 소요되는 전환비용이 높아질 경우 경영조직은 당초 의도했던 조직혁신 모델을 다소 변형한 형태의 뉴스룸 조직변이를 통해 새로운 환경에 적응하려는 시도이다.

하지만 아날로그 당시의 뉴스룸을 그대로 둔 혁신모형은 임파워먼트 등의 구성원 학습비용을 높이고 조직의 디지털환경 적응시간을 연장하여 혁신의 지체현상이 발생하게 된다. 이는 조직전환의 총비용을 증가시켜 결국 조직 전체의 부담으로 되돌아오는 것이다.

그렇다고 마이너신문기업들이 뉴스룸 조직전환을 쉽게 달성할 수 있는 것은 아니다. 시장지배력과 충성도가 모두 낮은 마이너신문기업들은 뉴스룸 혁신의 전환비용이 낮아서 조직혁신을 시도할 유인이 상대적으로 높지만 자본력이나 인력 등 동원할 자원이 상대적으로 매우 빈약하다.

미이너신문들은 혁신에 대한 의지는 매우 높지만 그 혁신을 뒷받

침해줄 물적 인적 자원이 부족하여 역시 현상유지 관성을 그대로 갖고 있다. 더구나 혁신적 시도가 시장실패로 이어져 위험을 회피하지 못할 경우 해당 신문기업의 존립이 위태롭기 때문에 변화를 선뜻 선택하지 못하는 딜레마에 빠져 있다. 이에 따라 그동안 표준화를 선도해온 메이저신문기업이 확실한 뉴스룸 혁신의 표준모델을 제시하여 성공의 확률이 높다는 확신을 주지 않는 한 마이너신문들은 변화의지를 갖고 있으면서도 뉴스룸 혁신을 독자적으로 추진해나갈 동력을 갖지 못한다.

결론적으로 자본력과 독자충성도가 높은 신문기업들은 디지털환경 도래에 대한 위기의식을 갖고 재빠르게 혁신적 변화를 시도하지만 종이신문 생산중심의 효율성에 기반을 두어 발달시켜온 관행의 덫에 걸려 좀처럼 유연한 디지털조직화를 앞당기지 못하고 있다.

종이신문 중심의 관행이 경쟁력이었던 조선 동아 중앙 등 지배기업 내에는 인터넷이나 방송매체 등 타 미디어에 비해 오히려 조직 내 생산체계나 조직관계 등 기술 외적인 요인들이 복합적으로 재생산하는 전환 장애 요인들이 잔존하고 있었다. 지배기업들이 뉴스룸 조직전환을 연기하거나 시행을 유보하는 것은 종이신문 생산중심의 효율성이 갖는 전환비용이 한계기업들보다 상대적으로 더 높다는 사실을 보여주고 있다.

# 제 5 장

# 유통창구의 디지털화와
# 온라인 통합체계

## 1. 뉴스콘텐츠 제작-유통의 단일체계 구축

### 1) 유통창구의 디지털화: 거래유통비용의 감소

신문기업의 디지털화는 뉴스제작체계의 통합화에 이어 자사의 뉴스정보를 실시간으로 다양한 플랫폼으로 유통시킬 수 있는 창구의 디지털화를 가져왔다. 이는 종이신문을 최종상품으로 한 신문기업의 인쇄-포장-수송-배달의 유통과정을 없애 거래비용이 거의 들지 않는 강점을 갖고 있다. 뉴스룸의 제작과정과 유통과정이 통합된 제작-유통의 복합체계가 구축되었음을 의미한다.

이 같은 유통창구의 디지털화는 기존의 막대한 윤전비용이나 포장, 수송은 물론 가판이나 가정배달의 거점인 지국 운영비용을 0에 가깝게 만들었다. 따라서 디지털화된 뉴스콘텐츠는 원소스 멀티유즈의 효과로 부가가치를 증대시킬 수 있는 강점 외에도 거래비용이 들지 않아 신문기업의 수익성을 증가시키는 요인을 갖고 있다.

따라서 디지털미디어시장은 종이신문과 달리해 거의 거래비용이 들지 않아 신문기업들이 참여할 수 있는 유인책이 되고 있다. 그동안 종이신문 판매를 위한 기존의 유통체계는 윤전시설과 함께 신문기업의 고비용 저효율 구조를 대표하는 상징이었다.

종이신문 시장에서 전체 신문구독률과 신문판매량이 줄어든다 하더라도 가판 및 가정배달 비용은 고정비용으로 남아 있어 신문기업의 수익성을 악화시키는 요인으로 지적되어 왔다. 특히 지국과 보급소의 판매역할, 배달을 통한 유통방식은 지배기업과 한계기업의 시장지배력을 가늠하는 척도가 되었다. 다시 말해 지국의 수는 신문범위와 신문배달 능력(커버리지)을 의미하는 만큼 발행부수 및 신문판매량과 정적인 상관관계가 있다.[1] 메이저신문기업이면서 역사가 오랜 신문기업일수록 많은 수의 지국을 운영하고 있으며 한계기업과도 차이가 많이 난다는 것을 알 수 있다.

하지만 신문기업의 디지털화는 막대한 고정비용이 소요되는 유통비용을 없애버림으로써 지배기업과 한계기업 간의 유통구조 차이를 거의 해소시켜 주었다. 뉴스룸 제작체계에 전송툴만 부가하면 유통

---

1) 김영주(2005. 7.), "신문판매시장의 문제점과 개선, 지원방안", 한국언론재단 주최 '신문산업의 위기와 국가지원방안 연구' 세미나 주제발표. 중앙일간지의 지국수를 보면 2002년 현재 조선일보가 1890개로 가장 많고 동아와 중앙, 한국이 1200개 전후이며 한겨레신문이 801개, 경향 560개, 서울 607개, 국민 684개, 세계 621개, 문화 284개였다. 전체지국수 점유율을 보면 조선 중앙 동아일보 등 지배기업이 4322개로 47.7%를 차지하고 있으며 나머지 7개 한계기업이 52.3을 차지한 것으로 나타나 지국수와 배달 부수에서 양극화 현상이 두드러졌다.

창구가 구축되어 어느 플랫폼이든지 자사의 디지털콘텐츠를 유통할 수 있어 유통체계의 물리적 장벽을 허물었다. 더구나 뉴스룸의 디지털제작체계는 다양한 디지털미디어와 네트워크를 구축하고 있어 시간적 물리적 장애를 넘어서 실시간에 자사의 뉴스콘텐츠를 파급시킬 수 있게 되었다.

따라서 신문기업도 '디지털기술 기반의 네트워크'(the digital technology based network system)효과를 기반으로 거래비용이나 진입장벽이 없이 디지털미디어시장에서 다양한 형태로 콘텐츠를 유통시키는 주체가 되었다.


## 2) 이종매체 간 전략적 제휴

디지털미디어시장 내 거래비용의 감소는 이종매체 간 제휴를 매우 용이하게 하여 다양한 미디어 간 결합을 가능케 하는 전략적 제휴가 보편화된다.

전략적 제휴를 통한 이종매체 간 합종연횡은 디지털미디어시장의 대표적인 특징이다. 전략적 제휴란 새로운 사업을 위해 둘 이상의 기업이 비용, 위험, 수익을 공유하기로 하는 합의를 말한다.[2] 이는 가상조직보다 포괄적인 개념이며 전략적 제휴와 가상조직은 참여하는

---

2) 양창삼(2001), pp.330~331. 전략적 제휴는 업무제휴에서 공식적인 합작투자와 지분참여, 업무참여에 이르는 다양한 기업 간의 협력관계를 포괄하는 개념으로 다른 기업과 상호협력관계를 유지함으로써 경쟁우위를 확보하고 참여기업 상호간에 이득을 얻기 위한 것이다. 신문사들이 포털과 인터넷미디어 등과 맺은 제휴방식은 합작투자나 지분참여 등의 강한 제휴방식보다는 느슨한 형태의 업무제휴방식이다. 전략적 제휴에 대한 내용은 김영주(2001), pp.56~64를 참고.

기업들이 가지고 있는 핵심역량을 합쳐 신속하게 글로벌시장에서 경쟁력 우위확보라는 동일한 목표를 추구하는 서로 다른 형태의 조직관리방법이다.

미디어 간 전략적 제휴는 디지털융합이 가시화되면서 포털이 새로운 미디어로 부상하고 신생매체가 시장에 진입하기 시작한 2003년 후반부터 두드러졌다. 고정자본이나 시장진입 비용이 불필요해진 인터넷기반의 신생매체들이 경계가 허물어진 시장공간에서 신문기업들과 경쟁을 하고 있다.

디지털미디어 시장의 통합으로 인해 이전의 소품종 대량생산의 미디어소비시장은 원소스 멀티유즈의 개념 아래 '상품의 세분화'(segmentation of product) 현상이 가속화되었다. 특히 미디어로 급부상한 포털의 등장은 전략적 제휴를 통한 상품의 세분화를 촉발시켰다.

다음(daum)과 야후(yahoo), 파란(paran), 네이버(naver) 등이 새로운 디지털뉴스의 유통 플랫폼으로 등장하게 되었다. 포털은 디지털뉴스 콘텐츠의 허브(HUB)이자 유통플랫폼이어서 뉴스콘텐츠 생산창구는 급격한 다변화 과정을 겪게 되었다.[3]

이에 따라 신문기업들은 전략적 제휴를 맺은 포털에 디지털 전송 툴만 갖추면 자사의 뉴스정보를 곧바로 전송할 수 있는 미디어네트워크를 구축할 수 있게 되었다. 인터넷 기술에 기반을 둔 온라인 매체들과 동일시장에서 경쟁을 벌여야 하는 무한 경쟁이 시작되었다.

---

3) 파란의 스포츠지 독점계약 이후 다른 포털은 연간 10~30억 원의 디지털콘텐츠 예산을 배정하고 기존의 신문사들과 뉴스콘텐츠 공급계약을 맺으면서 각 신문사는 이를 위한 새로운 조직을 신설하기 시작했다. 즉 수익을 담보할 수 있는 전송시스템을 갖추거나 아예 새로운 인터넷매체를 만들기도 했다. 이러한 현상은 2003~2004년 초반까지 아이뉴스24, 노지뉴스24 등 연예스포츠 중심의 새로운 온라인뉴스 공급매체들이 시장에 진입하면서 신문사 경쟁으로 확대되었다.

대표적 사례로서 2004년 7월 포털 파란(Paran.com)이 스포츠신문 5개 사와 독점계약을 맺자 경쟁관계에 있던 다음과 네이버는 연예 스포츠 등 소위 '뉴스테인먼트'(newstatinment: news+entertainment의 합성어)가 부족해질 것을 우려한 나머지 각 신문기업과 신생 인터넷 매체들과 경쟁적으로 전략적 제휴를 맺고 신축적인 뉴스콘텐츠 공급 체계를 갖추었다. 이때부터 신문기업들도 포털 등과 경쟁적으로 전략적 제휴를 맺으며 디지털뉴스콘텐츠 거래시스템을 구축했다.

특히 2003년 11월 CBS의 노컷뉴스(www.nocutnews.com) 출범 이후 수익성이 하락한 신문기업들 사이에서도 신생 온라인뉴스매체 신설 붐이 일어나 이종매체 간 전략적 제휴를 통한 '미디어네트워크 체계'가 본격 가동되었다. 노컷뉴스의 등장으로 동아일보 국민일보 헤럴드경제 등 중앙일간지 3곳이 일종의 '온라인통신사'인 신규 인터넷 미디어를 설립하였다. 이와 같이 신문기업은 자사의 콘텐츠를 포털과 DMB, 통신회사의 플랫폼으로 유통시켜 자사 영향력과 수익원을 확보하는 대신 포털 등 전략적 제휴사들은 뉴스콘텐츠 허브이자 유통 플랫폼으로서 신축적인 뉴스공급체계를 갖추는 새로운 뉴스거래방식이 자리를 잡았다.


## 2. 뉴스룸 제작 - 유통창구의 통합: 조직변이


디지털융합이 촉발시킨 미디어융합은 올드미디어와 뉴미디어 간, 또는 뉴미디어 내부에서 각 영역 간 융·복합현상을 가져와 디지털미디어시장에 지각변동을 일으켰다. 디지털화하는 신문기업 역시 디지털콘텐츠 생산 및 유통 시스템을 갖출 경우 디지털미디어의 매체적 특성인 수확체증의 효과를 기대할 수 있다.[4)]

수확체증의 상승효과는 네트워크 체계를 통합화시키려는 경향으로 나타나고 통합된 네트워크 체계를 구축하여 유기체적 네트워크로 작동한다.

신문기업들은 종이신문의 뉴스정보를 디지털상품으로 전환하여 포털은 물론 신생 미디어 등 타 플랫폼에 탑재할 수 있도록 1차 콘텐츠 상품을 가공·변형하는 새로운 생산유통 시스템을 구축하고 있다. 신문기업의 뉴스룸 조직체계는 자사의 디지털상품 생산주체인 동시에 유통창구이다.

이미 디지털융합시대에 대비해 방송사들은 뉴스의 생산과 관리, 유통시스템을 혁신하기 위한 조치를 취하고 있다.[5)] 대표적으로 SBS

---

4) 수확체증의 법칙(law of increasing return)이란 생산요소의 투입량에 비례하여 수익을 창출하는 것을 의미한다. 디지털미디어의 수확체증은 매체적 속성을 반영한다. 초기 생산에 투입되는 비용은 많이 들지만 한 번 생산되면 매우 낮은 비용으로 재생산할 수 있는 이점이 있다. 생산량이 증가할수록 단위생산비용은 떨어진다. 예를 들어 음악CD 개발제작비만 투입하면 복제비용(copy cost)이 아주 낮아 복제횟수만큼 수익으로 환원된다. Katz, M & Shapiro, C.(1985), 'Network Extensionalities, Competition, and Compatability' *American Economic Review, Vol.75*, pp.424~440.

5) 국내에서 디지털뉴스룸을 구축한 것은 KBS와 SBS, MBC 등 지상파3사이다. 이 중에서 SBS는 목동신사옥 건립을 계기로 지상파 3사 중 가장 적극적으로 디지털뉴스룸을 구축해서 2002년 초반부터 운영 중이다. SBS는 2002년 7월 기술 전산 데이터 인터넷 영상편집 파트에서 5명이 차출되어 보도본부 내에 뉴스디지털팀을 구성했으며 2003년 말 디지털뉴스룸 시스템을 통합 구축했다. 2004년 1월 한 달 안정화 기간을 거쳐 시험방송을 했고 2월부터 점진적으로 일부 뉴스프로그램에 대한 시험방송을 실시한 후 본방송을 시작했다. 하지만 도입 초기 각종 오작동 사례라든지 방대한 영상의 보존기준문제 등이 발생하고 있다.

MBC는 보도국 내에 디지털뉴스시스템 구축 추진 팀을 두고 디지털뉴스에 이어 CBS가 디지털통합뉴스룸의 기술적 기반을 구축하여 가동시키고 있다. 이러한 통합시스템의 혁신은 비단 방송사만이 아니라 신문기업에서도 시스템 혁신차원에서 추진되고 있다.[6]

하지만 SBS가 디지털뉴스룸 구축에 수십억 원대의 자금이 소요되었던 반면 CBS가 유비쿼터스 온－오프통합뉴스룸시스템 구축비용은 4억 원 이하였다. 이는 통합뉴스룸에는 막대한 비용이 소요되어 기술적 전환 자체도 어렵다는 기존의 중앙일간지들의 통념을 깨는 것인 동시에 더 이상 기술적 비용이 조직전환의 최대 걸림돌이 아니라는 사실을 증명해주었다.

조선일보와 중앙일보, 동아일보 등 지배기업은 2003년 후반 온－오프라인의 뉴스정보생산과 서비스 시스템을 통합하여 디지털뉴스콘텐츠를 가공 유통하는 뉴스룸 조직체계의 혁신을 전략적 목표로 추진하고 있다.[7]

---

룸을 추진했다. 초기에는 일선기자와 전문 엔지니어들 사이의 의견을 조율하였고 부서별로 점진적으로 추진하는 한편 일선기자들이 방송환경에 효과적으로 적응하도록 편집교육을 지속적으로 실시했다. KBS는 부사장을 대표로 한 디지털 아카이브 추진위원회가 있지만 심의 의결 기능이 없는 협의체 성격이 강해서 강제적인 추진보다는 다양한 의견이 병존하는 상태다. 디지털뉴스룸의 전면적인 구축보다는 단계적이고 점진적인 도입을 추진 중이다. MBC는 이를 위해 보도국의 각 수업 가운데 기존 방송시스템에 미치는 영향을 최소화하면서 독립적으로 디지털뉴스 시스템을 적용해 볼 수 있도록 했다.

6) 국내 신문사들 중에서 통합뉴스룸의 형태를 가장 잘 갖춘 곳은 매일경제 미디어그룹이다. 매경미디어그룹은 매일경제신문과 케이블PP인 MBN, 매경인터넷 등 신문과 방송, 온라인뉴스 잡지 출판 등의 모든 미디어를 갖춘 미디어그룹을 형성하고 있다. 이들 미디어 간에 뉴스정보의 교류는 물론 기자 PD 등의 상호교류 등의 체계도 갖추고 있으며 광고수주 등을 통한 시너지효과를 내도록 시도하고 있다. 그러나 방송법 등 신문방송의 소유겸영을 금지한 국내법과 통합뉴스룸에 대한 인식부족으로 아직까지 유기적인 통합뉴스룸까지는 이르지 못하고 있다는 평가를 받고 있다.

7) 미디어오늘 2005년 9월 14일자 3면 참고.

신문기업 내에 종이신문 생산중심의 조직 및 생산체계가 잔존하고 있고 기자와 데스크 등 구성원들 역시 기존의 작업관행에서 벗어나지 못하고 있는 탓에 원소스 멀티유즈 개념 아래 디지털환경에 적합한 뉴스생산체계를 구축하기 어려운 한계점이 있다.

그럼에도 신문기업들은 효율적으로 작동하는 기존의 뉴스룸 조직체계의 기능을 훼손하지 않으면서 조직의 변이를 통해 종이신문의 뉴스정보를 디지털화하여 유통시키는 다플랫폼화 혁신을 시도하고 있다.


## 1) COPE형 제작-유통 모형

조선일보는 '미디어중심의 통합미디어 자산관리그룹'을 자사의 콘텐츠 생산유통 모형으로 정했다. 종이신문 위주의 생산플랫폼이 아니라 뉴스정보를 기반으로 한 통합적 생산플랫폼으로의 혁신이다. 조선일보의 통합적 생산플랫폼의 기반의 중심 개념은 유비쿼터스이다.

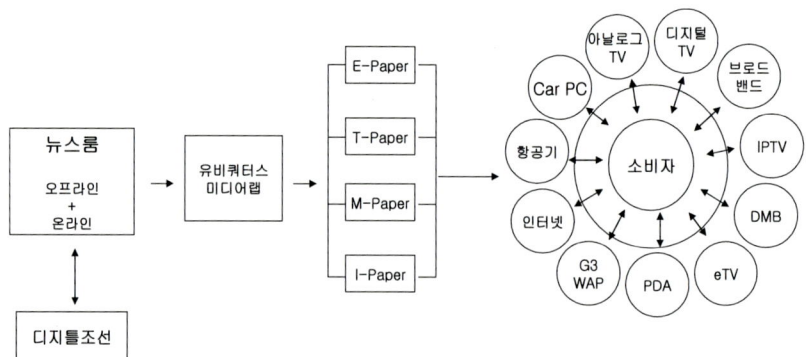

〈그림 5-1〉 조선일보 COPE 유통 모형

조선일보는 현재 추진 중인 디지털통합뉴스룸의 핵심 축으로 '유비쿼터스 미디어랩'(U미디어랩: Ubiquitous Media Lap) 모형을 제시했다. 유비쿼터스 미디어랩은 동영상콘텐츠를 제작할 수 있는 스튜디오를 구심점으로 한 조선일보 방식의 통합뉴스 생산유통체계를 보여주고 있다.

이미 조선일보는 디지털조선과는 별도로 편집국 안에 인터넷뉴스부를 두고 기자들이 직접 인터넷, 모바일, 동영상뉴스를 제작하고 있다. 에디터제 도입을 통한 조직혁신안 시행을 유보한 조선일보는 편집국에 엔터테인먼트부를 신설하여 인터넷뉴스부와의 통합을 시도하였다.[8]

조선일보가 표방한 뉴스룸 모형은 코프시스템(COPE: Create Once Publish Everywhere)이다. 즉 T(Television)페이퍼와 E(Electronic)페이퍼, M(Mobile)페이퍼, I(Intelligent)페이퍼 등 미래형 신문을 제작 유통하는 뉴스룸 모형이다.[9]

---

8) 조선일보는 뉴스룸의 혁신에 앞서 전통적인 방식의 종적형태의 편집국의 배열을 달리해서 물리적 공간부터 재조정했다. 신문사 건물 3층과 4층에 있는 뉴스룸 내 각 부서를 편집국장 중심으로 하는 방사형으로 바꾸고 국장 직할인 3층에는 인터넷뉴스부를 전통적으로 주요부서로 인식되었던 정치부 사회부 국제부와 동일 공간에 배치하였다.

9) 조선일보사는 창간 85주년인 2005년 4월 초 첨단 미디어 R&D 센터인 유비쿼터스 미디어랩(Ubiquitous Media Lab)을 개설하고 자사가 지향하는 통합뉴스룸 모델을 공개했다. 유비쿼터스란 '신이 어디에나 존재한다'는 라틴어에서 유래한 용어다. 언제 어디서나 원하는 정보를 얻을 수 있는 미디어 혁명의 새로운 흐름으로서 유비쿼터스 미디어랩은 유비쿼터스 혁명에 본격 대응하기 위한 국내 신문사 최초의 시도이다. 유비쿼터스 미디어랩은 동영상콘텐츠를 비롯해 다양한 콘텐츠를 독자들에게 언제 어디서든 실시간으로 전달하는 다채널 다매체 뉴스룸을 구축하는 것이다. 여기서 페이퍼(paper)란 협의의 종이 개념이 아니라 광의의 의미에서 디지털뉴스콘텐츠를 실어 나르는 플랫폼을 지칭하는 용어이다.(조선일보 사보 2005년 3월 4일자)

COPE란 뉴스룸에서 생산한 종이, 개인휴대단말기(PDA), TV, 자동차, 항공기 등 어떤 환경에서도 독자들에게 뉴스정보를 실시간 제공하는 시스템을 뜻한다. 소비자들이 조선일보 콘텐츠를 어떤 형태의 플랫폼이라도 언제 어디든 손쉽게 접할 수 있도록 유비쿼터스 환경을 만들겠다는 목표이다. 오프라인 생산시스템인 편집국을 기반으로 뉴미디어의 콘텐츠라인을 접목한다는 전략이다. 특히 데이터베이스를 활용해 과거 기사는 물론 인물 사진 등 DB콘텐츠 개발을 통한 수익구조를 구축하는 모델을 COPE 네트워크를 통해 확장했다.[10]

## 2) 허브(HUB)기반의 사내 통신사 모형

중앙일보는 지난 2000년 3월 중앙일보 뉴미디어를 조인스닷컴으로 변경하면서 조인스닷컴의 미래는 '글로벌 콘텐츠 기반의 허브(HUB)에 있다'고 규정했다. 당시 신문기업 최초로 완전한 콘텐츠 허브를 지향한 조인스닷컴의 전략은 첫째, 콘텐츠 산업의 선순환적 역할을 주도하고, 둘째는 모든 조직원의 기획자화, 전략자화하는 것이며, 셋째는 고객이 원하는 서비스를 최고의 완성도로 제공하는 것이었다.[11]

10) 조선일보는 2001년 6월 그동안 무료로 제공하던 'hiDB' 서비스 중 인물 사진 사건 잡지 소년조선일보 등 5개 DB를 유료 전환했다. 인물DB는 건당 100원, 사건DB는 건당 100원, 사진DB는 장당 6~30만 원으로 별도로 책정되어 소인물 사건DB 서비스는 무선인터넷용 휴대폰을 통해서 이용하도록 했다. 이는 온오프라인 콘텐츠의 통합을 통해 DB콘텐츠를 유료화하는 첫 모델로서 편집국에서 생산된 1차 정보를 바탕으로 정보자료실이 2차 가공을 해서 만드는 새로운 유형의 콘텐츠였다. 미디어오늘, '조선일보 DB유료화 실시' 2001년 6월 14일자 참고.
11) 조인스닷컴은 2000년부터 '콘텐츠의 허브'라는 개념 아래 타사와 제휴시 그 회사의 서비스 아이템과 사업모델을 다양화하고 발전시키는 두

이에 따라 중앙일보는 2000년 이후 미디어네트워크 DB를 구축함으로써 매체별 콘텐츠를 통합 관리할 수 있는 지식정보화 모델을 만들었다.[12] 이는 단순한 기사검색, PDF(지면보기)를 넘어서 신문자료를 폭넓게 활용할 수 있도록 하는 모델이다. 이를 통해 중앙일보와 중앙 M&B, 중앙방송, 이코노미스트, 아이위클리(iWeekly), 뉴스위크 등 중앙미디어네트워크(JMN)가 생산하는 모든 콘텐츠 DB가 통합관리된다.

중앙일보는 JMN가 전액출자한 자회사 중앙 M&S(Mobile & Syndication)를 2001년 11월 출범시키고 언론사로는 처음으로 콘텐츠 신디케이션 시장에 진출했다.

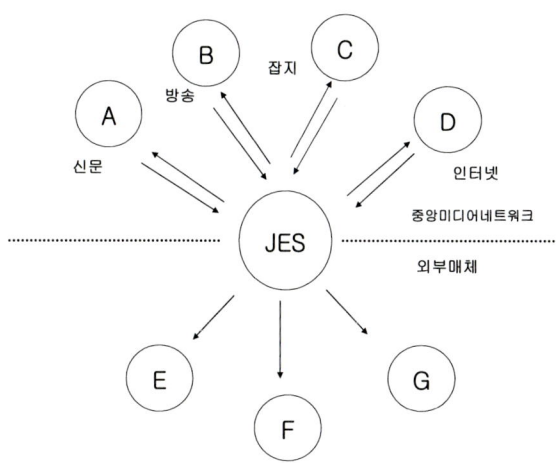

출처: 미디어오늘 2005년 9월 21일자 1, 2면

〈그림 5-2〉 중앙미디어네트워크 모형

---

뇌역할을 하고 나아가 각 제휴사 간의 서비스 아이템과 사업 모델을 결합시켜 새로운 서비스를 창출하여 정보인 콘텐츠의 가치를 극대화하는 방안을 추진해 왔다. 김준수(2000), "완전한 Hub의 완성 조인스가 한다", 「기자통신」 10월호, pp.26~27을 참고.

12) 미디어오늘 2001년 11월 29일자.

중앙 M&S는 중앙일보의 뉴스콘텐츠는 물론 JMN이 생산하는 모든 콘텐츠를 음성 유무선 인터넷, PDA 등 다채널을 통해 서비스하는 종합디지털정보서비스회사를 목표로 하고 중앙일보가 새로운 형태의 뉴스생산시스템을 구축한다는 목표이다.

중앙일보는 JES를 중앙미디어네트워크(JMN) 산하 신문·방송·출판·인터넷 등의 엔터테인먼트·스포츠 콘텐츠 생산·유통·관리의 거점으로 활용하겠다는 전략 아래 JMN 산하 30여 개 매체에 뉴스를 공급하는 일종의 '사내 통신사'로 만들겠다는 계획이다. 사내통신사의 기본개념은 '멀티소스 원풀 멀티유즈'(Multi−source One−pool Multi−use)이다. 원풀은 아카이브와 디지털콘텐츠이다.

JMN를 하나의 통합뉴스룸과 매체별 특성에 맞는 소규모 편집국 체제로 변화시키고 동시에 기자 등 40여 명으로 구성될 JES는 직급을 없애고 수평적 구조를 구축하였다.

조인스닷컴도 쌍 방향 통신이 가능한 IPTV와 넥스소프트사가 개발한 콘텐츠 교류시스템(content syndication system: CSsystem)을 이용해 모바일 DMB 휴대인터넷 등 첨단 정보통신 기기를 통해 조인스닷컴의 콘텐츠를 제공한다는 계획이다. 중앙일보 자회사인 중앙EMT는 2005년 4월 15일 위성DMB 라디오 방송채널 45번에서 연예가 정보와 스포츠뉴스를 24시간 서비스하였다.

이에 따라 조인스닷컴은 모바일, PDA 등 이동단말기와 IPTV 등이 창출한 뉴미디어 콘텐츠 시장에서 경쟁력을 갖게 되었다. 이어 자사의 미디어콘텐츠와 커뮤니티를 활용해 기존 디지털 위성TV와 케이블TV가 제공하지 않는 새로운 콘텐츠를 생산하고 있다.[13]

---

13) 중앙일보 사보 750호 2005년 10월 10일자를 참고.

## 3) 닷컴 중심의 콘텐츠 유통 모형

동아일보는 기존에 오프라인 뉴스를 가공 재전송하던 동아닷컴을 디지털콘텐츠 유통창구로 지정하고 오프라인과의 부분 통합작업을 추진 중이다. 편집국 내 디지털뉴스팀과 동아닷컴, 뉴스편집팀을 통합하고 온-오프 통합뉴스룸 구축을 위한 실험에 들어갔다. 편집국 안에 있던 디지털뉴스팀에 동아닷컴 기자 등 8명을 파견해 오프라인의 뉴스를 동아닷컴에 전송하는 온·오프 공조시스템이다. 이는 오프라인의 뉴스를 별도의 조직인 동아닷컴으로 전송해 이를 변형 가공하여 방송이나 인터넷 등 타 플랫폼에 제공하는 방식이다.

동아닷컴은 인터넷상의 네티즌뉴스를 주로 서비스하는 도깨비뉴스 (www.dbnews.com)를 콘텐츠 공급의 허브로 삼아 지상파 방송과 위성방송에 자사의 동영상콘텐츠를 제공하는 모형을 가동하고 있다. 이는 방송사에 도깨비뉴스콘텐츠를 직접 제공하거나 자사 내 뉴스 스튜디오에서 동영상을 추가하는 방식이다.

동아일보가 추진 중인 동아미디어그룹 구상은 동아닷컴과 디유넷 동아사이언스 등 뉴미디어관련 자회사를 효과적으로 통합 운영해 동영상 중심의 방송프로그램이나 e-러닝 등 디지털콘텐츠를 개발하는 것이다.

동아일보의 디지털시대 다플랫폼화 전략은 김학준 사장의 85주년 창간 기념사에서 잘 드러나 있다.[14] 충정로사옥을 동아미디어그룹의 명실상부한 뉴미디어 콘텐츠 연구개발(R&D) 거점으로 바꾸고 동아일보의 뉴스 및 지적자산을 다양한 형태의 디지털콘텐츠로 개발해 미디어성장 동력을 강화한다는 목표다. 또 멀티미디어 콘텐츠 제작이 가능한 동영상 스튜디오와 제작개발 시스템을 갖추는 방안이다.

---

14) 2005년 4월 1일 동아일보 김학준 사장의 창간 85주년 기념사 참고.

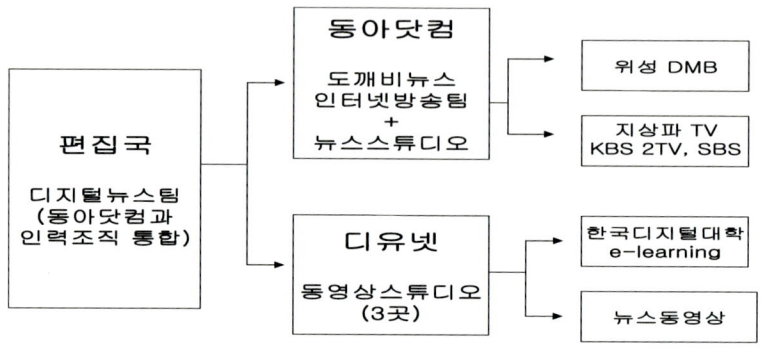

〈그림 5-3〉 닷컴 중심의 콘텐츠 유통 모형

동아일보는 2005년 하반기 위성DMB에 자사의 프로그램을 시험방송한 데 이어 SBS와 KBS-2TV에 도깨비뉴스의 콘텐츠를 제공하면서 플랫폼을 갖지 않은 '신문사 내 방송국' 시대를 예고했다. 위성DMB 콘텐츠 '콘텐츠 SK'는 파일럿프로그램으로 2회 연재에 완료되었지만 SBS와 KBS-2TV에는 안정적으로 도깨비뉴스콘텐츠 및 동영상을 공동 제작하는 방식으로 멀티미디어 콘텐츠 제작인프라를 가동시켰다.

〈표 5-1〉 동아일보의 동영상콘텐츠 제공 사례

| 방송사·통신사 | 위성DMB | SBS | KBS-2 TV |
|---|---|---|---|
| 콘텐츠내역 | TU미디어에 방송시험용 '콘텐츠 SK'를 제작 송출 | 매주 금요일 '있다 없다' 프로그램에 50분간 도깨비뉴스콘텐츠 제공15) | 디시인사이드와 웃긴대학, 미디어몹과 공동으로 '강수정의 로그인' 프로그램에 콘텐츠 제공 |
| 시  기 | 2005년 7~8월 | 2005년 11월 4일 | 2005년 11월 |

15) 동아닷컴은 2005년 9월 말부터 SBS 프로듀서와 작가, 그리고 인터넷사이트인 도깨비뉴스의 네티즌들이 참여해서 인터넷공간에 오른 각종 동

동아일보는 동아닷컴 외에 디유넷이나 동아사이언스 등 자회사들을 활용해 동영상뉴스를 제작하는 동시에 중앙일간지 중 유일하게 신개념의 인터넷신문인 도깨비뉴스16)를 창설해 오프라인에서 다루지 않는 사이버공간에서 네티즌들의 관심을 끌 만한 기사를 올려 네티즌들의 참여를 유도하는 일종의 온라인뉴스테인먼트를 실현하고 있다.

## 4) 뉴미디어 중심 온 - 오프 통합 모형

한겨레신문은 2003년 인간중심의 디지털패러다임(Human Oriented Digital Paradigm)이란 전략적 목표 아래 국내최초로 '인간지향의 종합디지털미디어그룹'이란 목표를 확정했다.17) 한겨레는 향후 5년간 디지털TV와 이동통신, 데이터방송, 인터넷 등 전자미디어의 통합에 대비해 (주)한겨레 플러스 주도의 뉴미디어전략을 수립 추진하고 영화와 영상부문 디지털데이터방송 진출 및 시민참여 종합편성 채널사

영상이나 사진의 진위여부를 파악하는 프로그램을 공동 제작했다.
16) 2003년 10월 개설한 인터넷신문 도깨비뉴스는 신문과 방송 등 기존의 미디어가 관심을 기울이지 않았던 사이버공간에서의 화제를 네티즌들이 직접 올려놓는 참여형 온라인사이트이다. 인터넷 서핑을 통해 사이버공간의 화제를 뉴스기사체로 틀을 바꾸어 올려놓았다. 다시 말하면 신문사의 시각에서 기사가치가 없지만 사이버공간의 화젯거리나 이슈중심의 콘텐츠로 차별화하는 것이다. 도깨비뉴스와 유사한 인터넷신문은 포털 야후에 '재미존', 미디어다음의 '아고라', 네이버의 '네이버 붐' 등이 있다.
17) 한겨레는 전략계획서에서 향후 5년간 가장 앞서 가는 인간지향 종합미디어그룹을 목표로 정하고 미션으로서 디지털참여 민주주의와 통일을 지향하고 인간생활 문화의 올바른 패러다임을 제시하고, 디지털개념으로서 독자와의 쌍 방향 대화와 독자에 의한 콘텐츠 확대 재생산(prosumer)을 최적화한 통합 디지털미디어 그룹을 비전으로 제시했다.(한겨레신문 2003년도 내부 전략계획서 문건 내용)

업을 추진한다는 계획이다.

전략계획에는 한겨레신문사의 다매체 다채널 시대에 대한 전략적 목표가 드러나 있다. 향후 신문사의 진화방향은 '정보가공자로서의 신문'(Information Manufacturer)이며 디지털미디어시대에서는 신문미디어가 더 이상 게이트키퍼가 아니라 정보가공자로서의 역할을 해야 한다는 것이다.

한겨레신문은 기존의 오프라인 생산체계를 정보생산의 모체로 하여 한겨레플러스를 중심으로 정보를 변형 가공하는 사업모델을 구체화하였다. 신문사 생산구조를 정보콘텐츠 가공과 동시에 유통창구 확대를 통해 원소스 멀티유즈를 실현하는 전형적인 다플랫폼 모델이다.

한겨레신문은 2004년 초 '씨네 21'의 자회사로 '하이 씨네21'이라는 영화전문 데이터방송채널 사용사업자(Data Provider)[18]을 설립한 후 2005년 2월 SBS 지상파 DMB의 데이터채널 운영에 참여해 제한적이지만 신문사의 지상파 방송참여의 첫 계기가 되었다. 한겨레는 지상파 DMB팀은 오프라인 중심으로 별도의 팀을 운용하였다.

한겨레신문은 2004년 한겨레플러스와 별도로 편집국에 온라인뉴스부를 신설하고 온라인과 오프라인 통합작업을 위한 첫 단계 조직 개편을 실시했다. 편집국 타 부서와의 조율을 전담하는 부국장을 둔 온라인뉴스부는 한겨레플러스 취재팀 기자 3명과 편집국 취재기자 2

---

18) 2002년 방송법 개정안은 신문사도 데이터방송채널 사용사업자(GDP)가 될 수 있도록 하는 법적 지위조항이 포함되었다. GDP란 케이블TV에서의 방송채널사용사업자(PP)와 같이 양 방향 텔레비전 서비스에서 정보콘텐츠를 제공하는 사업이다. GDP는 PP와 달리 대규모 투자가 필요 없다는 점에서 신문사들도 참여할 수 있는 신사업영역으로 평가되고 있다. 한겨레신문 외에 GDP사업에 진출한 곳은 연합뉴스가 있으며 스카이라이프의 양 방향 텔레비전 서비스 개시와 함께 콘텐츠를 제공했다. 미디어오늘 2004년 3월 11일자.

명을 배치해 편집국과 인터넷부문이 유기적으로 연계토록 하였다.[19)]

이어 온-오프 통합뉴스룸 구축 차원에서 2005년 12월 한겨레플러스 내의 인터넷한겨레 인력 37명 중 20여 명을 편집국으로 이동배치하고 온-오프 간 공간통합을 실시하여 물리적 정서적 통합을 시도하였다. 이에 따라 온라인뉴스 편집권과 책임권이 모두 편집국으로 이관되었다.

특히 온라인뉴스부 기자가 자체 취재한 하루 2~3건의 뉴스를 비롯해 논객과 독자들로 구성된 필진네트워크에서 생산되는 4~5건의 뉴스를 6대 포털에 전송하고 있다. 다음과 파란, 네이버, 야후, 네이트, 엠파스 등 6개 포털에는 정치 경제 사회 등 각 부서의 뉴스를 선택적으로 번들링하여 일종의 패키지 서비스를 하고 있다. 저가에 포털에 제공하는 뉴스 서비스를 하지 않는 대신 자사 콘텐츠를 차별화하고 콘텐츠 품질을 향상시켜 독자유통시키는 방안을 검토 중이다.

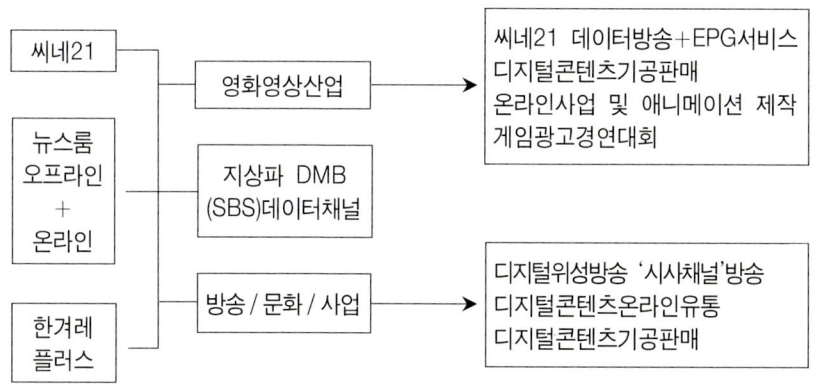

출처: 한겨레 2003년 전략서 내부문건

〈그림 5-4〉 뉴미디어 중심 온오프통합 모형

---

19) 미디어오늘, '한겨레 온라인뉴스부 신설' 2004년 5월 12일자 참고.

한겨레신문은 온-오프 간 인력결합에서 시작해 온라인 속보성과 기획성을 계속 살리면서 조직 간 결합을 이룬 후 DMB와 인터넷뉴스를 중심으로 디지털콘텐츠를 유통시키는 전략을 추진하고 있다.


## 5) 온·오프+방송기반 통합 유통 모형

국민일보는 2005년 1월부터 편집국 기자 190명과 순복음교회 내 FGTV(순복음방송)의 방송국과 신문-방송 생산조직의 융합을 시도하고 있다. FGTV가 소유한 고정자산인 방송인프라와 편집국을 융합시킴으로써 시너지효과를 내는 전략적 제휴의 형태였다.

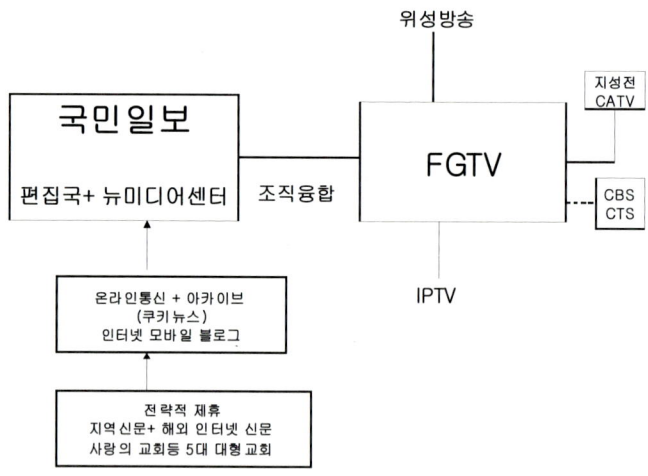

〈그림 5-5〉 온-오프 방송기반 생산유통 모형

순복음교회 내 방송시설과 지성전 케이블TV망, 그리고 위성방송 네트워크에 예배실황 및 교계 콘텐츠를 제공하던 FGTV와 종이신문과 인터넷에 주력했던 국민일보 편집국의 결합은 향후 멀티플렉스 뉴스룸의 구조를 구체화하는 작업이었다. 이로써 국민일보는 외형적으로는 종이신문과 케이블·위성방송, 인터넷, 모바일, 블로그를 통합한 뉴스룸 구조가 구축되어 있다. 신문사 편집국과 FGTV의 결합은 점차 디지털기술이 추동한 조직융합의 사례인 동시에 전략적 제휴를 통한 수평적 조직결합의 형태를 갖추고 있다.

2005년 국민일보 내 뉴미디어센터의 인터넷방송 모바일 미션팀 등 총 60여 명이 FGTV에서 뉴스콘텐츠를 제작해 포털과 IPTV사업자, 지하철 및 항공사 뉴스프로그램, 중국 베트남 등 동남아 방송사에 제공하였다. 이러한 국민일보-FGTV의 느슨한 조직융합은 신문과 방송, 통신의 기술적 플랫폼을 동일화하고 미디어경계를 넘어선 미디어융합의 첫 단계로 진화했다.

오프라인 중심의 방송 융합은 2000년 총선부터 다음과 같은 단계별 진화의 과정을 거쳐 왔다. 1단계는 이종매체 간의 전략적 제휴를 통한 합종연횡이었다. 즉 방송과 신문 통신 포털 등이 동일한 기술적 플랫폼을 공유하고 표준화된 동영상콘텐츠를 주고받는 것이었다. 2000년 총선 당시 CBS와 iTV(구 경인방송), 야후와 공동으로 대학생 50여 명으로 구성된 총선기자단을 운영하면서 매체 간 합종연횡의 가능성을 실험했다. 이후 편집국 내 인터넷뉴스팀을 주축으로 동영상팀을 신설하고 '신문사가 만드는 방송국'이란 개념 아래 동영상 제작에 들어갔다.[20] 당시 사회적 파문을 일으켰던 '정동영 노인 폄하

---

20) 2002년 한일월드컵 대회 이후 새로운 독자층으로 부상한 W(월드컵)세대를 대상으로 기자 PD VJ의 마인드를 통괄한 NJ(News Jocky) 개념을

발언' 동영상은 방송사가 아닌 신문사가 제작한 뉴스프로그램으로서 신문방송 인터넷까지 매체영역을 넘어서 온-오프라인, 방송 등 모든 유통창구를 통해 순식간에 전파되었다.

2004년에는 언론사닷컴인 국민일보 인터넷과 별도로 신개념의 온라인뉴스인 쿠키뉴스를 신설해 인터넷뉴스 속보성과 스포츠 연예의 엔터테인먼트 콘텐츠를 생산하고 미디어다음에 실시간 제공하였다. CBS의 노컷뉴스에 이어 중앙일간지로서는 처음으로 실시간 온라인 뉴스를 포털에 제공하는데다 기자들이 현장에서 올려온 정보보고와 보도자료를 실시간으로 서비스한다는 점에서 주목을 끌었다.

〈표 5-2〉 온라인통신사-쿠키뉴스

| 팀 구성 | 콘텐츠 구성 | 제휴업체 | 의 미 |
|---------|-----------|---------|-------|
| 콘텐츠팀<br>방송팀<br>모바일팀<br>블로그팀<br>미션팀<br>웹편집팀 | 오프라인 뉴스<br>연예·스포츠뉴스<br>정보보고<br>동영상뉴스<br>지역 및 해외<br>뉴스제공<br>외교부 e세상 소식 | 미디어다음 독점서비스<br>(2004. 10.~2005. 9.)<br>미디어다음 아후 네이버<br>네이트 파란 등 5개 사<br>(2005. 10. 이후) | 24시간 실시간 뉴스 서비스<br>신문사 독점의 정보보고를<br>뉴스로 재가공<br>연예·스포츠 뉴스<br>자체생산<br>오프라인과 차별화<br>10개 지역신문사와 제휴<br>공동아카이브 구축 |

국민일보는 당초 CBS와 공동으로 노컷뉴스(www.nocutnews.com)를 추진하였으나 편집국 회의에서 '정보보고를 공개할 수 없다'는 내부 반발에 막혀 포기했다가 1년 후인 2004년 10월 쿠키뉴스라는 별도의 브랜드로 실시간 온라인 서비스를 개시했다.

---

도입한 인터넷방송을 2003년 시작했다. '신문사가 만드는 신개념의 방송국'을 슬로건으로 내세우고 기존의 언론사닷컴이나 포털에서 제공하는 텍스트 위주의 뉴스에서 동영상을 입힌 새로운 포맷의 뉴스를 제작해 포털인 파란(paran.com)에 1년간 납품했다.

이 외에도 포털 야후 등과 공동으로 용산 주한미군사령부 지하벙커에서 러포트 사령관과의 인터뷰를 '용산기지습격사건'이란 타이틀로 야후 인터넷방송으로 생방송해 새로운 신문사의 방송능력을 실험했다. 당시 네티즌 30만 명이 동시 접속한 생방송에서 중계 도중 네티즌들로부터 새로운 질문을 직접 받아 앵커가 대신 질문하는 포맷으로 인터넷의 쌍 방향성을 실험하기도 했다.

이어 국민일보는 인터넷뉴스부를 뉴미디어센터로 승격시켜 편집국과 동등관계를 갖는 벤처기업과 같은 사내 미디어조직을 별도 구성했지만 편집국과 뉴미디어센터라는 온-오프라인 조직의 이원화로 구성원들의 참여부족이란 문제점을 남겼다.


## 6) 온-오프 단순통합

### (1) 한국일보

2005년 10월 가칭 'HK 혁신위원회'를 구성하고 뉴스룸 재편 작업을 시작했다. 한국일보는 한국아이닷컴과의 조직융합이 사실상 어려워짐에 따라 혁신위원회 산하에 조직체계와 지면개선, 논조정립 등의 3개 분과위를 만들어 디지털뉴스 생산유통 모형을 만들고 있다. 이는 온-오프통합뉴스룸으로 가기 위한 전단계로서 오프라인 뉴스룸에 인터넷뉴스부를 신설하고 부서 안에 가칭 '뉴스 소스팀'을 신설하는 온-오프 통합 방안이다.

뉴스 소스 팀은 기자출신의 팀장 아래 인터넷 사이버 공간에서 이뤄지는 모든 이슈 등을 통해 트렌드를 파악하는 것을 주 임무로 한다. 팀장은 24시간 사이버공간에서 이뤄지는 트렌드 변화를 매일 오프라인 회의에 보고하고 지면에 반영한다.

한국일보는 대신 체육부와 대중문화 레저 등의 분야는 한국아이닷컴에 외주(outsourcing)를 주는 등 개방적인 뉴스룸의 형태를 만들 계획이다. 이 외에 DMP(digital media paper) 계획 아래 여론조사와 전문가팀 자문을 통해 슬림화된 뉴스룸 조직을 구축하였다.

## (2) 세계일보

세계일보는 세계닷컴(segye.com)의 땅콩뉴스를 중심으로 실시간 뉴스속보를 전하고 연예 및 스포츠 뉴스를 포털 등에 서비스하고 있다. 인터넷회사로 분사된 세계닷컴 중심으로 이루어지고 있으며 오프라인 편집국 내에 인터넷뉴스팀을 가동하고 있다. 우선 땅콩뉴스를 중심으로 포털과 각 인터넷미디어와 전략적 제휴를 맺어 자사의 콘텐츠를 전송하는 유통창구를 확대하는 데 주력하고 있다. 아울러 세계일보는 동영상중심의 비디오뉴스를 제작하는 스튜디오 구축을 통한 인터넷방송 등을 추진하는 전략을 마련하고 있다.

## (3) 경향신문

본사에서 분사한 인터넷계열사 미디어칸(www.khan.co.kr)과 오프라인과의 통합을 부분적으로 시행한다는 방침 아래 미디어칸의 취재기능을 오프라인으로 이전하였다. 미디어칸은 스포츠신문 굿데이의 취재기능을 온라인으로 옮겨서 스포츠 뉴스를 온라인상에서 생산 공급하고 광고와 업무를 제외한 뉴스생산기능을 오프라인에 이식하는 단순통합 모델이다.

미디어칸은 2004년 11월 인터넷방송 'Win TV'를 개국하고 동영상콘텐츠시장에 뛰어들어 매주 월~금까지 매일 생방송을 진행하였다.21) 문화예술인 주축인 개혁문화연대와 공동으로 프로그램을 제작하고 있으나 자체 동영상 제작 등 생산기반을 갖추지 못한 구체적인 다플랫폼 뉴스룸 모델을 확정짓지 못한 상태다.


## 3. 온라인 유통창구의 다각화


### 1) 웹 기반 동영상 서비스 : 인터넷방송

국내에 1998년 첫 모습을 드러냈던 이른바 인터넷방송은 2003년 이후 신문방송 융합을 상징하는 신문기업 변화의 특징 중의 하나였다.22) 정부의 신문과 방송 소유겸영 금지원칙이 확고해져 각 신문사들은 방송시장에 직접 참여하기 어려워지자 디지털융합의 주요매체로서 인터넷방송에 뛰어들면서 동영상뉴스 유통시장에 진출하기 시작했다.

인터넷방송은 텍스트와 그림, 오디오, 동영상 등을 멀티미디어 콘텐츠로 가공, 압축하여 인터넷을 통해 이용자의 요구가 있을 때마다

---

21) 미디어오늘 2004년 11월 24일자 참고.
22) 인터넷TV는 당초 가정에서 사용하는 기존TV에 인터넷TV를 수신할 수 있는 셋톱박스를 연결해 TV를 통해 리모컨으로 인터넷을 검색하거나 e 메일을 받아 볼 수 있도록 하는 것이었다. 신문사들은 통합방송법상 방송과 신문의 겸영금지가 가시화되자 미디어융합시대에 대비하여 인터넷 방송사업에 뛰어들었다. 조선일보는 1998년 7월 2일 자회사인 디지틀조선일보는 (주)앗사와 함께 자본금 1억 5000만 원의 인터넷TV회사인 '조선인터넷TV'를 설립했다. 동아일보는 같은 해 5월 18일 신문에 사고를 내고 인터넷TV사업에 참여해서 그해 7월 시범서비스에 들어갔다.

실시간으로 전송하는 인터액티브 서비스(interactive service)이다. 인터넷방송의 서비스라고 하면 VOD(Video On Demand)와 생중계의 두 가지가 기본이 된다.[23] 인터넷방송은 지상파와는 전혀 다른 기술적 기반과 시스템을 갖추고 있어 기존의 방송시스템과는 차별화되어 웹캐스팅 또는 스트리밍 미디어로 불리기도 한다.[24] 인터넷방송은 단순한 텍스트 위주의 사이트에 멀티미디어 동영상을 송출하는 방송이다. T3에서 본격화된 웹 기술을 통해 콘텐츠를 주고받기 때문에 웹캐스팅(web casting)이라는 용어가 인터넷방송(broadcasting)이라는 용어보다 더 적절하다고 볼 수 있다.[25]

이러한 인터넷방송은 월드 와이드 웹(www)기술의 발전과 네트워크 환경의 고속화, 대용량화를 배경으로 발전하고 리얼시스템, 윈도 미디어, 스트림 워크스 등 스트리밍 미디어 솔루션의 등장으로 실시간 전송과 수용이 가능해졌다.

---

23) 인터넷방송의 주요기술에 관한 논의는 초성운(2001), 인터넷방송의 이해, 나남. pp.60~101을 참고.

24) 인터넷방송인 웹캐스팅 업체로는 1997년 7월 M2station이 국내 최초로 서비스를 시작한 뒤 2000년 상반기까지 급증하기 시작했다. 대부분의 인터넷방송은 기존 오프라인 방송국의 수익모델을 따라 수익모델로 광고를 채택했으며 이용자가 적은데다 광고시장의 위축으로 일정한 수익모델을 창출하지 못해 영세성을 면치 못했다. 2000년 하반기부터 일부 인터넷방송은 콘텐츠 유료화를 시도했으며 특화 정보를 제공하여 유료화 성공모델로 꼽히는 인터넷증권정보사 팍스넷에서 설립한 '라이브 팍스'가 대표적이다.

25) 인터넷을 통해 멀티미디어 콘텐츠를 실시간으로 제공하는 서비스를 넓은 의미에서 인터넷방송이라고 하지만 웹사이트에서 동영상을 서비스한다고 해서 다 인터넷방송이라고 하기는 어렵다. 정기적으로 방송프로그램을 제작하고 주기적으로 내용을 업데이트하고 VOD(Video On Demand)로 아카이브 서비스도 하고 생중계까지 할 수 있어야 인터넷방송이라 한다. 강미은(2002), '온라인저널리즘의 현황과 미래', 「관훈저널」 제83호 여름호, pp.170~180.

디지털기술 중 인터넷방송을 가능하게 한 기술적 특징은 첫째, 푸시(push), 스트리밍(streaming), 멀티캐스팅(multicasting), 데이터베이스(DB) 구축기술 등 4가지를 들 수 있다.[26]

첫째, 푸시기술은 매체이용자가 원하는 정보목록을 미리 서버에 알려 새로운 정보가 나오면 자동으로 이용자에게 전달되도록 하는 기술이다. 이는 보고 싶은 콘텐츠들 중에서 원하는 기사를 지정하면 새로운 콘텐츠에서 희망하는 기사만을 자동으로 전달하도록 하는 기술이다. 푸시기술은 인터넷 이용자들에게 특정 인터넷 사이트를 마치 TV채널처럼 지정하고 필요한 정보의 종류와 정보갱신 주기를 설정토록 한 뒤 이를 사이트로부터 새로운 정보를 강제적으로 배달해준다. 푸시기술은 이용자가 일일이 원하는 정보를 찾아 나서지 않아도 정보제공자가 자동적으로 이용자의 컴퓨터로 정보를 제공해준다는 점에서 인터넷 정보서비스 제공기술의 중요한 발전이다.[27]

둘째, 스트리밍 기술은 기존의 TV방송의 전파와 같이 이용자에게 정보가 끊임없이 흘러갈 수 있게 한다. 이 기술을 사용하면 버퍼링(buffering)에 잠깐 머물렀다가 바로 화면에 띄워지기 때문에 대용량의 멀티미디어 정보를 전송하는 데 매우 유용하다.

셋째, 멀티캐스팅 기술은 원하는 사람에게만 콘텐츠를 제공하는 기

---

26) 인터넷방송은 인터넷멀티미디어의 실시간 동화상 기술을 기반으로 한다. 실시간 인터넷멀티미디어(realtime internet multimedia) 기술의 시초는 소리정보를 제공하는 리얼 오디오이다. 이 외에 동화상 정보를 동시에 받으면서 보고 들을 수 있도록 해주는 VOD 라이브 기술이 있으며 인터캐스트 기술은 일반방송 전파 중 이용하지 않는 영역에 인터넷문서를 동시에 전송해서 컴퓨터에 방송내용과 관련된 여러 가지 정보를 검색할 수 있도록 해주는 기술이다. 이 밖에 하이퍼TV 기술은 자바(java)를 이용하는 인터캐스트보다 더 진보된 형태다.
이영음(1996), '인터넷방송'「신문과 방송」6월호, pp.98~103.
27) 이용준(1999), p.96을 참고.

술이다. 이는 모든 사람에게 정보를 전달하는 브로드캐스트나 한 사람에게 전달하는 유니캐스트(unicast)와 대비되는 방식이다. 전송시스템으로 영상화와 같이 다자간의 실시간 커뮤니케이션이 필요한 네트워크의 경우 멀티캐스팅 기술을 이용하면 서로 간에 영상, 음성정보를 실시간으로 교환할 수 있다.

넷째, 데이터베이스는 곧 아카이브 구축을 의미한다. 인터넷방송 과정은 미디어소스의 생성과 디지털화(digitizing)와 압축, 콘텐츠 저장 및 전송의 과정으로 이뤄진다. 이 같은 데이터베이스 구축은 CTS기술이 가져온 획기적인 발전이었다. 기사나 색인 등의 데이터베이스화는 기사는 물론이고 광고까지도 자료로 재활용할 수 있다. 이를 통해 신문기업들은 디지털기반의 인터넷방송을 통해 자사의 뉴스정보콘텐츠를 유통시키는 것이 가능해졌다. 신문기업들은 자사의 데이터베이스에 저장된 뉴스정보에 동영상을 결합시켜 새로운 디지털콘텐츠를 원하는 독자들에게 판매하는 수익모델을 구축하였다. 신문기업들은 단순한 자료의 입력 장소가 아니라 뉴스정보를 디지털화하고 이를 판매하는 일련의 공정, 즉 데이터베이스 구축-뉴스정보의 자동입력-온라인판매의 방식을 갖추게 되었다.[28]

신문기업들은 인터넷방송 기술과 데이터베이스 결합을 기반으로 동영상뉴스 등 영상물을 유통시키는 생산-유통 모형을 구축하고 있다.

---

28) 데이터베이스를 기반으로 한 온라인뉴스시장은 인터넷기술과 맞물려 이용자가 급증해 수익모델을 구축할 수 있는 환경이 조성되었으나 신문사들이 실제로 이를 수익으로 창출하지는 못했다. 이는 '인터넷 정보=무료'라는 이용자들의 관념이 여전히 작용하고 있는데 이 같은 이용자들의 관념으로 신문사들이 미국 등과 달리 전면적인 유료화를 시도하지 못하고 있다. 조선일보나 중앙일보 등 메이저신문을 중심으로 데이터베이스의 뉴스정보, 인물 등의 각종 콘텐츠를 제한적으로 유료화하는 시도를 계속하고 있다.

## 2) 사이버뉴스룸 유통창구

신문기업의 디지털화는 사이버뉴스룸(cybernewsroom 또는 virtual newsroom) 개념을 이미 도입하고 있다. 아직 뉴스룸 내 형태화된 것은 아니지만 사이버뉴스룸은 공급자 중심의 미디어조직을 수용자 중심의 쌍방향의 시스템으로 변화시키고 있다.

파블릭(Pavlik, 2001)은 사이버뉴스룸 즉 가상편집국을 통해 스토리텔링(storytelling)이 모든 형태를 이미지화(omnidirectional imaging)하고 더 현장감을 증가(augmented reality)시키고 있다고 지적했다.[29] 여기에는 맥락적 저널리즘(contextualized Journalism)의 5가지 차원, 즉 커뮤니케이션 양식(communication modality), 문화적 저항(cultural resistance), 수용자 관여(audience involvement), 역동적 콘텐츠(dynamic contents), 고객화(customization)가 존재한다.

커뮤니케이션 양식의 경우 뉴미디어 환경은 360도 회전하는 카메라와 같은 시설과 마찬가지로 커뮤니케이션 양식과 텍스트, 오디오 비디오, 그래픽, 애니메이션 등이다. 문화적 저항은 인터넷과 같은 하이퍼미디어(hypermedia)로서 기사가 언제 어디서나 다른 미디어와 쉽게 연결되고 하이퍼링크 되는 것을 의미하며, 수용자 관여는 수용자가 수동적 존재가 아니라 적극적으로 참여하도록 하는 것을 의미한다. 역동적 뉴스콘텐츠는 마치 물과 같이 온라인 상황에서 역동적

---

29) Pavlik, John Vernon(2001), Journalism and New Media, NY: Columbia University Press. pp.3～27. 사람들이 원하는 정보와 매력적인 콘텐츠를 그들이 원하는 시간에 원하는 장소에서 원하는 단말기를 통해서 자유롭게 볼 수 있는 컨텍스트(context)가 중요하다. 맥락적 저널리즘이란 텍스트 오디오 비디오 그래픽 애니메이션 영상을 활용해서 다양하고 풍부한 상황정보를 제공하는 것을 가리킨다.

이고 뉴스 역시 비동시성[30]을 강조하는 것이다. 마지막으로 고객화는 디지털환경에서 전자뉴스 등은 고객화거나 온라인저널리즘의 개인화속성으로 수용자에게 더욱더 세밀한 다차원(textured multidimension)의 관점을 제공하고 소비자의 욕구에 맞는 뉴스를 만들어낸다.

이와 같은 사이버뉴스룸의 특성은 신문기업의 실시간 서비스와 쌍방향성을 높여주는 강점이기도 하다. 특히 독자들이 24시간 직접 디지털뉴스를 검색하고 블로그에 글을 올리거나 데이터베이스의 각종 정보를 실시간으로 열람하게 됨에 따라 기존 뉴스기사 인물정보 등 콘텐츠를 사용할 수 있게 되었다.

2004년부터 신문기업들은 블로그는 물론 블로그뉴스나 모바일, 자사의 뉴스콘텐츠를 24시간 독자 등 수용자들에게 자동 전송해주는 RSS서비스를 하고 있어 사이버뉴스룸을 통한 콘텐츠 유통체계가 다각도로 구축되기 시작하였다.

사이버뉴스룸에서는 속보성 뉴스가 24시간 끊임없이 전송되는 시스템이 가동되고 있다. 이에 따라 신문기업들은 수용자이자 생산자로 변화한 프로슈머(prosumer)[31]인 소비자들이 디지털기술의 온라인 뉴스시스템을 이용할 수 있도록 콘텐츠분류 등 소프트웨어와 전송속

---

30) 네그로폰테(1996)는 신문과 방송 등 미디어콘텐츠도 수용자가 원하는 장소에서 비동시적으로 보게 될 것으로 전망했다. 그는 "시간에 맞춰서 보는 프로그램은 스포츠 경기와 선거결과 보도밖에 없다"라고 했다. 드라마나 오락프로그램은 수용자가 바로 방송의 편성자가 되어 스스로 편한 시간에 프로그램을 보게 되며 시청자는 스스로 원하는 프로그램을 찾아다니다가 프로그램 자체가 수용자의 취향을 찾아가는 현상이 보편화되고 있다.

31) 프로슈머(prosumer)란 생산자란 뜻인 producer와 소비자 consumer를 합성한 용어다. 소비자가 소비는 물론 제품개발과 유통과정에까지 직접 참여하는 생산적 소비자로 등장했다는 의미를 담고 있다. 디지털시대의 특징인 쌍 방향성의 대변하는 소비자의 변화의 주된 특징이다. 미래학자 앨빈 토플러(Alvin Toffler)가 자신의 저서 '제3의 물결'에서 처음 사용했다.

도 확보 등 하드웨어를 갖추었다. 이는 뉴스룸이 오프라인 중심에서 벗어나 온-오프라인에 콘텐츠를 지속적으로 제공해주는 온-오프 통합뉴스룸으로서 기술적인 요건을 모두 갖춘 일종의 뉴스센터 기능으로의 전환을 의미하는 것이다.

국내 신문기업들도 이미 CTS와 웹 기술이 통합된 부분적인 사이버뉴스룸의 기능을 갖추고 물리적 제약 없이 독자들이 기사콘텐츠나 PDF, DB자료를 24시간 열람하고 자동으로 피드백해주는 사이버뉴스룸 유통체계를 가동하고 있다. 사이버뉴스룸인 디지털편집국은 뉴스의 제작방식은 물론 뉴스의 전달방식이나 수용자의 참여방식에도 혁신적인 변화가 점진적으로 일어나고 있다.

디지털환경의 사이버뉴스룸은 저널리즘 환경에서 많은 장점에도 불구하고 다음과 같은 문제점이 있다.[32] 첫째, 모든 아날로그 자료를 디지털로 전환시키는 데 드는 시간과 비용이 있으며 둘째, 디지털정보라 할지라도 장기적인 보관을 필요로 할 경우 보관 미디어가 기술적으로 노후한 것일수록 저장의 안정성을 보장할 수 없고, 셋째, 디지털화가 비디오편집에서의 기술적, 조직적 장벽을 없애고 있다고는 하지만 그로 인해 과다한 업무를 개인이 떠맡게 되며, 마지막으로 편집국을 디지털화하거나 가상편집국을 새롭게 제작하는 경우에 따라 매우 많은 비용을 요구한다는 것이다.

## 3) 블로그 - RSS

T2 시점인 1998년 조선일보가 중앙지 중 처음으로 기사하단에 기자

---

32) 김영석(2003), 디지털미디어와 사회, 나남, pp.648~650.

의 e메일을 부기하는 기사실명제를 시작한 후 e메일을 통한 뉴스생산
자와 소비자인 독자 간의 1대1 쌍방향 커뮤니케이션이 시작되었다.

이후 신문기업들은 2004년부터 새로운 미디어의 진화형태인 블로
그를 통한 자사 뉴스콘텐츠의 확장과 유통을 시도했다. 2004~2005
년 사이 조선일보와 중앙일보 국민일보 세계일보 등 신문사 8개 사
가 블로그 미디어를 신설하고 뉴스 서비스를 시작했다.

블로그(Blog)란 웹(web)과 로그(log)를 합친 말이다.33) 당초 블로그
는 기존의 거대한 주류미디어에 대한 불만족과 불신에 대한 반작용
으로 생겨난 대안 미디어지만 국내 신문사들은 자사 뉴스콘텐츠 유
통을 통한 브랜드 영향력 확대에 초점을 맞추고 뉴미디어정책 차원
에서 블로그에 경쟁적으로 투자를 했다. 블로그포맷도 다른 디지털
미디어의 추세에 따라 단순한 텍스트 형태에서 벗어나서 MP3 같은
사운드, 디지털카메라, 그래픽, 동화상을 포함하는 멀티미디어로 진
화해가고 있다.

조선일보와 중앙일보 국민일보 세계일보 한겨레신문은 뉴스블로그
로서 기자들의 취재기나 뒷이야기 등 오프라인에 쓰지 않는 정보를
개인적으로 올리도록 하고 있다. 신문기업들의 블로그는 동화상을 제

---

33) 블로그는 웹(web)과 로그(log)의 합성어다. 블로그는 일종의 '인터넷일
기'나 '인터넷 항해일지'를 의미한다. 웹서버의 이용내역을 기계적으로
기록한 서버로그(server log)란 용어와 구별하여 웹(web)들에 대한 기록 내
지 일지(log)란 의미를 갖고 있다. 블로거(blogger)는 블로그를 사용하는
모든 사람을 의미하며 블로깅(blogging)은 블로거들이 자신의 블로그에
접속한 다음 글을 쓰는 행위다. 블로그라는 말은 1997년 12월 존 바거
(John Barger)라는 블로거가 고안한 것으로 알려져 있다. 국내에는 2001
년 12월 최초의 블로그 사용자 모임인 '웹로그인코리아'였고 실제적으로
일반인들에게 알려진 것은 2003년 8월 싸이월드가 SK커뮤니케이션즈
에 인수되고, 네이버가 2003년 6월부터 운영하던 '페이퍼'를 10월부터
네이버블로그로 개편하면서부터였다.

공하는 블로그를 운영하곤 하는데 디지털기술의 발전으로 휴대폰이
나 PDA 같은 미디어를 기반으로 하는 모바일블로그도 등장해 블로
그의 기술적 발전양상은 가늠하기 어렵다.[34]

신문기업들이 개설한 블로그는 기자나 독자들의 온라인일기와 뉴
스블로그의 성격이 강하다. 온라인일기는 기자들이 취재현장에서 보
고 느낀 후일담이나 취재과정 등 오프라인에 쓸 수 없었던 개인적
관심사 등을 적어 올리는 것이며 뉴스블로그는 그야말로 오프라인
및 온라인뉴스를 독자들에게 전달하기 위해 무삭제의 형태로 올려놓
는 것이다.

새로운 1인 미디어로서 블로그의 출현은 디지털기술 기반의 미디
어진화의 상징이다. 이러한 기술의 진화는 신문기업의 뉴스형태를
변화시킨 단적인 사례가 된다. 블로그는 기존의 오프라인 뉴스와 인
터넷상의 온라인뉴스만을 기자들이 쓰는 것이 아니라 기존의 매체에
서 볼 수 없었던 새로운 포맷의 뉴스가 생산되고 유통되기 시작했다
는 의미를 갖고 있다.

〈표 5-3〉 중앙일간지 블로그 유형과 특징

| 신문사 | 블로그명 | 블로거 | 콘텐츠 | 특 징 |
|--------|----------|--------|--------|-------|
| 조선일보 | 조선블로그 | 기자 및 독자 | 기자블로그<br>시사발언대<br>테마광장<br>새 이야기<br>카페 | 주요기사스크랩<br>11개 카테고리 분류<br>멀티미디어 걸기기능<br>e-메일 서비스 |
| 중앙일보 | 조인스블로그 | 기자 및 독자 | 기자블로그<br>랭킨&랭퀸<br>브랜드블로그 | 개방형<br>무삭제 게재<br>온라인일기 |

---

34) 이재현(2005), "블로그와 저널리즘", 「관훈저널」 제94호 pp.22~30.

| 신문사 | 블로그명 | 블로거 | 콘텐츠 | 특 징 |
|--------|----------|--------|--------|-------|
| 동아일보 | 동아블로그 | 기자 및 독자 | 기자블로그 | 30여 명 참여 |
| 국민일보 | 블로그정글 | 기자 및 전문가 | 전문가블로그 | 폐쇄형<br>국민일보 스투닷컴<br>미디어몹과<br>공동 플랫폼 |

출처: 각 신문사 블로그 소개내용 재구성

대표적 사례로 2004년 12월 조선일보 기자의 여성 아나운서 비하 및 MBC기자의 구치백 선물 양심고백 파문을 들 수 있다.[35] 이는 오프라인신문사들의 통제 아래 있던 디지털콘텐츠의 유통이 자유롭게 개방되는 것이며 이는 개인미디어로의 확장인 동시에 게이트키핑이 줄어든 콘텐츠의 무제한 확산을 의미하는 것이다.

이와 함께 2004년 1월 중앙일보가 처음 시작한 RSS(Really Simple Syndication 또는 Rich Site Summary)서비스는 독자들에게 문서의 최신정보를 알려주거나 사이트를 방문하지 않아도 최신 뉴스정보를 읽을 수 있도록 해주는 기능이다. RSS 전용 프로그램을 통해 e메일을 확인하듯 한번에 자신에 필요한 뉴스를 곧바로 볼 수 있다. RSS서비스는 e메일과 유사한 RSS리더의 설치를 통해 네티즌들이 원하는 유형의 뉴스를 선별적으로 골라서 전송해주는 기술이다. 맞춤형 기

---

35) 2004년 12월 조선일보 기자가 조선닷컴에 개설된 자신의 블로그에 '신문사가 망하게 된 이유'라는 글을 통해 '국영방송의 한 심야프로그램에는 멍청한 눈빛에 얼굴에 화장이나 진하게 한 유흥업소 접대부 같은 여성아나운서'라는 글을 올렸다가 사회적 파문이 일었고 KBS 아나운서실은 기자를 명예훼손 혐의로 고소했다. 또 같은 달 MBC 기자가 자신의 블로그에 SBS 간부와 만난 후 명품 핸드백을 받았다는 양심고백이 엄청난 사회적 파문을 일으켰다. 두 사건은 블로그에 기사 게재 후 인터넷을 매개로 확산되어 기존의 미디어들이 보도하는 기존에 볼 수 없었던 새로운 뉴스정보의 흐름을 보여주었다.

사서비스인 RSS는 컴퓨터와 모바일을 넘어서 휴대용 멀티미디어플레이어(PMP)와 인터넷TV(IPTV) 등 다양한 미디어로 유통되고 있다.

〈표 5-4〉 신문기업 블로그와 RSS

| 구 분 | 블로그 | RSS |
|---|---|---|
| 신문사 | 조선닷컴(2004. 8.)<br>조인스닷컴(2004. 4.)<br>국민일보(2005. 5.)[36]<br>세계닷컴(2004. 11.)<br>인터넷한겨레(2005. 3.)<br>경향미디어칸(2003. 11.) | 경향미디어칸<br>동아닷컴<br>조선닷컴<br>조인스닷컴<br>인터넷한겨레 |

그러나 기자 블로그는 기자들에게 그다지 활용되지 않고 오히려 강제적으로 실시되어 내부 반발을 사는 부작용을 낳았다. 조선일보는 블로그를 시작한 후 기자들에게 인사고과 우대 등의 인센티브를 주고 블로그 참여를 독려했으나 내부 불만이 점증되어 활성화되지 못했다. 국민일보의 경우 블로그로 활동하는 기자블로거(bloger)로서 당초 편집국 논설위원실 등을 중심으로 100명이 참여했으나 참여율이 저조해 사실상 유명무실해졌다.

그럼에도 신문기업들은 1인 미디어로서 블로그를 통해 독자와의 쌍 방향 커뮤니케이션을 할 수 있다는 점과 자사의 뉴스콘텐츠를 맞춤식으로 특정독자에게 전달할 수 있다는 장점으로 보고 기자들의

---

36) 국민일보와 스투닷컴, 미디어몹은 2005년 2월 블로그저널리즘을 표방한 '전문가 블로그' 서비스를 시작하는 블로그정글(blogjungle.net)을 오픈했다. 블로그정글은 기자들만이 아닌 3사가 추천하는 사회 각계 전문가 100여 명이 블로거로 참여해 미디어얼라이언스 형태의 블로그를 운영했다. 블로그정글과 미디어몹은 블로그 플랫폼을 제공하고 스투닷컴은 뉴스콘텐츠 운영 툴, 국민일보는 뉴스콘텐츠를 제공하는 국내 최초의 3자 연합미디어이다.

참여를 독려하고 있다. 일부는 블로그에 올린 뉴스콘텐츠를 포털에 전송하고 그에 대한 수익을 올리는 유통 모형으로 변화시키고 있다.


## 4) 모바일

휴대전화의 보급 후 모바일 미디어는 하나의 뉴스플랫폼으로 자리 잡았다. 휴대폰의 보급이 확산된 T3에서 모바일기술은 뉴스룸의 뉴스생산체계를 변화시켜 놓았다. 이 신문기업 자산인 뉴스기사의 반복적 생산 공정이다. 즉 오프라인 기사나 인터넷용 기사를 모바일 플랫폼에 맞도록 변형 가공하는 것이다.

모바일 미디어가 언론으로 작용하고 있는 형태는 모바일인터넷을 통한 인터넷뉴스와 준(June), 핌(Fimm) 등 대용량 무선인터넷(EVDO)을 통한 TV방송뉴스의 재매개, 문자메시지(SMS)를 통한 긴급뉴스전달, 위성DMB 등을 통한 TV와 라디오뉴스 방송 등이다.[37]

---

37) 모바일미디어는 휴대기기를 통해 이동 중에도 다양한 정보처리와 통신이 가능한 무선통신망 기반의 디지털 멀티미디어라고 정의할 수 있다. 모바일미디어의 기술적 기능적 특징으로는 첫째, 이동 중 접속이 가능하고 둘째, 멀티미디어 특성을 갖고 있으며 셋째, 양방향성을 구현한다는 것이다. 모바일미디어는 기존매체의 콘텐츠를 재매개하고 발전적으로 융합한다. 김벽수(2005), "모바일미디어시대의 저널리즘", 「관훈저널」 봄호(제 94호), pp.182-183.

〈표 5-5〉 중앙일간지 모바일 서비스 현황

| 신문사 | 인터넷매체 | 전송방식 | 서비스콘텐츠 | 가공방식 | 전송건수 / 1일 | 통신사 |
|---|---|---|---|---|---|---|
| 조선<br>일보 | 디지틀조선 | WAP VM<br>다운로드 | 뉴스 포토 매거진 | 무가공<br>편집 재전송 | 200여건 | SKT<br>KTF |
| 동아<br>일보 | 동아닷컴 | WAP<br>다운로드 | 뉴스 매거진 포토 | 무가공 재전송 | 200여건 | SKT<br>KTF<br>LGT |
| 중앙<br>일보 | 조인스닷컴 | WAP VM<br>다운로드 | 뉴스 인물정보 | 무가공 재전송 | 300여건 | SKT<br>KTF |
| 국민<br>일보 | 쿠키뉴스 | WAP<br>다운로드 | 뉴스 포토 | 무가공<br>재전송 | 150여건 | KTF |

출처: 박주연(2004) 및 각 신문사 홈페이지 내용을 재구성

중앙일간지들은 SK 텔레콤과 KTF와 제휴를 맺고 자산의 뉴스정보를 모바일서비스용으로 재전송하고 있다. 오프라인에서 넘어오거나 인터넷담당부서에서 자체 생산한 뉴스콘텐츠를 가공 없이 거의 그대로 모바일에 재전송하고 있다. 따라서 모바일 플랫폼에 맞는 뉴스포맷으로 가공하지 않아 휴대기기의 화면구조상 가독성이 그다지 높지는 않다. 신문사들은 모바일의 낮은 수익성에 비해 뉴스콘텐츠를 가공하는 전담인력을 배치하기는 어렵다는 입장이었다.

KBS는 2002년 월드컵 당시 방송뉴스를 100자로 줄여 서비스하는 일종의 모바일뉴스로 재가공하여 이른바 모바일뉴스 시대를 열자 신문사들도 인기뉴스와 카테고리별 뉴스, 포토뉴스, 토론광장 투표, 게시물, 이벤트 등의 메뉴로 구성해 신문사의 콘텐츠를 재전송해주고 있다.[38]

---

38) 신문사들의 모바일 수익모델은 2가지로서 첫째는 계약을 맺은 CP에 뉴스콘텐츠를 일정액을 받고 판매한 뒤 그 활용에 대해서는 일절 간섭하지 않는 방법이고 둘째는 CP와 함께 공동기획을 하면서 이용자 수에 따라 이익을 배분하는 방식이다. 모바일 수익성은 디지털미디어 부분에서 그래도 높다는 지적이다. 모바일콘텐츠제공업체는 모바일뉴스 제공 시 기사조회건당 일반기사는 100원 포토뉴스는 200원 등의 수익이 발

모바일 기술의 발전에 비해 건당 30~50원을 받는 유료화서비스로는 수익성이 낮고 독자들의 이용률도 낮아 충분한 기술적 능력이 구축되었음에도 모바일 시장에 적극 참여하지는 않고 있다. 동아닷컴의 경우 SKT의 네이트와 KTF의 매직엔과 같은 브라우저 방식을 이용하여 서비스접속 후 해당페이지에서 뉴스 등 정보를 볼 수 있으며 기사 1건당 30원의 과금이 이뤄지는 방식이다. 반면 국민일보의 경우 KTF의 매직엔에 접속한 뒤 쿠키뉴스를 선택하여 뉴스와 포토를 볼 수 있는데 이 경우 뉴스정보는 1건당 50원, 포토사진은 건당 100원이 과금되는 등 사별, 이통사별로 차이가 있다.

모바일 기술은 확보되었지만 소비시장이 제대로 형성되지 않은데다 신문사의 인력난 등으로 모바일 플랫폼에 적합한 뉴스콘텐츠로 가공변형하지 못하는 일종의 종이뉴스 재전송의 개념에 머물고 있다. 2005년 1월부터 KTF에 모바일뉴스 전송을 개시했던 국민일보의 경우 실시간 인터넷신문인 쿠키뉴스의 뉴스를 전송한 뒤 다시 바이라인 등만을 간단히 수정한 뒤 KTF모바일로 재전송하는 제작방식을 취하고 있다.

이같이 신문기업들의 모바일뉴스 유통은 향후 모바일시장이 확대될 경우에 대비한 독자서비스차원으로 운영되고 있다. 신문기업들은 당장 수익은 크게 나지는 않지만 이미 기술적으로 서비스가 가능한 데다 무선인터넷 시장이 형성되고 있어 모바일서비스를 계속하고 있다.

뉴스와 정보, 포토 등의 콘텐츠를 가공변형하지 않고 서비스할 수 있고 간단한 모바일 전송만 설치하면 그다지 큰 비용이 들지 않아서 신문기업들은 모바일 서비스를 지속하고 있다.

---

생하면 총수익금 중에서 이동통신사(KTF와 SK텔레콤)의 정보제공 수수료(14.5%)를 공제하고 나머지 잔액을 해당신문사와 6대 사로 나누는 방식을 주로 택하고 있다.

## 4. 디지털뉴스의 공동 유통체계: 아쿠아 아카이브

신문기업들은 1998년 한국언론연구원(현 한국언론재단) 등과 공동 데이터베이스를 구축하는 방안을 추진했으나 이해관계가 엇갈려 성과를 내지 못하였다. 하지만 디지털융합과 포털미디어의 등장에 따른 시장잠식이 가속화되자 2003년 후반 디지털뉴스 아카이브의 공동구축을 모색하였다.

디지털기술 도입 초기 일부 중앙지에서 제기되었던 데이터베이스 공동구축은 당위성에도 불구하고 조선 중앙 동아 등 메이저신문의 오프라인시장에서의 첨예한 경쟁으로 합의에 이르지는 못했었다.[39] 중앙지 중심으로 신문기업들은 2004년 한국온라인신문협회(약칭 온신협)를 결성하고 소위 '아쿠아프로젝트'(Aqua project)[40]라는 아카이브를 구축하고 자사의 뉴스콘텐츠를 공동자산화시켰다.

아카이브(Archives)란 정보 데이터 등을 하나로 집적한 정보집적소 또는 모으는 행위 자체를 의미한다. 즉 기존의 정보 데이터는 물론

---

39) 한국언론연구원이 1998년 뉴미디어 실태조사 당시 동아일보 문화일보 서울신문 한국일보가 공동데이터베이스를 개발하자는 의견을 제기했다. 그 실현방안으로는 소프트웨어의 개발이나 업그레이드를 공동으로 하여 중복투자를 줄이자는 의견과 인터넷 이용자 확산을 위해 공동연구를 하자는 의견, 공동 사이트를 개발해 운영하자는 의견, 부분적인 협조방안으로 기사유료화를 위해 협조하자는 의견 등이 제시되었으며 구언론연구원의 카인즈(KINDS)사업을 공동 지원하는 내용도 포함되었다. 김영일 · 송은아(1998), p.57을 참고.

40) 아쿠아(Aqua)는 '물수조'라는 뜻으로 신문사에 디지털뉴스콘텐츠를 제공한다는 의미에서 붙여진 명칭이다. 2005년 1월 첫 시작된 아쿠아프로젝트에는 한국언론재단과 NHN SK커뮤니케이션즈 언론사닷컴(조선닷컴 조인스닷컴 미디어칸 국민일보 한국아이닷컴 세계일보 한겨레21 매일경제 한국경제) 등이 회원사로 참여했다.

신규로 발생되는 데이터를 표준화를 거쳐 집적함으로써 시간의 경과에 따른 정보가치의 하락 및 유실을 방지해 항구적으로 기록과 보존 및 이용이 가능하도록 구축하는 시스템이다.[41) 조선일보 중앙일보 동아일보 등 메이저신문을 중심으로 자체 뉴스 데이터베이스 PDF 등을 유료 또는 무료로 제공하는 아카이브 시스템을 구축하고 서비스를 해왔던 반면 아쿠아프로젝트는 회원사를 중심으로 공동아카이브를 추진하는 것이다.

아쿠아프로젝트는 공동 데이터베이스 구축을 위해 공동서버를 운영하고 각사의 콘텐츠를 한데 모은 시스템이다. 이를 통해 최적의 맞춤검색이 가능한 엔진을 운영하며 뉴스아이템 판매를 위한 인프라를 구축하고 모바일 통합뉴스 전송시스템 등을 구축한다는 계획을 추진해왔다. 이는 디지털기술이 아카이브의 기본 플랫폼을 단일화함으로써 신문사 간의 콘텐츠 통합 데이터베이스의 탄생을 가져왔다.

---

41) 미디어업계의 아카이브구축은 주로 방송의 디지털화와 함께 공중파, CATV 등의 영상아카이브 시스템 구축이 활발히 진행 중이고 향후 계획이 추진되고 있다. 하지만 신문과 통신 등 일부도 뉴스아카이브를 구축하는 추세다. 국내에 대표적인 뉴스아카이브는 CBS-지역언론 포털, FNN, 연합뉴스 등이 있다.

〈표 5-6〉 뉴스아카이브 현황

| | |
|---|---|
| CBS-지역언론 | CBS와 지방언론사 20여 개 사가 공동으로 뉴스포털 네트워크 구축<br>언론사 간 뉴스콘텐츠 및 정보보고 · 사진 · 멀티미디어 등 데이터베이스 공유<br>CBS가 온라인통신사 역할<br>공동신디케이션 사이트 등을 통한 포털 휴대인터넷 등에서 수익창출 |
| FNN | 전문매체 300여 개로 구성된 네트워크형 뉴스포털 지향<br>규모 측면에서 국내 최대의 CP확보<br>유료화 비즈니스 모델을 채택 |
| 연합뉴스 | 자체적인 뉴스생산-유통체계 표준화 등으로 아카이브 서비스 지향<br>B2C 부문에서 유료모델을 채택하지 않지만 B2B 시장 유료서비스로 수익창출<br>포털 대상 판매시장에서의 단가 인상을 통해 온라인뉴스콘텐츠 시장에서 언론사 닷컴에 상대적 피해를 줌 |

<표 5-6>에서 보듯이 신문기업들이 추진 중인 아쿠아프로젝트 외에도 CBS와 연합뉴스, 스포츠신문들도 공동아카이브를 구축하고 신디케이터 시장에 뛰어들어 뉴스아카이브 경쟁은 4파전의 양상으로 전개되고 있다. 아쿠아프로젝트는 거대한 유통 플랫폼으로 등장한 뉴스포털을 겨냥하고 수익성을 높인다는 일종의 신문기업 간의 내부 제휴이다. 따라서 아쿠아프로젝트는 신문기업의 고유의 뉴스정보생산능력을 결합시켜 뉴스시장 지배력을 높이고 다양한 형태의 콘텐츠 유통창구를 확보하는 수익구조의 창출 모형이다.

초기 중앙일간지 9곳을 포함한 11개 사가 한국언론재단의 뉴스검색 카인즈(KINDS)와 함께 뉴스정보 콘텐츠의 디지털자산화를 시도했다. 이를 통해 디지털뉴스를 공동자산으로서 참여사들이 공동으로 유통 판매하는 뉴스콘텐츠 수익모델을 만들 수가 있게 되었다.

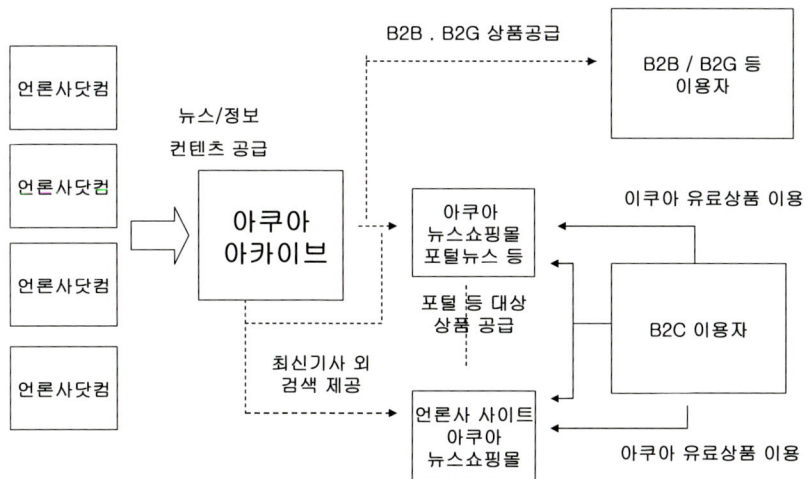

출처: 아쿠아프로젝트 추진사업단 내부문건

〈그림 5-6〉 아쿠아 아카이브 뉴스 흐름도

아카이브 구축은 뉴스 표준화 작업을 통해 신문사들 간 DB플랫폼을 구축하는 효과를 갖게 된다. 즉 각사가 전송한 디지털뉴스를 표준화하여 공동DB에 저장 통합하는 것을 의미한다. DB플랫폼 구축은 NewsML(XML)로 가능해졌다.[42] 텍스트와 사진, 오디오, 비디오 등 모든 디지털 뉴콘텐츠를 NewsML 문서로 표현할 수 있게 된다. 이로써 다양한 메타데이터[43]를 통한 상품 개발 및 자동처리가 용이하고 멀티디바이스를 대상으로 한 뉴스콘텐츠 제공이 더욱 용이해졌다.

아쿠아 프로젝트는 2003년 후반부터 새로운 미디어로 급부상한 미디어다음과 야후, 네이버, 파란 등 포털들에 대해 콘텐츠의 무분별한 저가제공에 대한 공동대응책으로 시작되었다. 신문사닷컴들이 2004년부터 2005년까지 포털사이트에 1년 단위로 작게는 월 300만 원~최고 1500만 원을 제공받는 열악한 조건으로 뉴스콘텐츠를 제공해왔다. 특히 미디어다음과 네이버 등은 신문사의 뉴스를 자신들의 플랫폼에 게재하면서 뉴스포털화를 가속화시켜 왔지만 열악한 재정상황에 직면한 신문기업들은 전략적 제휴의 형태로 개별계약을 통해 저가에 콘텐츠를 제공하는 등 제살 깎아먹기식 경쟁까지 벌였다.[44]

---

42) NewsML은 IPTC(International Press Telecommunication Council)가 발표한 국제뉴스포맷이다. 초기에는 뉴스 교환을 위한 표준 포맷을 위해 설계되었으나 아카이브 구축, 뉴스의 작성 편집 관리 출판의 전 영역을 지원할 수 있다.

43) 메타데이터(Metadata)는 1천여 개의 체계화된 대·중·소 등 3단계의 주제 분류를 비롯해 단위뉴스콘텐츠의 현재 상태 등을 기록하는 코드 등을 통해 기사의 자동처리가 가능토록 한다.

44) 2003년부터 신문사들이 다음과 야후 등 포털에 제공하는 디지털뉴스의 값은 그야말로 헐값이었다. 중앙일간지가 포털뉴스에 제공하는 가격은 월 300만 원에서 1500만 원 안팎에 불과했다. 포털사이트들의 횡포와 광고수익 하락에 따른 신문사의 저자세에다 새로운 수익원을 찾아야 한다는 비상식적인 과열경쟁이 수익구조를 만들 수 있음에도 신문사 자산을 저가에 떠넘겨버리는 결과를 낳았다.

　신문기업의 공동 아카이브 통합은 새로운 수익원의 안정적 확보라는 의미와 함께 뉴스정보를 생산방식을 제외한 저장, 보관, 유통, 판매를 담당하는 공동아카이브를 공동 소유하여 신문기업의 디지털뉴스에 대한 독점권을 소유하는 동시에 수익성을 담보한 유통체계를 확보하게 되었다.

　하지만 메이저신문들이 뉴스신탁 문제에서 이견을 보이며 탈퇴하여 서울 국민 경향 세계 등 일부 중앙지와 지방신문 등 34개 사가 참여하는 뉴스아카이브로 축소되었다. 제한적이지만 신문기업의 이같은 디지털뉴스콘텐츠의 공유는 다플랫폼화를 통한 뉴스정보의 교환은 물론 자사 뉴스콘텐츠 독점권을 공유하는 유통플랫폼을 공동구축하는 계기를 마련하였다.

# 제6장

# 결 론

## 1. 연구결과 요약

### 1) 디지털 공급체계 통합과 가치사슬체계 전환

이 논문은 디지털기술 도입 후 신문기업들이 온-오프 통합 기술 플랫폼을 구축하고 종이신문 외에 디지털콘텐츠 상품을 생산하는 새로운 공급사슬체계변화와 진화과정을 살펴보았다.

디지털화와 미디어시장의 통합이라는 외생적 요인들은 신문기업 생산체계의 전환을 추동하는 압력으로 작용하고 있으며, 기존의 종이신문 중심의 뉴스룸 조직체계도 다플랫폼으로의 전환이 불가피해지고 있다.

이와 같은 종이신문의 중심의 뉴스룸 제작체계의 변화로 신문기업은 최종상품으로서 종이신문뿐만 아니라 새로운 디지털콘텐츠 상품을 생산하는 공급원으로 전환하였음을 알 수 있다. 온라인-오프라인의 개별 플랫폼이 공진화함으로써 신문기업은 통합아키텍처로서 이미 기술적으로 디지털 통합생산체계를 구축하였다. 이는 디지털기반의 기술플랫폼을 토대로 한 신문기업이 자연스럽게 디지털미디어 생산체계를 구축하였다는 사실을 의미한다.

이러한 디지털기술 기반의 생산체계의 전환은 신문기업의 공급사슬체계의 변화를 가져오게 되었고 디지털 가치사슬체계를 바탕으로 수익다각화를 모색하고 있다. 오프라인에만 1회성으로 적용되었던 뉴스정보가 단순 변형가공의 과정만 거치면 디지털콘텐츠로 용이하게 전환되는 디지털기술적 속성에서 기인하는 결과이다.

따라서 신문기업은 인터넷과 디지털방송, IPTV, DMB 등 어느 플랫폼이라도 탑재할 수 있도록 디지털콘텐츠를 양산하는 멀티플렉스 뉴스룸, 즉 다플랫폼을 구축한 뒤 자신들의 고유자산을 기반으로 수익성을 확대할 수 있게 되었다.

이것은 디지털기반의 새로운 가치창출의 의미를 갖는다. 종이신문에 의존했던 신문기업들은 디지털기반의 다플랫폼으로 뉴스룸을 전환시킬 수밖에 없게 되었다. 더욱더 멀티컨슈머이자 능동적 주체로 전환된 소비자들은 인터넷신문 등 다양한 디지털미디어를 통해 뉴스정보를 실시간으로 접하고 있어 종이신문의 영향력은 갈수록 감소할 수밖에 없는 상황이다. 따라서 신문기업들은 고비용 저효율의 아날로그 구조를 효율화하는 경영합리화 차원에서 온-오프통합생산체계의 구축은 피할 수 없는 선택사항이 되었다.

이미 신문기업들은 종이신문 생산중심의 조직 내 개별 단위를 통합한 온 - 오프 통합뉴스룸 조직으로의 시스템전환을 시도하고 있다. 디지털콘텐츠를 생산하는 뉴스룸 다플랫폼은 새로운 디지털생산체계의 효율성을 결정하는 '아키텍처 혁신'(architecture innovation)에 의존하게 되었다. 그러한 기술적 아키텍처 혁신은 디지털미디어 시장경쟁력을 결정하는 기술적 기반인 동시에 조직체계의 통합을 앞당기는 동인(動因)으로 작용하고 있다.

그런 점에서 신문기업 내 뉴스룸 조직의 온 - 오프 생산체계의 통합은 디지털콘텐츠 시장통합에 따른 필연적 과정이며, 기업으로서 신문기업들이 당연히 추구해야 할 생존차원의 경영선택이 되었다. 신문기업들은 디지털제작기술의 통합체계화를 통해 종이신문 중심의 콘텐츠를 가공 변형하여 부가가치를 증대시키려 하고 있다. 디지털기술에 기반을 둔 뉴스룸 조직체계는 종이신문 외에 파생상품인 디지털콘텐츠를 효율적으로 생산하는 다플랫폼의 구축이 향후 신문기업의 경쟁력 지표가 된다는 사실을 알 수 있다.


## 2) 경영선택과 전략체계 전환: 조직혁신

독자이탈과 광고시장 축소로 위기를 맞은 신문기업들은 디지털기반의 새로운 가치창출을 조직의 목표이자 생존전략으로 선택하였다. 이에 따라 경영조직은 디지털기술 기반 중심으로 가치체계를 전환하고 디지털환경에 적합한 뉴스룸 조직혁신과 수익다각화 등을 통해 경영혁신을 추진해왔다.

이 중에서도 뉴스정보 생산의 핵심인 뉴스룸 조직을 변화시키기 위해 지난 10년간 에디터제와 전문기자제, 팀제 등을 도입하는 등 서구형 뉴스룸 모형을 기존 뉴스룸 조직 안에 이식하는 혁신을 끊임없이 시도해왔으나 성공하지는 못하였다.

이러한 뉴스룸 조직 전환의 목표는 디지털환경에서 신규 진입한 인터넷매체 등과 무한경쟁을 해야 하는 신문기업이 환경 변화에 유연하고 탄력적으로 적응할 수 있도록 하는 조직의 모듈화였다. 조직의 모듈화는 일종의 새로운 가치창출의 원천인 디지털미디어시장에서 경쟁력 있는 디지털상품을 생산할 수 있도록 유연성과 탄력성을 구축하는 경영선택이었다. 이미 다플랫폼화를 통한 수익성의 확대는 디지털기술을 최대로 활용한 수익다각화로 초점이 모아지고 있다.

따라서 독자시장을 확보하기 위해 경품경쟁이나 증면·무가지 경쟁을 벌여온 신문기업들은 이제 오프라인 자산인 뉴스정보를 디지털화하여 데이터베이스나 CRM 등 다양한 기술플랫폼을 기반으로 오프라인의 독자를 고착시키는 전략을 선택하고 있다. 동시에 디지털기반의 콘텐츠 유료화를 통해 수익을 내는 새로운 가치창출 체계를 끊임없이 확장하여 일종의 사이버경쟁으로 경쟁공간을 전환시켰다.

그럼에도 경영조직의 조직혁신 전략이 가시적인 성과를 내지 못했던 것은 서구적 뉴스룸 조직 이식에만 몰두하였던 결과였다. 오히려 기자와 데스크 등 조직 내 구성원들의 자발적 참여유도, 재교육, 인센티브 제공 등의 임파워먼트 전략을 소홀히 함으로써 뉴스룸 내 구성원의 마인드 변화가 발생하지 않아 종국적으로 조직혁신의 지체혁신이 발생하였다.

## 3) 뉴스룸 생산체계 전환

### (1) 제작공정의 관행: 기술의 모방과 동질화

뉴스룸 생산체계가 CTS와 인터넷 웹 기술을 기반으로 통합네트워크로 진화함에 따라 모든 신문기업에서 기술적 전환이 이루어졌다. 조선 동아 중앙 등 메이저신문기업들은 1990년대 초반부터 기술적 우위를 통한 시장확보를 겨냥해 첨단 생산체계를 자사의 뉴스룸에 이식하였으나 신문기업 간 끊임없는 기술적 모방 프로세스가 작동하여 2000년 이후 기술적 우위성은 크게 드러나지 않았다. 신문기업의 기술경쟁이 기술플랫폼의 동질화를 가져온 긍정적인 측면으로 볼 수 있다.

또 생산기술 측면에서 아날로그 체계에서 디지털체계로 전환한 신문기업들은 뉴스룸 생산 공정을 모듈화하여 종이신문의 고비용 저효율 구조를 개선하려는 플랫폼 변화전략을 끊임없이 추진해왔고, 제작공정의 혁신이라는 기술적 측면에서는 어느 정도 성공하였음을 알 수 있었다.

하지만 종이신문 생산 위주의 뉴스룸 생산조직은 여전히 신속한 정보수집과 제작 유통이라는 마감시간 중심의 효율성을 최고의 가치로 삼아 끊임없이 과거의 조직관성을 재생산하고 있었다. 즉 효율성의 가치를 최우선의 제작공정의 가치에 함몰시킴으로써 디지털환경에 적합한 뉴스정보의 수집 가공이 이뤄지지 않는 한계점을 안고 있다.

종이신문 중심으로 설계된 뉴스룸 조직체계가 적은 인력으로도 작동될 수 있는 관행이 잔존하고 있고 신문기업 수익구조의 대부분이 종이신문 시장구조에 의존하고 있어 조직전환이 용이하지 않다.

특히 종이신문을 주력상품으로 생산하는 신문기업의 뉴스룸 내 수직

통합체계는 디지털생산체계에 적합한 조직혁신의 장애요인으로 작용하고 있으며, 기자 데스크 등 구성원들도 이러한 아날로그 생산체계 관행에 함몰되어 디지털조직 전환에 소극적인 태도를 보이고 있었다.

## (2) 전환비용의 메커니즘과 이카루스 역설

디지털기술보다는 오히려 기자와 데스크 등 구성원의 마인드와 역할의 변화가 조직전환의 핵심변수였다. 특히 메이저그룹과 마이너그룹의 독자충성도는 기자와 데스크 등 구성원 마인드 전환에 주요 변수로 작용하고 있었다.

신문기업 특유의 뉴스룸 폐쇄성에다 연공서열을 중시하는 위계적 수직통합구조의 관행에 익숙한 기자와 데스크 등 구성원들이 갖고 있는 종이신문 중심의 내적 관성은 조직혁신에 큰 장애요인이었다. 이러한 장애요인은 곧 디지털조직화하는 데 소요되는 전환비용으로 전이되었다.

다차원의 속성을 지닌 전환비용들은 요인분석 결과 조직 내 관계와 생산체계의 변화, 뉴미디어화, 조직변화, 개방성의 5개 차원으로 나타났다. 독자충성도 및 신문기업 규모가 이러한 5개 차원의 요인에 미치는 경로분석에서 전환용이성은 뉴미디어와 조직개방성, 조직 내 관계, 생산체계의 변화 순으로 나왔다.

전환비용은 신문기업의 독자충성도와 정적(+) 관계를 갖고 있었고, 기자들이 갖는 인지적 충성도에도 영향을 미쳤다. 인지적 독자충성도는 뉴스룸 내 뉴스생산체계에 영향을 미치는 요인으로 나타났다. 이는 기존의 조직 내 생산기술이 여전히 독자충성도에 의해 영향력을 받고 있다는 사실을 의미한다. 인지적 독자충성도는 조직 내 관계와 뉴미디어, 개방성의 차례로 영향력을 크게 미쳤으나, 독자충성도가 직접적으로 조직변화에 미치는 영향력은 상대적으로 작았다.

이에 반해 신문기업 크기는 조직전환의 가능성과 마이너스(−) 관계를 보였다. 다시 말해 조직변화는 신문기업 규모가 클수록 더 어려워지는 것으로 나타나 종이신문 중심 조직관성에 의해 제약을 받는다는 사실을 보여주었다.

이로써 조선 중앙 동아 등 지배기업들이 자본력을 앞세운 투자에도 불구하고 조직전환이 결코 수월하지 않다는 것을 보여주었다. 이들 지배기업 내에는 종이신문 중심의 누적된 뉴스룸 내 생산기술이 여전히 효율성을 갖고 있고, 이를 기반으로 한 조직구조와 생산 공정의 관성이 강력하게 작동하고 있어 조직전환을 어렵게 하고 있다. 이는 메이저신문이 많은 구독자를 갖고 있어 시장지배력이 높고 브랜드 효과가 크지만 이러한 요인들이 디지털패러다임에 적합한 조직전환에는 마이너스 요인으로 작용하고 있음을 보여주는 것이다.

다시 말해 뉴스취재원 발굴이나 취재기법, 구성원 간 협조관계, 기사의 질을 결정하는 뉴스생산체계는 신문기업의 역사성과 자본력 등과 상관관계가 높지만 디지털환경에 맞는 뉴스룸의 조직전환을 제약하는 역설이 존재하고 있다는 사실이다. 한마디로 과거의 핵심정보생산역량(core capability)이 오히려 변화의 발목을 잡는 핵심경직성(rigid capability)으로 전환되었다는 사실을 말해준다. 일종의 이카루스의 역설이다.

따라서 1990년대 초부터 디지털 신기술 선점을 통해 시장우위를 확보하려는 무한경쟁을 벌였던 신문기업들은 정작 뉴스룸 내 위계적 수직구조와 기자들의 인적, 문화적, 인지적 관성들이 재생산하는 높은 전환비용으로 인해 디지털생산체계를 구축하고도 디지털환경에 적합한 조직전환을 하지 못하고 있는 이른바 '전환의 지체현상'을 보이고 있다.

이와 함께 지배기업을 모방해온 한계기업들은 상대적으로 조직전환의 가변성이 높고, 조직변화에 대한 내적 열정은 높았지만 자본력과 경영전략의 부재, 열악한 인력구조, 재교육과 인센티브의 부족 등 임파워먼트 전략부재 요인들이 복합적으로 작용하여 아예 조직전환을 시도하지 못하거나 시도했더라도 방향성을 상실하는 악순환을 재연하고 있다.


## 4) 제작·유통 통합체계와 조직변이

뉴스룸 조직의 높은 전환비용으로 인해 신문기업 간에는 조직혁신 대신 변형된 형태로 조직전환을 시도하는 일종의 조직변이 현상이 나타나고 있다. 이에 반해 디지털화와 급속한 미디어시장통합은 신문기업의 콘텐츠 유통창구를 디지털네트워크에 이미 편입시켜 버렸다.

이에 따라 각 신문기업들마다 종이신문 중심의 디지털생산체계를 확장하여 뉴스룸에서 직접 파생상품인 디지털뉴스를 공급, 유통하는 '창구의 디지털화'가 이루어졌다. 종이신문의 경우 인쇄-포장-수송-배달의 4단계 유통단계가 존재하고 이에 따른 막대한 거래비용과 지국 및 보급소 운영에 따른 고정비용이 소요되지만 디지털뉴스 상품은 이러한 거래비용을 거의 0으로 만들어놓았다. 디지털콘텐츠만 생산되면 곧바로 미디어네트워크를 타고 어느 플랫폼으로든 손쉽게 전송할 수 있도록 하는 디지털창구효과는 신문기업의 추가적인 고정비용의 부담을 주지 않게 되었다.

따라서 신문기업들은 수집된 뉴스정보를 디지털제작체계로 각 소비주체의 플랫폼에 맞추어 간단한 가공 및 변형만 하면 곧바로 파생상품인 디지털콘텐츠화를 소비시장에 유통시킬 수 있게 되었다. 이는 디지털미디어만이 갖는 공급가치사슬체계의 확장이자 네트워크 외부성의 구현이라는 점에서 신문기업은 이미 디지털미디어로서 새로운 진화체계를 갖추고 있다.

이 같은 디지털제작기술의 도입과 미디어시장의 통합으로 신문기업들은 디지털콘텐츠 시장에서 경쟁력을 갖는 뉴스콘텐츠를 생산하기 위한 뉴스룸 내 다플랫폼 구축경쟁을 벌이고 있다. 이는 기존 뉴스룸 조직 내의 디지털콘텐츠 변형가공 기능과 디지털 유통창구를 통합하는 작업이다. 이로써 뉴스콘텐츠의 제작과 생산, 가공, 변형, 유통의 공정을 통합하는 일종의 '조직변이'(variation of organization)가 발생하게 되었다.

이와 같은 신문기업들의 조직변이는 고유한 내부 자산을 기반으로 하는데다 뉴스룸 조직 전환의 시간지체(time-lag) 현상과 맞물려 각 사별로 매우 다른 진화형태를 보이고 있다. 일종의 아날로그 공정기반에서 디지털환경에 조직적 차원에서 적응하는 신문기업의 '관성의 진화'(the evolution of inertia) 현상으로 볼 수 있다.

신문기업에는 이미 디지털기술 기반 위에서 종이신문 생산 중심의 뉴스룸의 아날로그 공정을 거쳐서 생산된 디지털뉴스가 곧바로 디지털 유통창구를 통해 미디어네트워크로 전파되는 새로운 생산유통 통합체계가 가동되고 있다.

디지털뉴스콘텐츠는 거래비용이 0에 가깝고 변형가공에 드는 비용도 매우 낮아 신문기업들에게 수익성을 증대시킬 수 있는 요인이 되고 있다. 그래서 신문기업들은 미디어융합에 따라 디지털콘텐츠 시장이 확대될수록 디지털뉴스콘텐츠를 다각도로 유통하려 한다. 더구나 유통창구의 디지털화는 추가비용이 없는 만큼 경영조직은 최소한의 인력충원이나 투자만으로 종이신문용 콘텐츠를 변형 가공하여 부가가치를 창출하려는 시도를 할 수밖에 없다. 이미 텍스트 중심의 뉴스콘텐츠에 동영상을 입히는 부가가치 증가 공정은 물론 사이버뉴스룸 운영, 블로그와 RSS, 모바일 등으로 디지털유통창구는 확대되었다.

아울러 오프라인에서 무한경쟁을 벌였던 신문기업들은 자사의 뉴스콘텐츠의 가치증대를 위해 디지털유통원을 공동구축하는 것도 아날로그 시장에서 볼 수 없었던 디지털콘텐츠를 중심으로 한 신문기업 가치체계의 전환을 보여주고 있다.

신문기업의 디지털화는 공급사슬체계를 전환시켰을 뿐만 아니라 종이신문 생산 공정을 중심으로 구축되었던 제작 편집 광고 공무 등의 기존 생산조직체계를 '통합적 정보생산체계'로 전환시켜 신문기업을 종합정보콘텐츠회사로 진화시켜가는 주요인이 되었다.


## 2. 결론 및 논의


본 연구는 종이신문 생산주체에서 디지털미디어기업으로 전환하는 신문기업의 콘텐츠 생산과정을 진화론 관점에서 접근하여 신문기업 체계 변화에 대한 많은 함의를 파악할 수 있었다.

디지털융합이 가속화됨에 따라 신문기업들이 디지털미디어환경이라는 새로운 생태계에 얼마나 잘 적응하느냐 여부가 중요한 생존의 가치체계라는 사실을 알 수 있었다.

그럼에도 종이신문 중심의 아날로그 생산체계에서 디지털생산체계로 조직체계만 전환시키면 자연스럽게 모든 혁신적 변화가 이루어질 것이란 믿음이 상식처럼 존재하고 있다.

하지만 연구결과는 그렇지만 않다는 사실을 보여주었다. 아날로그 생태계에 잘 적응하여 경쟁력을 가졌던 지배적 신문기업들이 오히려 디지털환경 변화에서는 과거와 같이 강점을 발휘하지 못하고 있다는 사실이다. 오히려 자본력을 앞세워 소비시장을 선도했던 지배기업들이 디지털부문에 대한 투자에 비해서는 가시적 성과를 내지 못하고 있다. 이는 디지털시장 안에는 이미 승자독식(勝者獨食)의 벤처 메커니즘이 작동하는 등 종이신문 시장과 다른 경쟁구도가 존재하고 있음을 말해주는 것이다.

따라서 디지털미디어시장의 주체로 나선 신문기업들이 아날로그 시장을 지배해왔던 과거의 경영전략을 되풀이해서는 성공을 거둘 수가 없다. 오히려 디지털미디어 시장의 역동성에 적응하는 창의성 높은 조직이 중요한 경쟁력을 갖는 것으로 나타났다. 창의성 높은 조직은 곧 기자 등 조직구성원들이 얼마나 창조성(creativity)을 갖느냐에 달려 있다. 그리고 수십 년간 익숙했던 기존의 관행에서 과감히 벗어나 역동적인 디지털미디어시장의 변화를 한발 앞서 보는 전향적 자세가 무엇보다도 중요하다.

디지털환경 변화에 능동적으로 적응하는 조직체계와 구성원의 마인드변화가 가장 중요한 변수가 된다. 그러기 위해서는 과거와 다른 시각에서 미디어현상에 접근하고 창의적 아이디어를 제시하는 신문기업의 개방적 조직체계가 필요하다. 다시 말해 조직구조가 소비자의 요구를 유연하게 흡수하고 환경 변화에 적응하며 새로운 가치를 창출하려는 구성원의 능동성과 융합될 때 창조성을 발휘하게 된다.

하지만 국내 신문기업들은 여전히 마감시간 중심의 효율성이란 과거의 가치관에 함몰되어 기자나 데스크의 창조성과 능동성을 제고시키기보다는 획일주의 사고만을 재생산하는 내적 구조를 고수하고 있다. 디지털화로 독자이자 네티즌은 이미 기자나 데스크보다 더 많은 정보를 접하고 비교평가하고 있는 데 반해 신문기업은 과거와 같은 정보제공이라는 독점적 공급자 시각을 벗어나지 못하고 있음을 알 수 있다.

따라서 뉴스룸 조직개편의 핵심은 내부구성원들이 얼마나 변화에 긍정적이고 그에 대한 적응 자세가 되어 있느냐, 그리고 경영차원에서 기자 등 개인들의 임파워먼트를 하도록 배려하느냐에 달려 있다. 뉴스룸 조직전환은 향후 신문기업 경쟁력의 핵심이다.

앞서 보았듯이 기술적으로 이미 디지털 전환이 이루어졌고 디지털 기술은 취재환경을 크게 개선시켰다. 또 경영조직이나 유통조직 역시 디지털환경에 적응하여 전환되었거나 전환 중이다.

이에 비해 뉴스룸은 다른 조직에 비해 디지털환경 변화에 대한 적응이 상대적으로 느리다. 종이신문 생산관행이 잘 발달되어 있는 뉴스룸 구조는 디지털환경 변화에 대한 부정적 인식과 조직변화에 대한 부담, 수직적 위계구조 내의 개인이 갖는 기득권이 복합적으로 작용하여 조직전환의 장애요인으로 재생산되고 있기 때문이다. 디지털환경에 적응해야 한다는 당위론에는 구성원 모두 수긍하면서도 변화에 대한 부담과 기득권을 놓치지 않으려는 조직 내 이중성이 뉴스룸 내에 폭넓게 자리잡고 있다.

그런 점에서 위계적 뉴스룸 조직을 에디터제나 팀제 등을 통해 수평적 구조로 전환해야 하는 이유가 여기에 있다. 부서 할거주의와 연공서열은 물론 구성원 간의 기득권 개념과 부서 중심의 영토개념을 불식시켜야 환경 변화에 탄력적으로 대응하고 수용자에 대한 다양한 정보서비스가 가능해질 수 있다.

혁신을 추진해온 대부분의 신문기업들은 여전히 뉴스룸 조직전환에서 성공하지 못하고 있다. 이는 디지털기술체계를 구축하고 서구형 조직의 틀만 이식하면 자연스럽게 조직전환이 이루어질 것으로 안이하게 판단하고 조직구성원을 그 틀에 맞추도록 하는 일방통행적 사고가 낳은 부작용의 결과이다.

그러므로 뉴스룸 내 생산관행과 기자와 데스크 등 구성원의 마인드 변화가 조직전환의 핵심요인이다. 그동안 구성원들에 대한 임파워먼트를 통해 누적적으로 형성된 전환비용을 낮추려는 노력이 부족한 상태에서 서구의 제도만 이식해서는 성공할 수가 없다.

신문이 갖는 저널리즘의 가치는 디지털화가 진행될수록 공익성의 확대라는 측면에서 여전히 중요성을 갖는다. 오히려 다매체 다채널 시대에 신문기업의 저널리즘이 더욱 확대되어야만 하는 당위성이 존재한다.

하지만 디지털화가 보편화된 미디어환경에서는 특정미디어가 이념적 관성이나 계몽적 가치관을 독점적으로 형성시킬 수는 없다. 대신 다양한 미디어들 간의 경쟁에서 사회적 가치에 대한 함의를 도출하는 내적 검증체계가 이전보다도 훨씬 높은 수준의 공익성과 윤리성을 요구하고 있다.

디지털화가 진행될수록 뉴스생산기지로서 신문기업의 역할은 더욱 강화될 수밖에 없다. 이미 종이신문 중심의 생산체계는 자연스럽게 다매체 다채널 상황에 적합한 새로운 원소스 멀티유즈 개념의 뉴스콘텐츠생산기지로 진화해가고 있다.

그러므로 정보재로서 디지털콘텐츠를 최종상품으로 생산하는 신문기업은 종이신문 중심의 저효율 고비용 구조를 다양한 생산플랫폼 중심의 고효율 저비용 구조로 전환시킬 수밖에 없다. 이는 디지털환경에 적응하는 당연한 경영선택의 과정이다. 따라서 신문기업 내 디지털콘텐츠 생산의 중추인 뉴스룸의 조직전환은 일종의 벤처기업과 같은 모형이 적합한 형태가 될 수 있다. 그런 맥락에서 디지털조직 이행을 가로막는 장애요인을 도출하고 이로 인한 전환비용을 낮추는 것만이 뉴스룸 조직의 변화를 가져올 수 있다.

그러한 전환비용을 줄이는 노력이 선행되지 않은 채 미디어소비시장 통합에 따른 디지털콘텐츠 생산체계 구축에만 우선할 경우 각 신문기업의 자산에 기반을 둔 뉴스룸의 조직변이가 발생하게 된다. 따라서 온-오프 뉴스룸 통합은 기술적, 물리적, 경영적 통합에 앞서 구성원들 간의 갈등을 해소하는 심리적, 문화적 장벽을 허물고 개인의 창조성과 능동성을 제고하는 임파워먼트 전략이 우선되어야 한다. 수평적 구조의 뉴스룸 조직을 구축하는 동시에 기자와 데스크 등 구성원들이 변화에 적응하여 능동성과 창조성을 발휘하도록 하는 임파워먼트 전략이 조직전환의 핵심요인이다.

앞에서 살펴본 대로 온-오프 통합뉴스룸 구축과 신문기업의 멀티미디어화는 디지털화에 따른 필연적 진화과정이다. 신문기업은 창조성과 능동성을 갖추는 구성원의 참여가 전제될 때 비로소 경쟁력을 갖는다. 무리한 조직전환에 앞서 다차원의 전환비용을 얼마나 낮추느냐가 신문기업의 조직전환을 결정하는 변수가 된다. 이러한 전환비용은 개별 신문기업의 조직문화와 조직구조 구성원의 마인드 등의 차이에서 다르게 나타날 수밖에 없다.

디지털환경에서는 과거 아날로그 패러다임에서 경쟁력을 가졌던 신문기업의 핵심경쟁력이 여전히 강점으로 전환되지는 않는다. 오히려 그러한 과거의 경쟁력은 뉴스룸 조직이 디지털환경에 쉽게 적응하기 어렵게 만드는 약점이 될 수 있으며, 뉴스룸의 디지털조직 이행에 필요한 전환비용으로 변환될 수 있다는 사실이다.

이 같은 연구결과를 종합해 볼 때 이 논문은 종이신문 생산주체에서 디지털미디어기업으로 진화하는 신문기업의 콘텐츠 공급사슬체계 변화를 진화론 관점에서 접근하여 다음과 같은 성과를 얻을 수 있었다.

첫째, 아날로그시대 신문기업의 생산 공정이 다매체 다채널의 디지털패러다임에서 역동적으로 진화하는 과정을 밝혀냈다는 점에서 의미를 갖는다. 그동안의 연구들은 신문기업의 위기와 생존을 위한 조직변화를 관념적이고 추상적으로 다루어 현실적인 대안을 제시하지 못했다는 한계가 있었다. 신문기업의 뉴스룸인 편집국을 정태적 관점에서 문제점을 도출하고 조직변화의 당위성을 기술하는 데 그쳤다.

이에 반해 이 논문은 미디어융합이 화두가 되어버린 디지털환경 아래서 신문기업의 현실적인 대안을 모색하였다. 신문기업들은 이미 과거와 달리 다매체 간 무한경쟁에서 생존해야 하는 기업경영에 역점을 두기 시작하였다. 이 논문은 그러한 외적 변화가 신문기업 뉴스룸 조직의 생산체계를 변화시키는 메커니즘을 전체 연관시스템 차원에서 분석하였다.

둘째, 디지털환경이란 메가트렌드에도 불구하고 혁신적 뉴스룸 조직체계의 변화를 가져오지 못하는 구조적 요인을 전환비용이라는 개념으로 설명하였다. 신문기업 조직 특유의 폐쇄성에 가로막혀 그동안 소홀히 이뤄졌던 구성원, 즉 기자와 데스크 등 현업종사자들에 대한 실증적 조사를 실시해서 조직전환의 요인을 도출하였고, 요인간 관계에서 전환의 용이성을 파악하였다.

셋째, 방송과 통신의 융합을 중심으로 한 미디어융합의 담론 속에서 신문기업도 융합의 중요한 주체로 진화하였다는 사실을 보여주었다. 특히 종이신문이라는 아날로그 상품에 집중하였던 신문기업들이 디지털콘텐츠 상품으로 가치사슬체계를 이동시키는 역동적 메커니즘을 규명하였다. 아울러 과거 종이신문을 생산한다는 매체 중심적 관점이 아니라 디지털콘텐츠를 생산하는 주체로서 디지털화에 따른 신문기업의 향후 진화모형을 제시하였다.

## 3. 한계 및 제언

본 연구는 디지털기술의 혁신이 신문기업의 생산양식에 미친 결과와 조직변화의 메커니즘, 그리고 조직진화의 방향성을 디지털이란 기술적 속성을 중심으로 살펴보았음에도 다음과 같은 한계점을 갖고 있다.

첫째, 디지털융합 시대에 신문기업의 공급측면만을 보아 수요나 소비측면을 논의하지 않았다는 점이다. 분석단위를 신문기업으로 한정한 본 연구는 디지털융합이 가져온 통합미디어시장에 생존차원에서 적응하려는 신문기업들이 디지털콘텐츠 상품을 생산하는 메커니즘을 중심으로 한 공급측면만을 보았다. 따라서 신문기업의 디지털 상품의 소비 시장 내 거래관계와 디지털콘텐츠의 시장 내 가치평가에 대한 후속 연구가 필요하다. 신문기업의 디지털콘텐츠에 대한 가치평가는 신문기업의 조직전환에 따른 파생상품에 대한 시장평가를 의미하는 산출물이라는 점에서 조직전환의 성과(performance)를 평가하는 주요 기준이 될 수 있을 것이다. 국내에서 디지털화에 따른 신문기업의 변화는 아직 초기 단계에 머물고 있지만 미국 신문기업들의 온-오프 뉴스룸 통합이 본격화되고 있는 만큼 디지털화가 가져온 성과를 분석하는 작업은 의미를 갖게 될 것이다.

둘째, 뉴스룸 조직체계 전환 시 조건변인을 범주화(categorization)하고 이들 변인이 어떻게 전환비용으로 작용하는지를 파악하거나 조건변인의 강도와 방향을 계량화하지 않았다. 따라서 다차원의 전환비용을 변인으로 범주화하는 정밀한 연구조사가 필요하다. 물론 뉴스생산주체인 편집국의 조직 및 인적 요인 등을 계량화한다는 자체에 무리가 있을 수 있으나 추상적인 담론보다는 전환비용과 조건변인의 상호작용 관계를 볼 수 있다는 점에서 이와 연관된 후속 연구가 있어야 할 것이다.

셋째, 신문기업별 뉴스룸 조직체계의 전환의 메커니즘을 파악하기 위하여 중개변인인 문화적 요인들을 지표(index)화하여 각 신문사별로 차이를 파악하는 구체적인 연구방법을 적용하지 못했다. 뉴스룸 조직문화, 기자와 데스크의 마인드 등을 문화적 지표에 따라 각 신문기업별로 존재하는 조직문화 특성을 파악하는 후속 연구 작업이 뒤따라야 할 것이다.

넷째, 본 연구는 디지털패러다임에 초점을 맞추어 신문사의 저널리즘 기능과 수익성이란 두 가지 가치관을 전제하고 논의를 하였다. 본 연구는 신문 저널리즘의 위기를 맞는 상황에서 신문기업의 디지털조직 전환이 바람직한 가치라는 당위성을 전제하고 있다. 하지만 방송과 함께 전통적 매체였던 신문의 상업적 측면만을 중시함으로써 신문의 저널리즘 기능을 연구관점에서 제외할 가능성이 있을 것이다. 즉 신문기업의 디지털화가 바람직한 것이란 가치를 상위개념으로 놓고 보았다는 한계점이 있을 수 있다. 따라서 디지털 생산방식과 아날로그 생산방식의 가치관을 비교하는 저널리즘 차원의 후속연구가 필요하다고 본다.

# | 참고문헌 |

강대선(2002), 한국기업의 조직문화가 조직커뮤니케이션에 미치는 영향 연구, 서강대 언론대학원 석사학위논문.

강상현(1996), "신문기업의 신기술도입과 노동과정의 변화", 「한국언론학보」 제39호, pp.5~51.

고상덕(2003), 전환비용의 결정요인에 관한 연구, 경희대 대학원 박사논문.

곽의영(2003), 신조직행동론, 청문출판사.

김관규·송의호(2004), '국내 주요 출입처 기자실 유형에 관한 탐색적 연구', 「한국방송학보」18-1호, pp.38~75.

김남현(2003), 조직의 상황적합이론. 경문사.

김동규(1992), "방송상품생산에 관한 조직경제론적 접근", 「한국언론학보」 제28호, pp.69~103.

김동규(2004), "발표저널리즘의 현황과 과제", 「언론중재」 93호.

김동률(2005), 신문경영론, 나남.

김영욱(2005), "신문산업의 위기와 국가지원 방안", 한국언론재단 세미나 주제발표문.

김영석(2003), 디지털미디어화 사회, 나남.

김영일·송은아(1998), 언론사 뉴미디어사업실태조사, 한국언론연구원.

김영주(2001), 인터넷미디어의 통합적 수요-공급체계에 관한 연구, 서강대대학원 박사학위논문.

김사승(2005), '뉴스룸 통합과 뉴스생산전략의 변화' 노컷뉴스 창사 2주년 세미나 주제발표문

김세은(2004), 신문산업의 경쟁과 변화, 미디어연구소.

김택환·이상복(2005), 미디어빅뱅 한국이 바뀐다, 박영률출판사.

박동숙(2001), '취재원과 기자의 역학관계에 대한 질적 연구', 「한국언론학보」, 커뮤니케이션북스, pp.229~282.

박동숙·전경란(2005), 디지털 / 미디어 / 문화, 한나래

박용규(1996), '한국 신문의 취재보도체계 개선방안', 「언론연구」, 한국 언론연구원, pp.87~140.

박승창 외(2005), 유비쿼터스 센서네트워크 기술, 진한M&B. 유비쿼터스 컴퓨팅 전문가 시리즈 9.

박주연(2004), 모바일뉴스: 콘텐츠, 서비스, 비즈니스 모델, 한국언론재단.

문찬영(2004), HDTV프로덕션 프로세스의 비선형적(non-linear)특성에 관한 연구, 서강대 언론대학원 석사논문.

안동수(1997), 21세기 디지털방송 환경 변화와 인터넷방송, 서강대 언론대학원석사학위논문.

이상우(2004), 구독자 충성도와 신문판매시장 변동에 관한 연구, 서강대 언론대학원석사학위논문.

이규연(2005), "탐사보도 강화 새로운 보도기법 개발", 「신문과 방송」1월호

류창하(1992), 현대신문제작론, 나남.

이용준(1999), 디지털혁명과 인쇄매체, 커뮤니케이션북스.

이재경(2003), 한국저널리즘 관행 연구, 나남.

이재경(2004), '한국저널리즘의 3가지 – 저널리즘의 위기와 미래', 「신문과 방송」4월호.

이학종(2003), 경영혁신과 조직개발, 법문사.

이한류(2004), 조직개발과 조직혁신, 대명.

양창삼(1995), 거시조직이론, 박영사.

양창삼,(1997), 조직혁신과 창조적 경영, 박영사.

양창삼(2001), e조직이론, 박영사.

우영제(2001), 조직과 사회, 백산출판사.

윤호진(2003), "디지털뉴스룸과 방송저널리즘", 한국방송진흥원 연구보고서.

송민정(2003), 디지털미디어와 콘텐츠의 이해, 진한도서.

신원무·이주인·허 진(2005), "디지털시대의 조직운영", LG경영연구원 연구보고서.

장용호(1987), "매체 경제학의 연구방향", 언론문화연구 제5집, 서강대언론문화연구소.

장용호(1997), "방송형 뉴미디어의 비순수공공재 모형", 「한국방송학보」 제8호.

장용호(2000), 디지털환경과 기독교 공동체, 기독교교육정보, 한국기독교교육정보학회.

장용호(2001), 인터넷신문의 공급체계 – 일렉스토닉 파트너십, 허브 – 스포크 네트워크, 윈도우 모형, 「방일영문화재단 한국언론학술논총」, 커뮤니케이션북스.

장용호(2002), 사이버 공동체 형성의 역동적 모형, 아산재단연구총서 제104집, 집문당.

장용호(2003), "디지털콘텐츠의 생산플랫폼과 상품군", 한국언론학회 가을정기학술대회 발표 논문.

장용호(2004a), "신문구독자의 전환비용의 역동적 메커니즘", 『매체산업과 미디어기술』, 나남.

장용호 외(2004b), 디지털 문화콘텐츠의 생산, 유통, 소비과정에 관한 모형, IT의 사회문화적 영향 연구: 21세기 한국 메가트렌드 시리즈. 정보통신정책연구원.

장호순·오수정(2001), '한국 신문의 취재원과 취재경로분석', 「보도비평」 통권 7호, 한국언론재단, pp.9~62.

전석호·김원제(2005), 유비쿼터스 사회와 방송, 커뮤니케이션북스.

정갑영(2004), 산업조직론, 박영사.

정태철(1999), 미국신문 연구, 커뮤니케이션북스.

조영춘(2002), 팀제와 임파워먼트가 IT프로세스 향상에 미치는 영향에 관한 연구, 서강대 대학원 석사학위논문.

최광필(2005), '전문직이라는 사명감과 자기계발 필요', 「신문과 방송」 2005년 2월호, pp.118~122.

최낙진(2001), '디지털시대 신문산업의 가치사슬 모형에 관한 연구', 「한 국 언론학보」제45권(3)

최창섭·송민정(2002). "디지털미디어의 비전과 콘텐츠 산업의 발전방 향", 「한국문화콘텐츠학보」 봄호. pp.1～19.

한태열(2002), '정보사회의 신문매체구조의 변화방향', 한국언론학, 커뮤 니케이션북스, pp.438～499.

황용석(2003), 뉴스의 다매체전략과 통합뉴스룸, 한국언론재단.

현대원·박창신(2004), 퍼스널미디어, 디지털미디어리서치.

현정석(1997), 네트워크 외부성, 전환비용, 기술변화속도가 소비자에 의 한 기존기술의 지속적 사용결정에 미치는 영향, 서강대 대학원박 사학위논문.

Adler, Nancy.J(1991), International dimensionals of organizational behavior, Boston: PWS－KENT.

Baldwin. C et Al(1997), Managing in the age of modularity, HBR, Sept－Oct, pp.84～93.

Bantz,C.R., McCorkle. S & Baade R.C.(1981), "The News Factory",

G.C.Whilhoit & H. DeBook(eds), *Mass Communication Review Yearbook, Vol.*2, Beverly Hills, CA: Sage, pp.336～390.

Block. Peter(2001), Managing in the Media, Focal press: Oxford.

Choi, S., & Winston, A.(2000), The Internet Economy: Technology and Practice. SmartEcon Publishing.

Cottle,Simom(2004), Media Organization and Production, London: Sage Publication.

Crouse, T(1972), The Boys on The Bus: Riding with Campaign Press Corps, NY: Random House.

Dimmick, J.(2003), Media Competition and Coexistence, Lawrence Erlbaum Association: New Jersey. 권상희 역(2005), 미디어의 경 쟁과 공존, 커뮤니케이션북스.

Dimmick John, Yan Chen, Zhan Li(2004), Competition Between the Internet and Traditional Media: The gratification−Opportunities Niche Dimension, *The Journal of Media Economics,* 17(1)

Ettma, J.S., Whitney D. C. & Wackman D.B.(1987), "Professional Mass Communicator", CR.Berger & S.H. Chaffee(eds), *Handbook of Communication Science,* CA: Sage, pp.747~779.

Ingo Vogelsang・Benjamin M.Compaine(2000), The Internet Upheaval: Raising Questions, *Seeking Answers in Communication Policy.* 현경보・이승선・조영신 역(2003), 인터넷대격변, 방송문화진흥총서 48호, 한울아카데미. pp.241~245.

Fidler. Rogers(1997). Mediamorphosis−Understanding new media, Pine Forge Press. 조용철 역(1998), 미디어 모포시스, 커뮤니케이션북스.

Fishman M.(1980), Manufacturing the News, Vintage Books.

Harold. L. Vogel(2001), Entertainment Industry Economics, London: Cambridge University Press. 현대원 역(2003), 엔터테인먼트산업의 경제학, 커뮤니케이션북스.

Hitt, M.A et al(1999), Navigating in the new competitive landscape: Building strategic flexibility and competitive advantage in the 21st century. *Academy of management executive* 12, pp.22~42.

Hunter, Richard(2002), World without Secrets: Business,and Privacy in the Age of Ubiquitous Computing, Gartner. 윤정로・최장욱 역, 유비쿼터스, 21세기북스.

Jones, Michael A., David L. Mothersbaugh, and Sharon E. Beatty(2002), Why Customers Stay: Measuring the Underlying Dimension of Service Switching Cost and Managing Their Differential Strategic Outcomes, Journal of Business Research, 55(6).

Katz, M & Shapiro, C.(1985), 'Network Extentionalities, Competition, and Compatability' *American Economic Review,* vol.75, pp.424~440.

Klemperer, P, (1987), "Markets with Consumer Switching Cost", *Quarterly*

*Journal of Economics, pp.*102~394.

Linsu Kim(1997), Imitation to Innovation, Harvard Business School Press. 임윤철 · 이호선 역(1997), <u>모방에서 혁신으로</u>, 시그마 인사이트.

Michael A. Hitt, Barbara W.Keats, and Samuel M.Demarie(1998), Navigating in the new competitive landscape: Building strategic flexibility and competitive advantage in the 21st century. *Academy of Management Executive,* Vol.12. pp.22~42.

Leon V. Sigal(1973), Reporters and Officials, D.C. Health.

McLuhan. M (1964), Understanding Media: The Extension of Man, NY: Mcgraw－Hill. 박정규 역(1997), <u>미디어의 이해</u>, 커뮤니케이션북스.

Nicholas P. Negroponte(1995), Being Digital, NY: Knof. 백욱인 역(1995). <u>디지털이다</u>. 커뮤니케이션북스.

Pavlick, J.(1997), The future of online journalism: A guide to who's doing what, *Columbia Journalism Review,* (July / August).

Pavlick, J.(2001), Journalism and New Media, NY: Columbia University.

Rice, R. E., & Aydin, C(1991), Attitudes toward new organizational technology: Network proximity as a mechanism for social information processing, *Administrative Science Quarterly,* 36(2).

Romer. Paul.M(1990), "Endogenous Technological Change", *Journal of Economy,* vol.96.

Romano, Frank J.(1996), Pocket Guide to Digital Prepress, NY: Delmar.

Samoriski J.(2001), Issues in Cyberspace: Communication, Technology, Law, and Society on the Internet Frontier, Boston: Allyn and Bacon Schilling, M(2000), *Towards a General Modular System Theory and Product Modularity.* Academy of management *review* 25, pp.312~334.

Shoemaker P.J., Reese S.D.(1996), Mediating Message: Theories of Influence on Mass Media Content, Longman.

Trevino, L.K., Daft,R.L.& Lengel, R.H.(1990), Understanding managers' media choices: A symbolic interactionist. in J.Fulk & W.Steinfield (Eds), *Organiztion and communication Technology.* Newbury Park, CA: Sage.

Tuchman, G.(1973), "Making News by Doing Work: Routinizing the Unexpected", A*merican Journal of Sociology* 79, pp.110~131.

Tuchman, G.(1978), Making News: A Study in the Construction of Reality, NY: Free Press.

Turow, j.(1992), The Production Process, Media System in Society, Longman.

Utterback M. James & Abernathy William J.(1975), A Dynamic Model of Process and Product Innovation, OMEGA, Vol.3, pp.639~656.

Utterback M. James & Abernathy William J.(1994), Mastering the dynamics of innovation. 김인수 외 공역(1997), 기술변화와 혁신 전략, 경문사.

Walther, J.B., Anderson, J.F., & Park, D.W(1994), Interpersonal effects in computer-mediated interaction: a meta-analysis, *Communication Research.* 21(4).

William H. Gate Ⅲ(1999),Business@The Speed of Thought: Using a Digital Nervous System, NY: Warner Books. 안진환 역(2000), 빌게이츠@생각의 속도, 청림출판.

Williamson, O.E.(1975), Market and Hierarchies: Analysis and Antitrust Implications, NY: The Freee Press.

# 부록 1 | 심층인터뷰 요약

**문화일보**

이전처럼 (정치부 기자가) 정파를 이용하거나 정당 내부 취재를 하기보다는 정책에 더 신경을 많이 쓴다. 생각보다 국회 취재변화가 너무 빨리 왔다. 개인적으로 10년은 걸리지 않을까 했는데 굉장히 빨리왔다. 근데 기존의 취재하는 방식이라는 게 그게 확 바뀌어 버린 게굉장히 그게 혼란이 왔다. 이전에는 국회에서 만나는 공간이랑 국회밖에서 만나는 공간이랑 많이 떨어졌다. 술자리를 따로 가지고 정당내부 이야기를 듣는 배타적이고 개인적 취재가 많았다. 지금도 그런경우가 있지만 공식적인 게 많고 출입기자도 많아졌다. 비공식적인자리를 만드는 게 많이 줄어들었다. 옛날에는 정말 부지런하지 않으면 안 되었는데 지금은 브리핑 룸에 갇혀 있다. 쟁점 법안을 처리하려면 대표나 총재, 기획실장이라든지 당 9역 중 3~4명 정도만 만나면 어느 정도 드러나는데 지금은 다 해야 된다. 지금은 엄청나게 취재대상이 늘어나서 모두 반응을 들어봐야 되는데 참 어렵다. 지금은원내대표가 한 마디 했다고 해서 전체의견이라고 볼 수 없게 되었다.그런데도 각사 정당 출입기자수는 오히려 줄었다.

우리는 석간이라서 오전 6시 반쯤 출근해서 오후 6시 45분 회의까지 하루종일 일을 한다. 이제는 피곤해서 후배들도 저녁에 술 마실래 그러면 싫다고 그래요. 그러니 끈끈한 그런 게 많이 줄었다.

브리핑 룸 안에서는 하루 종일 마이크가 쉴 틈이 없어요. 특종이라
는 게 이제는 이전과 달라졌다. 당 노선이 아니라 정책관련이 90%
다. 특종이라는 게 여권 핵심인사 만나서 이야기를 듣고 쓰고 하는
것이었다. 물론 지금도 핵심인사들에 관한 취재를 하고 만나기도 하
지만 많이 줄었다. 결과적으로 차원 자체가 달라졌다. 옛날에는 여당
대표가 바뀌면 한 달씩 기사를 쓰기도 했다. 소스(취재원)가 많이 줄
어들고 어떤 의원들이 무슨 얘기를 해주면서 '내 이름을 빼 달라'고
한다. 정치인 개인 중심에서 정책 중심으로 많이 변화했다. 그래서
정책위원이란 자리가 중요해졌다. 기자실이 이제 정당에서 국회로
이전해오니까 당직자에게 물어보기도 어렵다. 기자실에는 인터넷 기
자 등이 등록만 하면 출입하니까 엠바고고 뭐고 없어지고 누가 누군
지도 모른다. 하루 종일 브리핑 받아쓰는 것이 요즘 기자다. 정보의
질도 낮아진다. 의원들 자기들이 필요하면 브리핑에 올리는 거예요.
불리한 것은 브리핑 안 해 버린다. 대통령을 만나고 와도 얘기를 안
한다. 브리핑 실에 앉아가지고 끊임없이 브리핑을 듣고 있으니까 취
재의 어려움이 많다. 요즘도 기사정보는 꾸준히 축적을 하고 있지만
예전처럼 기사로서 반영되는 빈도는 많이 줄었죠. 여전히 쓰긴 쓰는
데 옛날만큼 차지하는 것은 줄었다.

변화를 피할 수도 없고 2～3년 내에 더 많이 바뀌지 않을까 한다.
사실은 정기국회나 국정감사도 중요하다. 어느 의원이 뭐라고 질타
했다더라는 식으로 기사를 쓰기보다는 이제는 정책을 따져야 한다.
그러나 지금은 아무래도 내용을 이해하지 못한다. 그래서 국회기자
들이 부처출입기자들과 통화도 하고 하지만 부족하다. 그래서 전문
기자들이 필요하다. 기사 가치 판단은 아직 옛날 방식이다. 매체가
많아서 이젠 누가 무엇을 썼는지 신경도 못쓴다. 예전에는 조선일보

를 안 보면 조간신문을 안 본 것 같다고 생각했다. 이제 가판이 없어지면서 안 본 지 꽤나 되었다. 안 봐도 바뀌는 것이 없다.

이제 뭔가 달라져야 한다. 어느 의원이 어떻다더라, 무엇을 기획하고 정책으로 만들고 있다는 탐사보도를 해야 한다. 그런 기사를 많이 발굴하고 다녀야 된다.

옛날 관행들이 많이 남아 있어서 내부 시스템이 좀 바뀌어야 될 것 같다. 그런데 거의 잘 안 되고 있다. 필요성은 있다. 워낙 인력이 줄어들었다. 사고(오보)나면 우리는 큰 소송에 걸릴 수 있다. 백 번 잘하다가 한 번 못하면 그런 소송 당할 수도 있다. 기사가 상임위 중심으로 나오는데 현재 인원이 적으니 무슨 길이 있는 기사가 나올 수 있느냐. 각 상임위에 기자를 배치하면 다른 기사가 반드시 나온다.

수습기자가 와도 옛날처럼 그대로 가르친다. 술을 먹여가면서 집단의식을 갖게 하는 방식이다. 이젠 돈도 없고 옛날처럼 그렇지는 못하다.

이제는 연공서열도 파괴하는 게 방향이 맞다. 효율성에서 보면 그게 참 비효율적인 구조이다. 필요성은 있지만 우리한테는 아직 안 맞는다. 조직개편 같은 모험을 할 필요가 없지 않나? 구성원들이 아니라 위에서 시키는 대로 틀에 맞추려고 하다 보니까 그게 받아들이지 않는 것이 문제다. 모두가 동의하는 상태에서 되어야 한다.

도제식 기자교육이 더 중요해졌다. 왜냐하면 언론이 더 증가하니까 기자교육 훈련의 강도는 낮춰지면 안 된다. 그런데 누구도 그러한 교육방법을 찾거나 제도화시키지 않는다는 것이다. 과연 이런 방법이 적당한가 아닌가 하는 판단이 없다. 결국 그것을 전담할 기구가 있어야 한다. 사람이 없으니 입사 후 채 한 달도 안 되어서 다 뺐다. 불이 나면 무엇을 취재하는지 가르쳐주고 6하 원칙으로 기사를 쓰게 하는 것 아닌가. 1년차 2년차 확실히 연조가 높을수록 낫더라. 그 제도가 되어 있고 인력이 충원이 되어 있어야 다른 방식 다른 것을 배우는 게 가능하다. 내가 자리에 없을 때 나를 대신할 사람이 있다는 것이 필요하다. 이것은 정말 깊이 생각할 문제다. 편집국에서 할 즉흥적인 문제가 아니다. 수십 년을 써먹을 기자를 만든다는 차원을 생각해보면 더욱 그렇다.

조직차원에서 탐사보도팀을 만들지만 그게 안 되는 이유가 있다. 조직차원에서 만들어도 6개월, 1년을 못 간다. 팀을 만들고 2~3개월은 반짝한다. 하지만 시간이 지나면 나중엔 사람들이 기획팀이 있는데 왜 우리한테 하라고 하느냐며 서로 미루게 된다. 탐사보도팀이 나중에는 오히려 현장보다 아이디어가 떨어진다.

**동아일보**

편집국에도 변화가 있어야 한다. 그런데 지금과 같은 천편일률적인 그런 식은 안 된다. 신문사 조직이라는 게 어떻게든 뭐 바뀔 수는 있다. 하지만 편집과 취재 등은 절대적으로 선후배 관계를 무시할 수가 없다. 선배의 입장에서 그건 안 된다. 기수나 학연을 따를 수밖에 없다. 좀더 편집을 생각하고, 좀더 튀는 생각을 해야 되는데 위에서 오더가 내려오고 하는 이런 분위기에서 무엇을 바꿀 수가 있을까. 이미 어떤 예민한 기사를 쓸 때는 이미 결론이 있다고 난 본다. 우리도 기사가치를 제대로 판단 못하고 일단 비슷하게만 가면 된다는 생각이다. 종합적인 판단을 해야 하는데 그게 어렵다. 기사가치 판단은 오래 경험의 축적에서 나온다. 내가 단 제목이 너무 나갓나 아니면 소극적인가 서로 비교해보고 너무 나갔으면 손보고 하죠.

이런 과정이 오래 쌓이다 보면 비슷한 생각을 하게 되죠. 실수를 안하게 하는 면에서는 기자에게는 순기능 역할도 하는 것이다. 동아는 취재와 편집의 칸이 가로막혀 있다. 편집의 매뉴얼 같은 것이 있는 게 아니고 상황마다 이렇게 하자 저렇게 하자는 비슷한 틀 짓기 이런 게 있다. 제목을 다는 것이나 기사를 처리하는 방법에서 이럴 때에는 이렇게 하는 게 더 났다 아니라는 식으로 제목을 달게 된다. 경험으로 찾아내는 것이다. 경험쓰기라는 것이 어긋나는 경우가 없다. 그래야 전체적인 신문의 모양 틀이 유지되어서 나온다. 그래서 신문들이 똑같이 제목이 나오고 그것을 신문사마다 자연스럽게 공유하게 된다. 그 감을 찾아내기 위해서 결국 집단적인 조직문화를 형성하고 선후배가 술 먹고 하면서 공유하게 된다. 이쪽 신문사에서는 통하는데 저쪽 신문사에서는 안 통하는 그런 것이 있지 않나? 이 신문은 화려하고 다른 신문은 무겁고 하는 식이다. 유럽이나 미국 신문들이 그렇지 않은가? 뉴욕타임즈 같은 경우 컬러사진 하나 싣는 데도 무지 오래 토론을 거쳤지 않았는가. 가판이 없어져서 이제 똑같은 신문들이 나오지 않는다. 그러면 자기색깔을 낸다는 건데 그러면 자기 실력이 뽀록나는 것이다. 이미 특종개념도 많이 사라졌다. 앞으로 어떻게 해야 새로운 어떤 변화의 방향으로 나갈 수 있는지 모르겠다. 경영진은 경영진대로 딴 생각이 있지만 기자들로서는 어떻게 가야 할지도 모르겠다.

## 중앙일보

1983년도에 입사했을 때 그때만 하더라도 신문사들은 독자들이 매일매일 신문을 앞부터 끝까지 다 읽는다는 전제로 기사를 썼다. 그

다음날 어제 애기 반복해서 안 되고 다음 애기를 해야 됐다. 똑같은 애기가 나오면 '어제 신문 안 봤냐.'고 해서 다른 사람이 쓴 기사까지도 봐야 했다. 요즘은 모든 사람이 신문을 처음부터 본다고 가정하지 말라고 한다. 기자는 어떤 주제든 오늘 처음 보는 것처럼 보도하라고 한다. 아직 과도기적이다. 지금은 웬만하면 컨텍스트를 넣어야 한다고 한다. 미국신문은 철저하게 컨텍스트를 넣는다. 탐사보도가 대안이 될 수 있다. 신문이 무엇이라는 콘셉트가 확실하다. 90년대 중반까지만 하더라도 모든 사람이 처음부터 끝까지 다 읽는다는 전제로 정보나 교훈, 계몽적인 것을 실었다. 그러나 점점 신문을 안 보는 것은 더 이상 정보를 얻으려고 하지 않기 때문이다. 방송이나 DMB에 정보가 더 많다. 더 이상 신문이 정보전달 매체가 아니다. 단순 정보전달에 있으면 한계에 온다. 미국은 우리보다 위기가 먼저 왔지만 왜 많이 읽히냐 하면 신문이 무슨 정보를 전달하는 것보다는 재미있는 이야기책이다. 미국의 신문을 스토리 북이라고 한다. 그래서 기사를 스토리 즉, 읽을거리라고 생각한다. 그 기사에 팩트가 있느냐 하는 것은 두 번째다. 이야기가 재미있으면 다 읽게 되어 있다. 점점 더 위클리나 월간으로 바뀌게 돼 점점 가벼워지고 새로운 시도(문체)를 하게 된다. 글도 엄청 잘 쓰게 된다. 우리나라는 위클리나 월간이 신문보다 못한 경우가 태반인데 미국 같은 경우는 아니다. 월스트리트 저널 같은 경우에는 1면 담당 에디터와 시니어 스페셜라이터가 따로 있다. 1면에 기사다이제스트와 기사 3꼭지가 들어간다. A1~A6라고 말하는데 딱 기사 4개가 들어간다. 미국 신문사는 부서들도 많지 않나. 부서에 있는 사람들이 부서장한테 말해서 통과된 아이디어를 1면 에디터에게 발제를 한다. 그것을 보고 에디터가 기사가 되겠다 싶으면 기자랑 시니어라이터와 합작을 해서 취재를 하고 그렇게 기사를 만들어 팀제다. 그리고 라이트(write)를 해 위클리 몬쓰리 이런 데서 오는 사람들은 나이가 60세다. 그 사람들은 거의 소설처럼 쓰지. 1면기사를 보면 정말 기막히게 문장이 훌륭하다. 그들은 자기 경쟁상대를 포춘지 그런 것으로 생각한다. 우리 신문도 재미를 추구해야 된다. 정보와 읽는 재미를 모두 추구해야 되지 단순 사건전달에 급급해선 안 된다. 재미있는 이야기를 해야 되고 뉴스를 창출하고 만들어내지 않으면 안 되는 것이다. 신문의 경쟁은 같은 신문이 아니고 방송, 영화, 인터넷이다. 어차피 신문으로 공부하는 거 아니지 않은가? 결국 재미없으면 안 되는 것이다. 그런 재미를 만들어내려면 신문만이 가지는 '인터랙티브파워'(interactive power)가 새로운 걸 창조해내는 것으로 가지 않으면 안 된다는 것이다. 내부에 있는 인터랙티브파워를 집중적으로 해야지 신문이 살아남을 수 있고 깊게 파고들어야지 사람들이 봐야 되겠구나 한다. 그러려면 편집국 생산시스템이나 조직이나 다 바꿔야 되는데 그것이 숙제다. 에디터제 등 서구의 조직모델을 우리 사회가 아직은 그걸 받아들일 여건이 안 된다는 것이다. 신문사들이 시스템을 못 바꾸는 이유는 인력이나 인건비 부담 때문이다. 말하자면 아직도 싸구려 기사를 많이 만들어낸다는 것을 의미한다.

### 조선일보

조선일보는 위기관리를 하는 시스템이 작동한다. 젊은 팀장들은 벼화하려고 하는데 고참일수록 마인드도 떨어지고 안 하려고 한다. 젊은 기자들은 최근 변화의 방향으로 나가는 데에 상당히 기대를 한다. 왜냐하면 자기들도 신문사의 미래는 거기 있다는 것을 알기 때문이다. 시간을 쪼개서 글 쓰는 것이 시간낭비나 혹은 신문사에 맞지 않는다고 보지 않는다. 뉴미디어 환경을 알고 있다는 것이다. 이미 시작을 했고 이제 새로운 환경에 맞는 매체로 가느냐 하는 것이 중요하다고 본다. 간부들이나 논설위원도 출연하고 돌아가면서 방송을 하면서 적응을 해본다는 게 좋은 거 같다. 출연해본 사람들이 해보니까 다르다고 한다. 이것이 뉴미디어를 이해하는 것이다. 얼굴이 좀 된다면 (방송출연자로) 뽑힌 것을 영광으로 생각한다. 출연섭외 요청이 오면 거절하지 말고 달려가서 해주자고 한다. 갈수록 이렇게 해보자 저렇게 해보자 제언을 올리는 사람도 있다. 그것이 바로 변화하는 세상에 적응하는 것이다. 중요한 것은 독자들이 뭘 원하는지를 아는 것이다. 지금도 정치 경제를 비판만 하는 사람도 있기는 하지만 점점 더 일차적으로 독자들이 그걸 원하지 않는다. 독자가 원하지 않으면 소용없다. 그래서 콘텐츠 업그레이드를 하고 있다. 기자 역량개발 중이다. 다른 것보다는 누가 어느 분야에 자신의 소질이 있고 잘 파악을 해서 하고 싶은 영역에서 자기가 원하는 걸 하게 하는 것이다. 필요한 공부를 하는 기자는 뒷받침을 해준다. 외부자문 기능을 활성화해서 언제든지 기자들이 전화를 하면 지속적으로 피드백을 받는다. 그런 식으로 매일 사내용 리포트를 작성했다. 자기 동료를 너무 비판하는 것도 있고 그런데 잘했다 못했다 그런 것보다 똑같은 기사라도 이런 부분이 빠졌으니 다음에는 이런 부분을 보완을 하자 이런 식이다. 이것이 바로 위기대응시스템이라고 볼 수 있다.

조선일보는 능동적이고 긍정적인 것이 있는데 일사불란한 것과 다르다. '우선 가자'하는 목표가 정해지면 돌격하는 그것이다. 다른 신문에서는 잘 없는 구조인데 아마 그게 오너경영의 장점인 것 같다. 방송하는 기자들도 회사가 이런 사람이 필요하다고 그러니까 자신들과 전혀 다른 것인데도 안 하던 화장까지 하면서 나서더라. 그런 것이 하나의 변화이다. 하지만 변화만 한다고 해서 되는 것도 아니고 어떤 지향점이 있어야 된다. 조선일보는 CU나 디지털, 뉴미디어가 다 그런 지향점이다. 디지털조선부터 해서 끊임없이 노력을 해서 사업성이 있으면 해왔다. 아직까지 안 풀리고 있기는 한데 좀 시기가 좀 빨랐을 뿐이다. 어쨌거나 분명한 것은 신문만 바라보고 있어서는 앞으로 살아남지 못하는 것이다. 사원을 위해서가 아니라 회사가 남기 위해서이다. 그러니 오너들이 발 빠르고 관심도 많아야 된다. 미래를 준비하는 새로운 아이디어로 채워진 그룹들이 있다. 아마 오너들은 편집국 시스템을 서구형 에디터제라든가 이런 것을 하고 싶어하는 모양인데 실제 편집국에서는 이것저것 걸려 있어서 국장들이 안 하려고 한다. 콘텐츠도 바꾸고 사업다각화도 해야 한다는 것이다. 기자들은 창조적으로 다르게 나가려고 생각도 있는 거 같지만 잘 안된다. 이제는 긴 기사를 잘 안 읽으니까 콤팩트하게 하고 한 면에다가 한주제로 왕창 싣게 되면 안 보니까 우리는 다른 신문이 한 페이지를 하더라도 우리는 한 박스로만 하자는 식이다. 콤팩트한 신문, 무겁지 않은 신문으로 가자는 것이다. 구조를 크게 바꾸고 시스템을 바꾸고 그런 것은 아직 없지만 작은 것들은 변했다. 물론 아직 1면은 바뀌지 않았다. 1면이 신문을 결정한다고 생각하는데 아직 1면을 어떻게 하는지 방향이 안 잡혔다.

인력이 부족하다. 중앙은 400명 정도인데 조선은 300명이니까 중앙보다 70~80명 정도 적다. 하지만 소수정예다. 오너가 똑똑한 기자 몇 명만 있으면 된다는 생각을 갖는 것 같다.

우리는 리라이트가 일상화가 되어 있다. 그것이 데스크의 기능이다. 기사 하나 가지고 밤새도록 고치고 다듬고 한다. 조선일보 뉴스

완성도가 높다는 것이 기자들이 뛰어나서 그런 것이 아니다. 가판이 나오면 퇴근하는 분위기가 아니라 밤새 계속 취재하고 고치고 편집을 한다는 점이다. 아침에 보면 그런 작은 노력들이 차이가 날 수가 있지요. 순발력 감각이 아니라 시스템과 분위기상 그런 것 같다. 공을 많이 들인다는 것이다. 인쇄하고 있어도 그 다음 판에 또 고치고 또 고치고 그렇기 때문에 완성도가 높은 것이다. 사람들을 남아서 일을 하게 만드는 것이 조직분위기다. 그것이 관행이다. 부장이 남아서 안 가니까 퇴근을 하지 못한다. 사회부는 거의 매일 자정이 되어야 퇴근한다. 저녁약속이 있다고 대충하고 갈 수도 있고 넘기고 그럴 수도 있는데도 남아서 지휘를 한다. 그것이 꼭 바람직한 건 아니다. 외부에서 잘한다 싶은 사람을 데리고 오는 것은 늘 환영이다. 그것은 인력이 늘어난다고 생각하기보다 조직능력을 향상시키는 것이라고 생각한다.

근데 오면 잘 적응해요. 갈등 일으킬 수준은 아니예요. 오면 그런 친구들이 또 잘하더라고요. 브랜드가 주는 힘을 무시 못한다. 하지만 여권하고 대결구도로 가봐야 득이 없고 사실 기자들 직업적 안정성을 높이는 게 필요해졌다. 기자들 사이에서 고민도 많다. 그만두는 사람들 보면 비전이 없다고 생각해서 그만두는 것이다. 그에 대해 이야기를 많이 하는데 '얼마나 일할 수 있을 것 같냐'는 물음에 대체로 50세를 안 넘더라. 정년 자체가 의미가 없어지고 떠나는 나이 자체가 점점 낮아지고 있다. 신문사가 살아남는 것 결국은 서비스 질 경쟁인데 기자들이 떠나고 있다. 이제는 기자 개인의 명예가 아니라 신문사 생존이기 때문에 더욱 치열해졌다. 경쟁논리 시장논리에 맡긴다는 것이 말은 좋지만 망할 거면 망하라고 그러는 것이다.

최근의 중앙일보 경우에는 오너가 바뀌고 동아라는 막대한 매체를 쉽게 제치고 2등으로 왔기 때문에 상당히 중요한 변수가 될 것이다. 재벌이라는 자본의 논리를 떠나서 왜 그럴 수 있었는지를 봐야 할 듯하다. 가로쓰기나 한글전용, 이런 것을 채택하고 판매 전략도 공격적으로 바꾸고 돈을 퍼부으며 시장을 개척했다. 최근 10년 사이 가판을 없애는 것까지 해서 큰 변화들은 중앙이나 조선이 엇비슷해졌다는 것이다. 그래서 중앙이 어떤 변화를 할지 관심을 둔다. 조선도 뭔가를 준비하고 있는 것 같기는 한데 중앙과 같은 신문 자체의 변화보다는 뉴미디어라든가 새로운 시장을 개척하고 만드는 것 같다. 그동안 안정적이었던 것이 위협을 받고 있기 때문에 다시 한 번 끌어올려야 되는 상황이다. 이제 신문은 독자지향적인 것으로 가야 하지 않을까 한다. 정치적으로 접해서 이미지를 손상시키기보다는 콘텐츠 변화에 주력해야 한다. 광고주인 기업에도 독자입장에서 살아가야 한다는 것이다. 이제는 팀별로 해야 된다. 부장도 터치를 안 한다. 섹션을 하나 만드는 것이다. 조선은 옛날부터 부장중심체제다. 부장들을 중심으로 하니까 가장 합리적인 것 같다. 국장은 부장에게 부원도 부장한테만 얘기되면 바로 일사분란하게 된다. 밑에서는 목소리가 부장한테만 쉽게 전달되고 회사에게 뭔가를 해달라는 그런 목소리를 낼 수가 있다. 신문은 망하지 않지만 기자는 망할 수 있다는 점을 오너들이 강조한다. 경쟁력이 있는 놈만 살아남고 아이디어가 있으면 지면으로 보이라는 것이다. 회사는 안 망해도 기자들은 망할 수 있다는 이야기다. 신문이라는 것이 지금까지 해온 제도가 가장 효율적이었던 구조다. 제일 먼저 출근해서 제일 늦게 퇴근하는 그런 시스템 그게 조선의 장점이다. 그런 시스템에서는 부장들이 파워를 가지게 된다. 조선일보 기자들은 사건을 취재하는 것뿐만 아니라 다음주제까지 달아놓는 투잡스 스타일이다. 우리는 어디 부서나 기자가 필요하다고 하면 배운다. 어디 가서도 일을 잘한다는 건 그만큼 일을 잘 배웠다는 것이다.

독자가 원하는 것을 알아야 한다. 너무 대중 영합하는 게 없지 않아 있지만 신문도 시장이고 젊은 독자를 잡아야 한다. 젊은 독자는 미래고 그 사람들을 잡아야 미래가 있는 것이다.

출입처 벽을 넘어서 미션중심으로 가야 한다. 예를 들어 건교부에서 부동산 얘기를 하면 부동산 기자가 가고, 환경 얘기를 하면 환경 기자가 가는 것처럼 이슈중심으로 자기 전문분야에 따라 출입처 벽을 넘어서 전문분야로 가자는 것이다. 그런데 이상일 뿐이다. 몸이 몇 개가 되는 것도 아니고……그래서 연합기사를 쓰기도 하고 토스를 해줘서 합치고 한다. 그런데 그것이 얼마나 손이 많이 가는지 모른다. 그것은 정말 국장이 기분이 나쁘지 않게 각 부를 다룰 줄 알아야 된다는 것이다. 취재시스템의 변화라는 것이 출입처시스템이랑 몇 가지밖에 없지 않느냐? 장르를 넘나드는 것이 맞다. 그러려면 정치부 사회부 문화부 경제부가 모두 종합적으로 넘나들어야 경쟁력을 갖는다. 내부 기자들끼리 재미있는 기사로 경쟁을 해야 한다는 것이다.

### 동아닷컴

신문사나 신문의 위기는 종이신문의 위기가 아니라 지금까지 갖고 있던 기자들의 사고방식의 위기다. 새로운 매체들이 경쟁하는 시대에 지금도 옛날식으로 기사를 쓰고 있다는 것이다. 이미 안 통하는 방식이다. 구체적으로 '검찰은' '정부는' '청와대는'이라고 주체 없이 쓴다. '누가 말했다' 이름을 밝히기를 원하지 않으면 '내가 아는 누가 했다'라고 소스를 밝혀야 된다. 그런데 지금까지도 밝히지를 않는다. 기자 개개인이 여기저기서 주워들은 것을 종합해 써놓고서는 그걸 사실로서 써버린다. 그런 기사는 이제는 안 먹힌다는 것이다. 과거에 기사를 확인 불가능한 사실에서 지어낸 것으로 할 수가 있었다. 그런데 지금은 이 사람 생각이 엄청나게 퍼져나간다. 요즘 독자들은 신문사가 독자들을 상대로 허위사실을 이야기할지 모른다고 생각한다. 이제 독자들도 신문에 나온 사실을 다 알고 있다. 누구나 다 아는데 기사를 기자와 부장만 모른다는 것이다. 다들 웃고 있는데들 말이다. 100년 넘게 계속되어 온 종이매체가 하루아침에 망하지는 않는데도 유독 한국에서만 이 난리인지를 잘 봐야 한다. 신문이 위기인 것은 자신들 스스로가 그렇게 만든 것이다. 옛날이나 지금이나 독자에게 사실을 전달하는 데 충실해야 하는 원칙이 변함이 없다. 그런데도 지금도 독자를 끌고 가겠다고 한다. 그것은 일제 강점기 때 우국열사들이 하는 것이다. 지금은 누구도 기자를 우국지사라고 생각하지 않는다. 오히려 정직하게 독자들에게 전달해주는 심부름꾼이라는 점을 깨달아야 한다. 기사가 좀 틀리면 금세 댓글이 올라오고 날장 광고라고 한다. 그러니 독자들이 얼마나 불신을 갖겠는가. 아직도 신문이 왜 망하는지도 모르고 있다. 스포츠신문들은 무가지 때문에 그렇다고 주장하고 있다. 10~20년 넘게 전문기자를 해왔던 기자들에게서 감동을 줄 수 있는 기사가 안 나온다. 그것은 기자들이 놀았다는 것 아닌가. 공부 안 하고 취재도 제대로 안 하고 술 마시고 놀았기 때문에 망하는 것이다. 그런 점에서 위기가 당연한데 남 탓을 한다.

출입처는 기자들이 모이는 전문공간이 하나 있어야 한다는 것은 좋다. 기자들도 쉬어야 되고 하니 그런 공간이 하나 있는 게 좋다. 방식은 나쁘지 않은데 문제는 전달 방식이다. 취재태도와 글 쓰는 사고방식에 변화가 없으면 안 된다. 취재 시 '당신으로부터 좋은 정보를 얻어간다'는 것이 아니라 '나한테 정보를 제공하는 것을 영광으로 생각해라'는 것이 남아 있다. 도제식 교육도 대학교에서 바로 빨리 써먹을 수 있는 것을 안 가르쳐 주니까 언론사가 운영하는 제도이다. 가장 빠른 기자교육이 도제식이다. 온라인 오프라인 마인드를 갖는다는 것은 한마디로 독자들이 무서운 것을 아는 것이다. 온라인 마인드라는 건 내가 신문을 통해서만 보여주는 것이 아니다. 독자들에게 기자 자신을 다 공개하는 것이라고 생각하는 것이다.

전문기자들이 쓰는 기사도 좋든 싫든 인터넷 검색하면 금세 다 나온다. 이 분야의 최고 전문가들이 내 기사를 보고 있다고 생각을 가져야 한다. 전문기자라는 것이 진짜 막연한 이야기이다. 전문기자가 됐든 아니든 이제는 나보다 훨씬 많이 아는 독자들이 나를 보고 있다고 생각하면 기사 한 마디 한 마디가 달라진다.

'역시 기자가 낫다. 글쟁이는 글쟁이구나' 하는 저널리스트가 아닌 일반전문인들이 놓치는 걸 기자가 할 수 있어야 된다. 결국 기자 개개인이 자기가 낮에 할 일 하면서 자기 전문성을 스스로 길러야 하고 제도도 따라 가주어야 한다. 외부에서 채용된 전문기자들은 자기 전문성만 얘기한다. 이제는 자신의 전문성과 시사성, 그리고 글쓰기까지 스스로 공부해야 한다. 인터넷이 워낙 정신없이 빠르다. 미국 일본에서는 워낙 느리니까 여유가 있지만 우리는 준비할 여유가 없다. 준비하고 있으면 벌써 다른 게 와버리는 세상이다. 조선일보는 변화를 하려 해도 1위이기 때문에 겁나기도 할 것이다. 변화를 못하는 이유가 위험성이 상당히 높다는 것이다. 자칫 조중동 라인에서 떨어져나가면 완전 망하는 것 아닌가?

이제 언론에 의해서 대중이 끌려가는 그런 시대는 아니다. 그러다

보니 동아일보는 남보다 더 심한 위기를 겪을 수밖에 없다.

## 한겨레신문

좋은 기사를 쓰면 다시 올라갈 것이라고 그런 개념이 맞기는 하지만 이미 그런 시대가 아니다. 이제는 벌써 시장효과가 딱 차 있다. 옛날같이 특종이 나오고 이를 신선하다고 보고 박수치던 시대만이 아니라는 것이다. 그런데 신문의 퀄리티가 하루아침에 나오는 것이 아니다. 언론이 적대감에다 원한이 꽉 찼는데 제대로 기능을 하겠는가. 훈련이 안 된 사람들이 기자로 들어왔다. 분명히 기사가 안 되는 것인데도 그냥 튀니까 잘 썼다고 한다. 이제는 시스템으로 가야 하는 시대다. 어떤 이념도 이제는 더 이상 시장에서 메리트로 생각하지 않는다. 하나의 언론으로서 그 방향도 좋지만 경쟁 시스템에서 언론사들이 여러가지를 다 해야 된다. 거꾸로 보면 가장 진보적이었던 신문이 지금은 가장 뒤쳐지는 조직이 될 수 있다. 사내 조직이 이제 능력으로 가야 한다. 기자 훈련이 안 된 사람들이 기사를 쓰는 경우도 많다. 기본적으로 진보성을 가진 쪽이 게으르다. 그런 현상이 현장에서 보인다. 진보적인 인사들이 조중동 기자를 싫다고 해도 끝까지 따라오는데 진보적인 신문은 전화 한 통도 안 한다는 항의를 받았다. 과거에는 정보가 통제가 되어 있었다. 그렇지만 그때는 정보의 판단력이 뛰어나야 했다. 지금은 지금의 편집국장들은 기사판단을 잘 못한다. 정답이 뭐가 뭔지 모른다. 젊은 쪽에서는 변화를 하고 경영진 쪽에서는 방향을 제시하면서 뭔가 자존심을 회복해주고 해야 되는데 그게 잘 안 된다. 이제 신문시대는 가는 것 같다는 느낌이다. 이제는 한계에 왔다. 오마이뉴스나 인터넷 매체가 오히려 신문보다 기사를 더 잘 쓴다. 오마이뉴스가 3년 전인가 2년 전부터 더 위에 있는 것 같다. 오마이뉴스를 보니까 오히려 더 유연하더라. 그 전에는 인터넷은 우습게 알고 아니라는 그런 사고에 젖어 있었는데 이제는 안 되겠구나 하고 생각하고 있다. 이제는 신문이 다양해져야 된다. 조선일보 안에서도 한겨레신문 같은 것이 공존할 수 있도록 하는 유연성이 필요하다. 그런 공간을 인터넷에서라도 만들어주어야 지 살아갈 수가 있다. 자신들에게 안 좋은 것이 나오면 삭제해버리 면 그 순간 죽게 되어 있다. 그만큼 경직되어 있으면 안 되는 시대 인 것이다. 그런데 우리 조직을 보면 관료화되어서 화석이 되어버렸 다는 것을 느끼게 든다. 조선일보를 보면 이데올로기적 생각 이외에 도 한국의 오피니언 리더를 다 볼 수 있었고 한국이 어떻게 흘러가 고 그런 게 다 보였는데 이제는 그렇지가 못하다. 조선일보도 이제 는 한겨레와 같이 자신들의 틀 안에 폐쇄적으로 들어가 버린 것이 다.

## 경향신문

인력이 많이 부족하다. 주 5일제 시행 후 금요일 날 같은 경우는 무조건 쉬라고 한다. 그런데 현실적으로 불가능한 부서도 있고 또 중요한 브리핑이 있으니 나간다고 해도 무조건 쉬라고 한다. 크게 중요하지 않으면 연합으로 처리할 테니까 나오지 말라가 편집국 기 본방침이다. 주 5일제가 실질적으로 기자들의 복지를 위해서가 아니 라 비용부담을 줄이기 위한 편법이다. 그러니 문화섹션 쪽에서 팀제 를 하다 보니까 잘 돌아가지 않는다. 예를 들어 학술팀 공연팀 여성 팀이 문화부에 있는데 여성팀이 팀장 포함해서 2명, 공연팀 한 명

이런 식이다. 팀제를 했을 때는 뭔가 효율성이라든가, 풍부한 취재내용을 기대했는데 잘 안 된다. 기존 부서에서 보통 부원들이 한 스무명 정도 작으면 열댓 명 정도 되지만 거기서 그걸 또 팀으로 나눈다는 게 별 의미가 없다. 사회부는 30명이 채 안되는데 사건팀 법조팀하고 뭐 행정 이렇게 2~3팀으로 나누어서 무슨 팀제가 되나. 팀장 역할도 다 부장들이 하다 보니까 팀제는 유명무실해진다. 물론지금도 부국장이 있지만 그 역할이 별로 필요가 없다. 부국장은 편집국장 자리를 바라보며 쉬었다 가는 그런 자리이다. 편집국 조직이조선일보나 동아일보 등에서 30년 전부터 해왔던 것이어서 시행착오를 거쳐서 우리 틀로 고착화되어 있어서 하루아침에 바뀐다는 것이쉽지는 않다. 팀제는 신속한 결정과 책임성을 갖도록 하는 것이다.그런데 지금은 부장이 직접 컨트롤을 하니까 신속한 책임은 별로 의미가 없다. 차장 부장은 14~15년 차가 되면 자동으로 승진한다. 연공서열을 없앤다고 처음에 60%를 승진시키고 그 다음이 30%를 하고 나머지 10%는 누락을 시킨다. 그렇지만 2년 지나면 다 똑같다.그렇게 하다 보면 잘하는 사람 못하는 사람이 다 어느 정도 똑같아져버린다. 팀제를 하려고 하는 것은 성과를 측정하려고 하는 것인데대충 차장들이 관리자로서 부장으로 가고 하는데 연공서열을 깨는자체가 어렵다. 팀제는 성과 측정이 굉장히 어렵다. 사실 팀제로 한다는 것은 성과 측정을 쉽게 하려는 것인데 기수 개념으로는 그것이무척 어렵다. '나는 공채'라는 의식이 없어지지 않는다. 한 십 년 차기자가 되면 그동안 좀 취재했던 부분을 다 정리하고 싶을 때가 있다. 그런데 그런 관심을 갖고 공부할 기회가 없다. 1년에 연차휴가가 있으나 그것을 안 주려고 한다. 차라리 무급 휴직하는 것이 낫다지만 생활이 안 되는 것이 문제다. 요즘에는 무급휴직을 하는 순간에 정리 해고되는 것이 아닌가 하는 그런 위기감을 느낀다. 우리 기자들 중에도 무급휴직을 하고 박사과정을 마치는 사례가 있다. 시대가 바뀌어서 신문독자들이 처음서부터 끝까지를 중간에 포기하지 않고 읽게 만드는 게 가장 중요해졌다. 처음부터 끝까지 다 읽게 만들려면 재미있도록 유인하고 눈에 들어오게 해 가도록 해야 한다. 읽지 않으면 아무런 소용이 없다. 이제 타임이라든가 뉴스위크라든가 그런 현장 스케치 위주로 가는 것이 필요하다. 사실 기자는 그 현장에 독자들을 대리해서 그걸 지켜보고 중계해주는 것이 아닌가. 기자들의 기사에 대한 틀도 많이 바뀌어야 한다고 생각한다. 지금도 데스크를 볼 때 크게 어법이나 육하원칙에 빠지는 것이 아니라면 되도록 본인의 글을 다 살려주려고 한다. 현행법으로 정보공개법이 만들어졌고 행자부가 담당하고 있다. 법에는 각 생산되는 부처, 그 부처를 목록을 만들어서 법에는 공개를 하게 되어 있지만 형식적이다. 기자들도 훈련이 잘 안 되어 있고 출입처에서 정확히 주지를 않아 무엇을 만들고 있다는 것을 알 수가 없다. 최소한 목록이라도 갖다 보고 파악을 해야 하는데 그것도 모르는 기자들이 많다. 공무원들이 아직도 목록과 자료를 공개를 안 하고 숨기고 있고 거기에 익숙하지 않은 기자들은 우리들은 그런 걸 뭐 그냥 적당히 보다가 넘어간다. 정보가 뭐가 있는지 잘 모르고 탐사보도를 하려고 하니까 피차 어렵다. 신문에서 1단짜리 하나로 쓴 거지만 탐사보도를 하면 엄청나게 많은 기사를 쓸 수 가 있다. 꼭 탐사보도가 큰 주제를 추적하는 것도 있지만 이 같은 관심거리를 찾아가는 것도 있다. 기자가 출입하거나 담당하는 부서에 능통해야 하는데 보도 자료에 익숙해서 많이 쓰고 있다. 공무원들은 자신네들의 약점이 되는 정보를 안 내놓으니까 그걸 뚫고 들어가려면 기자들은 그걸 알지 않으면 안 된다. 그런

데 브리핑 룸이 되어서 기자를 만나주지 않는다. 지금은 중심만 브리핑하고 가버리니 추궁할 수가 없다. 브리핑 실에는 모르는 기자들도 많고 인터넷신문에서 지방신문까지 다 들어와 있다. 어쩌다 식사를 할 때도 옛날에 있던 기자들을 중심으로 만나거나 담당국장이 몇개 언론사만 찍어서 만나고 있다. 국장이나 본부장 같은 고위공무원들은 아예 전화연결이 안 된다. 가판이 없어지고 난 뒤 1면 토픽이 많이 달라졌다. 정말 중요한 것 아니면 잘 안 받으려고 한다. 그래서 특종잡기가 더 어려워졌다. 결국 신문사라는 종이신문으로 고전적인 수익을 내는 것이 바람직스러운데 그것이 안되니 뉴미디어를 하는 것 아닌가.

# 부록 2 | 설문내용·통계자료

1. 먼저 디지털기술 도입 후 편집국 변화에 대한 질문입니다. 항목별로 해당되는 곳에 √를 기재해 주십시오.

| 번 호 | 설 문 | 매우<br>그렇다 | 대체로<br>그렇다 | 보통<br>이다 | 별로<br>그렇지<br>않다 | 전혀<br>그렇지<br>않다 |
|---|---|---|---|---|---|---|
| 1-1 | 편집국 디지털화 기술이 계속 발전되었다 | | | | | |
| 1-2 | 디지털뉴스제작방식의 효율성이 높아졌다 | | | | | |
| 1-3 | 디지털화가 CTS와 인터넷기술을 발전시켰다 | | | | | |
| 1-4 | 디지털기술이 편집국 조직변화를 가져왔다 | | | | | |
| 1-5 | 디지털화로 뉴미디어사업이 가능하였다 | | | | | |
| 1-6 | 데이터베이스가 조사부를 대체하였다 | | | | | |
| 1-7 | CTS기술 때문에 기자조판제가 필요해졌다 | | | | | |
| 1-8 | 디지털기술이 가로쓰기 편집을 가져왔다 | | | | | |
| 1-9 | 디지털기술이 기자 멀티플레이어화를 가져왔다 | | | | | |
| 1-10 | 인터넷도 취재원의 하나가 되었다 | | | | | |

2. 편집국 조직에 대한 질문입니다. 귀하가 속한 신문사를 기준으로 해당항목에 √를 기재해 주십시오.

| 번 호 | 설 문 | 매우<br>그렇다 | 대체로<br>그렇다 | 보통<br>이다 | 별로<br>그렇지<br>않다 | 전혀<br>그렇지<br>않다 |
|---|---|---|---|---|---|---|
| 2-1 | 디지털화로 편집국의 위계조직이 변하고 있다 | | | | | |
| 2-2 | 편집국의 최근 조직개편이 잘 이뤄졌다 | | | | | |

| 번 호 | 설 문 | 매우 그렇다 | 대체로 그렇다 | 보통 이다 | 별로 그렇지 않다 | 전혀 그렇지 않다 |
|---|---|---|---|---|---|---|
| 2-3 | 온라인과 오프라인 편집국이 통합되어야 한다 | | | | | |
| 2-4 | 전문기자제가 정착되고 있다 | | | | | |
| 2-5 | 전문기자는 외부채용이 필요하다 | | | | | |
| 2-6 | 팀장 중심의 팀제가 효율적이다 | | | | | |
| 2-7 | 일반기자들의 의견이 잘 반영되고 있다 | | | | | |
| 2-8 | 편집국 부서 간 협조가 잘 이뤄지고 있다 | | | | | |
| 2-9 | 6하 원칙의 기사 쓰기 방식이 바뀌었다. | | | | | |
| 2-10 | 기자들의 전문성이 높아졌다 | | | | | |
| 2-11 | 기획탐사보도가 잘 이뤄지고 있다 | | | | | |
| 2-12 | 현행 기자 채용방식이 바람직하다. | | | | | |
| 2-13 | 기자는 능력이 있다면 수시 채용해야 한다 | | | | | |
| 2-14 | 능력 위주로 인사가 이뤄지고 있다 | | | | | |
| 2-15 | 온라인과 오프라인 순환근무가 이뤄지고 있다 | | | | | |
| 2-16 | 데스크와 기자 간 의사소통이 잘 이뤄지고 있다 | | | | | |
| 2-17 | 기자 개인의 창의성이 발휘되고 있다 | | | | | |
| 2-18 | 스토리텔링(story telling) 기사 쓰기가 늘어났다 | | | | | |
| 2-19 | 게이트키퍼의 역할이 줄어들었다 | | | | | |
| 2-20 | 부·차장의 데스킹이 잘 이뤄지고 있다 | | | | | |
| 2-21 | 조직 내 상명하복의 관계가 사라지고 있다 | | | | | |
| 2-22 | 하의상달이 잘 이뤄지고 있다 | | | | | |
| 2-23 | 도제식 교육시스템이 바뀌고 있다 | | | | | |
| 2-24 | 기자 능력을 향상시키는 재교육이 늘어나고 있다 | | | | | |
| 2-25 | 출입처 중심 취재방식이 줄어들고 있다 | | | | | |
| 2-26 | 편집국이 개방적으로 변화하고 있다 | | | | | |
| 2-27 | 편집국 내 관행들이 개선되고 있다 | | | | | |
| 2-28 | 기사가치에 대한 개념이 변하고 있다 | | | | | |
| 2-29 | 인터넷 등 뉴미디어부서가 중요부서가 되었다 | | | | | |
| 2-30 | 편집국도 벤처기업 같은 유연성이 필요해졌다 | | | | | |

3. 소비시장과 소비자에 대한 내용입니다. 귀하의 신문사를 기준으로 해당항목에 √를 기재해 주십시오.

| 번 호 | 설 문 | 매우 그렇다 | 대체로 그렇다 | 보통 이다 | 별로 그렇지 않다 | 전혀 그렇지 않다 |
|---|---|---|---|---|---|---|
| 3-1 | 우리 신문사의 독자 충성도가 높다 | | | | | |
| 3-2 | 뉴스제작에 독자들의 영향력이 늘어났다 | | | | | |
| 3-3 | 회사 내 옴부즈맨 제도가 중요해졌다 | | | | | |
| 3-4 | 독자 정보지식이 기자 못지않게 높아졌다 | | | | | |
| 3-5 | 우리 신문사 브랜드가 높다 | | | | | |
| 3-6 | 독자가 우리 신문사 뉴스를 신뢰하고 있다 | | | | | |
| 3-7 | 신문이 독자 정보욕구를 충족시키고 있다 | | | | | |
| 3-8 | 인터넷 등 타 매체 뉴스가 더 신속 정확해졌다 | | | | | |
| 3-9 | 인터넷 뉴스내용을 자주 의식하게 된다 | | | | | |
| 3-10 | 다매체 환경을 고려한 뉴스가 늘어났다 | | | | | |

4. 귀하가 소속한 신문사의 경영진 및 경영정책에 대한 설문입니다. 가장 가까운 해당항목에 √를 기재해 주십시오.

| 번 호 | 설 문 | 매우 그렇다 | 대체로 그렇다 | 보통 이다 | 별로 그렇지 않다 | 전혀 그렇지 않다 |
|---|---|---|---|---|---|---|
| 4-1 | CEO의 전문성이 중요하다 | | | | | |
| 4-2 | 편집국 변화의 비전이 필요하다 | | | | | |
| 4-3 | 신문사도 수익다각화를 해야 한다 | | | | | |
| 4-4 | CEO의 뉴미디어 전략이 중요하다 | | | | | |
| 4-5 | 신문사의 투자능력이 필요하다 | | | | | |

5. 인터넷과 DMB방송 등 디지털미디어에 관한 설문입니다. 해당 된다고 생각하시는 항목에 √를 기재해 주십시오.

| 번 호 | 설 문 | 매우<br>그렇다 | 대체로<br>그렇다 | 보통<br>이다 | 별로<br>그렇지<br>않다 | 전혀<br>그렇지<br>않다 |
|---|---|---|---|---|---|---|
| 5-1 | 신문사가 다매체 미디어그룹으로 변한다 | | | | | |
| 5-2 | 신문도 방송을 할 때가 되었다 | | | | | |
| 5-3 | 신문도 '원소스 멀티유즈'를 해야 한다 | | | | | |
| 5-4 | 인터넷 등 뉴미디어 영향력이 더 커진다 | | | | | |
| 5-5 | 인터넷뉴스도 저널리즘으로 존중돼야 한다 | | | | | |
| 5-6 | 인터넷으로 마감시간이 사라지고 있다 | | | | | |
| 5-7 | 오프라인 기자도 온라인용 기사를 써야 한다 | | | | | |
| 5-8 | 내 블로그를 운영하고 있다 | | | | | |
| 5-9 | 메신저나 버디로 온라인 대화를 한다 | | | | | |
| 5-10 | 온·오프라인 통합시스템이 필요하다 | | | | | |

6. 다음은 통계처리를 위해 귀하의 일반적인 사항을 여쭈어 보겠 습니다.

1) 귀하의 성별
① 남 (    )  ② 여 (     )

2) 귀하의 연령  (만_____세)

3) 귀하의 신문사
① 경향신문    ② 국민일보    ③ 동아일보    ④ 문화일보
⑤ 서울신문    ⑥ 세계일보    ⑦ 조선일보    ⑧ 중앙일보

⑨ 한국일보    ⑩ 한겨레신문

4) 귀하의 소속부서(부 또는 팀)

① 편집         ② 정치         ③ 경제    ④ 사회    ⑤ 문화

⑥ 스포츠·레저   ⑦ 기획·탐사    ⑧ 논설    ⑨ 심의

⑩ 인터넷        ⑪ 정보통신     ⑫ 기타(          )

5) 귀하의 직위

① 기자   ② 차장(대우포함)   ③ 부장(대우포함)   ④ 부국장(대우포함)

⑤ 국장(대우포함)         ⑥ 경영진        ⑦ 기타(   )

6) 귀하의 재직기간

① 5년 이하          ② 5～10년          ③ 10～15년

④ 15～20년          ⑤ 20～25년         ⑥ 25년 이상

7) 귀하의 디지털미디어 하루 평균 사용시간은 어떻습니까?

| 구 분 | 미사용 | 30분 미만 | 1～2시간 | 2～4시간 | 4～6시간 | 6시간 이상 |
|---|---|---|---|---|---|---|
| 인터넷검색 | | | | | | |
| 메신저 활용 | | | | | | |

8. 휴대폰 등 새로운 디지털미디어가 출시되었을 때 귀하의 관심은 어떻습니까?

① 매우 많다         ② 다소 많다         ③ 보통이다

④ 별로 없다         ⑤ 전혀 없다

## 〈통계자료〉

### 표-1 디지털미디어에 대한 관심

| 관　심 | 빈도(%) |
|---|---|
| 매우 많다 | 22(10.6) |
| 다소 많다 | 75(36.1) |
| 보통이다 | 85(40.9) |
| 별로 없다 | 25(12.0) |
| 전혀 없다 | 1(0.5) |
| 전　체 | 208(100) |

### 표-2 디지털환경 변화에 대한 인식

| 항　목 | 매우<br>그렇다 | 대체로<br>그렇다 | 보통<br>이다 | 별로<br>그렇지<br>않다 | 전혀<br>그렇지<br>않다 | 전　체 |
|---|---|---|---|---|---|---|
| 신문사가 다매체 미디어그룹으로 변한다 | 43<br>(20.7) | 119<br>(57.2) | 31<br>(14.9) | 14<br>(6.7) | 1<br>(0.5) | 208<br>(100) |
| 신문도 방송을 할 때가 되었다 | 46<br>(22.1) | 95<br>(45.7) | 49<br>(23.6) | 16<br>(7.7) | 2<br>(1.0) | 208<br>(100) |
| 신문도 '원소스 멀티유즈'를 해야 한다 | 57<br>(27.4) | 119<br>(57.2) | 32<br>(15.4) | － | － | 208<br>(100) |
| 인터넷 등 뉴미디어 영향력이 더 커진다 | 45<br>(21.6) | 125<br>(60.1) | 34<br>(16.3) | 4<br>(1.9) | － | 208<br>(100) |
| 인터넷뉴스도 저널리즘으로 존중돼야 한다 | 15<br>(7.2) | 94<br>(45.2) | 71<br>(34.1) | 26<br>(12.5) | 2<br>(1.0) | 208<br>(100) |
| 인터넷으로 마감시간이 사라지고 있다 | 15<br>(7.2) | 56<br>(26.9) | 64<br>(30.8) | 63<br>(30.3) | 10<br>(4.8) | 208<br>(100) |
| 오프라인 기자도 온라인용 기사를 써야 한다 | 15<br>(7.2) | 79<br>(38.0) | 78<br>(37.5) | 33<br>(15.9) | 3<br>(1.4) | 208<br>(100) |
| 내 블로그를 운영하고 있다 | 13<br>(6.3) | 48<br>(23.1) | 35<br>(16.8) | 48<br>(23.1) | 64<br>(30.8) | 208<br>(100) |
| 메신저나 버디로 온라인 대화를 한다 | 49<br>(23.6) | 83<br>(39.9) | 33<br>(15.9) | 25<br>(12.0) | 18<br>(8.7) | 208<br>(100) |
| 온·오프라인 통합시스템이 필요하다 | 35<br>(16.8) | 98<br>(47.1) | 62<br>(29.8) | 12<br>(5.8) | 1<br>(0.5) | 208<br>(100) |

## 표-3 디지털미디어 이용 현황

| 하루 평균사용 시간 | 인터넷 검색 | 메신저 활용 |
|---|---|---|
| 미사용 | 1(0.5) | 46(22.1) |
| 30분 미만 | 12(5.8) | 64(30.8) |
| 1~2시간 | 77(37.0) | 45(21.6)) |
| 2~4시간 | 66(31.7) | 18(8.7) |
| 4~6시간 | 30(14.4) | 14(6.7) |
| 6시간 이상 | 22(10.6) | 21(10.1) |
| 전 체 | 208(100) | 208(100) |

## 표-4 디지털기술 도입 후 편집국의 변화

| 항 목 | 매우 그렇다 | 대체로 그렇다 | 보통 이다 | 별로 그렇지 않다 | 전혀 그렇지 않다 | 전체 |
|---|---|---|---|---|---|---|
| 편집국 디지털화 기술이 계속 발전되었다 | 40 (19.2) | 120 (57.7) | 33 (15.9) | 15 (7.2) | – | 208 (100) |
| 디지털뉴스제작방식의 효율성이 높아졌다 | 25 (12.0) | 111 (53.4) | 54 (26.0) | 18 (8.7) | – | 208 (100) |
| 디지털화가 CTS와 인터넷기술을 발전시켰다 | 46 (22.1) | 120 (57.7) | 31 (14.9) | 10 (4.8) | 1 (0.5) | 208 (100) |
| 디지털기술이 편집국 조직변화를 가져왔다 | 27 (13.0) | 80 (38.5) | 61 (29.3) | 38 (18.3) | 2 (1.0) | 208 (100) |
| 디지털화로 뉴미디어사업이 가능하였다 | 30 (14.4) | 99 (47.6) | 53 (25.5) | 23 (11.1) | 3 (1.4) | 208 (100) |
| 데이터베이스가 조사부를 대체하였다 | 35 (16.8) | 85 (40.9) | 52 (25.0) | 28 (13.5) | 8 (3.8) | 208 (100) |
| CTS기술 때문에 기자조판제가 필요해졌다 | 17 (8.2) | 82 (39.4) | 65 (31.3) | 39 (18.8) | 5 (2.4) | 208 (100) |
| 디지털기술이 가로쓰기 편집을 가져왔다 | 22 (10.6) | 92 (44.2) | 57 (27.4) | 34 (16.3) | 3 (1.4) | 208 (100) |
| 디지털기술이 기자멀티플레이어화를 가져왔다 | 23 (11.1) | 105 (50.5) | 57 (27.4) | 20 (9.6) | 3 (1.4) | 208 (100) |
| 인터넷도 취재원의 하나가 되었다 | 88 (42.3) | 94 (45.2) | 17 (8.2) | 9 (4.3) | – | 208 (100) |

## 표-5 편집국의 조직의 변화

| 항　목 2 | 매우<br>그렇다 | 대체로<br>그렇다 | 보통<br>이다 | 별로<br>그렇지<br>않다 | 전혀<br>그렇지<br>않다 | 전　체 |
|---|---|---|---|---|---|---|
| 디지털화로 편집국의 위계조직이 변하고 있다 | 3(1.4) | 43(20.7) | 82(39.4) | 72(34.6) | 8(3.8) | 208(100) |
| 편집국의 최근 조직개편이 잘 이뤄졌다 | 3(1.4) | 26(12.5) | 95(45.7) | 71(34.1) | 13(6.3) | 208(100) |
| 온라인과 오프라인 편집국이 통합되어야 한다 | 13(6.3) | 80(38.5) | 52(25.0) | 61(29.3) | 2(1.0) | 208(100) |
| 전문기자제가 정착되고 있다 | 2(1.0) | 32(15.4) | 77(37.0) | 84(40.4) | 13(6.3) | 208(100) |
| 전문기자는 외부채용이 필요하다 | 8(3.8) | 63(30.3) | 66(31.7) | 61(29.3) | 10(4.8) | 208(100) |
| 팀장 중심의 팀제가 효율적이다 | 9(4.3) | 87(41.8) | 80(38.5) | 30(14.4) | 2(1.0) | 208(100) |
| 일반기자들의 의견이 잘 반영되고 있다 | 1(0.5) | 41(19.7) | 103(49.5) | 59(28.4) | 4(1.9) | 208(100) |
| 편집국 부서 간 협조가 잘 이뤄지고 있다 | ― | 28(13.5) | 87(41.8) | 84(40.4) | 9(4.3) | 208(100) |
| 6하 원칙의 기사 쓰기 방식이 바뀌었다. | 3(1.4) | 39(18.8) | 92(44.2) | 69(33.2) | 5(2.4) | 208(100) |
| 기자들의 전문성이 높아졌다 | 1(0.5) | 41(19.7) | 103(49.5) | 60(28.8) | 3(1.4) | 208(100) |
| 기획탐사보도가 잘 이뤄지고 있다 | 7(3.4) | 56(26.9) | 56(26.9) | 75(36.1) | 63(30.3) | 208(100) |
| 현행 기자 채용방식이 바람직하다. | ― | 41(19.7) | 92(44.2) | 67(32.2) | 8(3.8) | 208(100) |
| 기자는 능력이 있다면 수시 채용해야 한다 | 32(15.4) | 112(53.8) | 46(22.1) | 18(8.7) | ― | 208(100) |
| 능력 위주로 인사가 이뤄지고 있다 | 1(0.5) | 25(12.0) | 109(52.4) | 64(30.8) | 9(4.3) | 208(100) |
| 온라인과 오프라인 순환근무가 이뤄지고 있다 | 4(1.9) | 15(7.2) | 50(24.0) | 99(47.6) | 40(19.2) | 208(100) |
| 데스크와 기자 간 의사소통이 잘 이뤄지고 있다 | 5(2.4) | 62(29.8) | 106(51.0) | 35(16.8) | ― | 208(100) |
| 기자 개인의 창의성이 발휘되고 있다 | 2(1.0) | 54(26.0) | 90(43.3) | 60(28.8) | 2(1.0) | 208(100) |
| 스토리텔링(story telling) 기사 쓰기가 늘어났다 | 11(5.3) | 85(40.9) | 75(36.1) | 36(17.3) | 1(0.5) | 208(100) |
| 게이트키퍼의 역할이 줄어들었다 | 4(1.9) | 40(19.2) | 105(50.5) | 48(23.1) | 11(5.3) | 208(100) |
| 부·차장의 데스킹이 잘 이뤄지고 있다. | 4(1.9) | 60(28.8) | 108(51.9) | 33(15.9) | 3(1.4) | 208(100) |
| 조직 내 상명하복의 관계가 사라지고 있다 | 1(0.5) | 38(18.3) | 74(35.6) | 88(42.3) | 7(3.4) | 208(100) |
| 하의상달이 잘 이뤄지고 있다 | 1(0.5) | 34(16.3) | 99(47.6) | 68(32.7) | 6(2.9) | 208(100) |
| 도제식 교육시스템이 바뀌고 있다 | 4(1.9) | 42(20.2) | 69(33.2) | 81(38.9) | 12(5.8) | 208(100) |
| 기자 능력을 향상시키는 재교육이 늘어나고 있다 | 5(2.4) | 21(10.1) | 64(30.8) | 86(41.3) | 32(15.4) | 208(100) |

| 항 목 2 | 매우 그렇다 | 대체로 그렇다 | 보통 이다 | 별로 그렇지 않다 | 전혀 그렇지 않다 | 전 체 |
|---|---|---|---|---|---|---|
| 출입처 중심 취재방식이 줄어들고 있다 | 2(1.0) | 49(23.6) | 63(30.3) | 86(41.3) | 8(3.8) | 208(100) |
| 편집국이 개방적으로 변화하고 있다 | 1(0.5) | 33(15.9) | 87(41.8) | 81(39.4) | 5(2.4) | 208(100) |
| 편집국 내 관행들이 개선되고 있다 | 2(1.0) | 42(20.2) | 80(38.5) | 81(38.9) | 3(1.4) | 208(100) |
| 기사가치에 대한 개념이 변하고 있다 | 9(4.3) | 98(47.1) | 62(29.8) | 35(16.8) | 4(1.9) | 208(100) |
| 인터넷 등 뉴미디어부서가 중요부서가 되었다 | 6(2.9) | 70(33.7) | 67(32.2) | 56(26.9) | 9(4.3) | 208(100) |
| 편집국도 벤처기업 같은 유연성이 필요해졌다 | 27(13.0) | 107(51.4) | 58(27.9) | 16(7.7) | ― | 208(100) |

## 표-6 지배기업과 한계 기업 간 평균 차이 t-검증

| 항 목 2 | F | Sig. | t | df | Sig. (2-tailed) |
|---|---|---|---|---|---|
| 디지털화로 편집국의 위계조직이 변하고 있다 | 11.268 | 0.001 | 2.012 | 202 | 0.046* |
|  |  |  | 2.152 | 156.544 | 0.033 |
| 편집국의 최근 조직개편이 잘 이뤄졌다 | 14.681 | 0.000 | 3.399 | 202 | 0.001** |
|  |  |  | 3.723 | 166.306 | 0.000 |
| 온라인과 오프라인 편집국이 통합되어야 한다 | 8.322 | 0.004 | −1.000 | 202 | 0.319 |
|  |  |  | −1.069 | 156.583 | 0.287 |
| 전문기자제가 정착되고 있다 | 0.801 | 0.372 | 2.596 | 202 | 0.010* |
|  |  |  | 2.465 | 115.096 | 0.015 |
| 전문기자는 외부채용이 필요하다 | 0.001 | 0.978 | 1.323 | 202 | 0.187 |
|  |  |  | 1.344 | 136.624 | 0.181 |
| 팀장 중심의 팀제가 효율적이다 | 0.797 | 0.373 | 1.664 | 202 | 0.098 |
|  |  |  | 1.729 | 145.136 | 0.086 |
| 일반기자들의 의견이 잘 반영되고 있다 | 0.188 | 0.665 | 1.353 | 202 | 0.177 |
|  |  |  | 1.344 | 128.762 | 0.181 |
| 편집국 부서 간 협조가 잘 이뤄지고 있다 | 0.963 | 0.328 | 1.425 | 202 | 0.156 |
|  |  |  | 1.443 | 135.482 | 0.151 |
| 6하 원칙의 기사 쓰기 방식이 바뀌었다 | 2.480 | 0.117 | 0.399 | 202 | 0.690 |
|  |  |  | 0.424 | 153.259 | 0.672 |
| 기자들의 전문성이 높아졌다 | 0.394 | 0.531 | 2.133 | 202 | 0.034* |
|  |  |  | 2.119 | 128.857 | 0.036 |

| 항 목 2 | F | Sig. | t | df | Sig. (2-tailed) |
|---|---|---|---|---|---|
| 기획탐사보도가 잘 이루어지고 있다 | 0.526 | 0.469 | 1.777 | 202 | 0.077 |
|  |  |  | 1.829 | 141.469 | 0.070 |
| 현행 기자 채용방식이 바람직하다 | 0.034 | 0.853 | 1.649 | 202 | 0.101 |
|  |  |  | 1.620 | 125.284 | 0.108 |
| 기자는 능력이 있다면 수시 채용해야 한다 | 2.800 | 0.096 | 1.898 | 202 | 0.059 |
|  |  |  | 1.929 | 136.811 | 0.056 |
| 능력 위주로 인사가 이루어지고 있다 | 0.967 | 0.327 | 1.007 | 202 | 0.315 |
|  |  |  | 1.025 | 137.657 | 0.307 |
| 온라인과 오프라인 순환근무가 이뤄지고 있다 | 0.229 | 0.633 | 1.997 | 202 | 0.047* |
|  |  |  | 2.105 | 150.599 | 0.037 |
| 데스크와 기자 간 의사소통이 잘 이뤄지고 있다 | 0.673 | 0.413 | −0.031 | 202 | 0.976 |
|  |  |  | −0.030 | 122.525 | 0.976 |
| 기자 개인의 창의성이 발휘되고 있다 | 0.776 | 0.379 | −0.318 | 202 | 0.751 |
|  |  |  | −0.331 | 145.635 | 0.741 |
| 스토리텔링(story telling) 기사 쓰기가 늘어났다 | 0.001 | 0.970 | 0.411 | 202 | 0.682 |
|  |  |  | 0.410 | 130.903 | 0.682 |
| 게이트키퍼의 역할이 줄어들었다 | 3.599 | 0.059 | 0.870 | 202 | 0.385 |
|  |  |  | 0.903 | 144.725 | 0.368 |
| 부 / 차장의 데스킹이 잘 이뤄지고 있다 | 0.331 | 0.566 | 0.162 | 202 | 0.871 |
|  |  |  | 0.162 | 131.457 | 0.871 |
| 조직 내 상명하복의 관계가 사라지고 있다 | 0.555 | 0.457 | 0.550 | 202 | 0.583 |
|  |  |  | 0.563 | 139.314 | 0.574 |
| 하의상달이 잘 이뤄지고 있다 | 0.237 | 0.627 | −1.074 | 202 | 0.284 |
|  |  |  | −1.112 | 143.654 | 0.268 |
| 도제식 교육시스템이 바뀌고 있다 | 1.096 | 0.296 | 1.376 | 202 | 0.170 |
|  |  |  | 1.417 | 141.646 | 0.159 |
| 기자 능력을 향상시키는 재교육이 늘어나고 있다 | 1.002 | 0.318 | 5.014 | 202 | 0.000*** |
|  |  |  | 4.855 | 120.733 | 0.000 |
| 출입처 중심 취재방식이 줄어들고 있다 | 0.912 | 0.341 | 1.279 | 202 | 0.202 |
|  |  |  | 1.713 | 180.091 | 0.088 |
| 편집국이 개방적으로 변화하고 있다 | 1.774 | 0.184 | 1.851 | 202 | 0.066 |
|  |  |  | 2.105 | 181.677 | 0.037 |

| 항 목 2 | F | Sig. | t | df | Sig. (2-tailed) |
|---|---|---|---|---|---|
| 편집국 내 관행들이 개선되고 있다 | 0.111 | 0.739 | 1.870 | 202 | 0.063 |
| | | | 1.851 | 127.616 | 0.066 |
| 기사가치에 대한 관념이 변하고 있다 | 1.876 | 0.172 | 1.661 | 202 | 0.098 |
| | | | 1.726 | 145.181 | 0.086 |
| 인터넷 등 뉴미디어부서가 중요부서가 되었다 | 0.774 | 0.380 | 1.156 | 202 | 0.249 |
| | | | 1.183 | 139.086 | 0.239 |
| 편집국도 벤처기업 같은 유연성이 필요해졌다 | 0.006 | 0.938 | 0.643 | 202 | 0.521 |
| | | | 0.636 | 127.412 | 0.526 |

· 저자 ·

김경호    · 약 력 ·
서강대학교 정치외교학과
서강대학교 대학원 신문방송학과 석.박사과정 수료(언론학 박사)
서강대학교 언론문화연구소 연구원
제주MBC 기자 및 MBC올림픽 국제신호 제작PD
국민일보 정치부기자·뉴미디어센터장
한국언론재단 비상임이사
한국신문윤리위원회 이사
한국기자협회 언론연구소장
한국기자협회 회장(現)


· 저 서 ·
『돈의 충돌-미국금융자본의 아시아길들이기』
『JP를 알면 DJ가 보인다』
『신문독자가 사라진다』
『한국과학영재학교 학부모체험수기』


· 논 문 ·
「사상계誌의 정치사회학적 분석」
「신문기업의 디지털화에 따른 공급사슬체계 전환에 관한 연구」
「국내 신문사의 취재조직과 관행에 대한 질적 연구」
「신문편집의 자율성 증대를 위한 편집책임자의 규정과 그 역할 및
  권한에 관한 연구」

## 신문기업의 디지털화에 따른 공급사슬체계 전환에 관한 연구

- 초판 인쇄  2008년 4월 25일
- 초판 발행  2008년 4월 25일

- 지 은 이  김경호
- 펴 낸 이  채종준
- 펴 낸 곳  한국학술정보㈜
            경기도 파주시 교하읍 문발리 513-5
            파주출판문화정보산업단지
            전화  031) 908-3181(대표) · 팩스  031) 908-3189
            홈페이지  http://www.kstudy.com
            e-mail(출판사업부)  publish@kstudy.com
- 등     록  제일산-115호(2000. 6. 19)
- 가     격  22,000원

ISBN    978-89-534-8676-8 93070 (Paper Book)
        978-89-534-8677-5 98070 (e-Book)